山大史学丛刊·教材系列

历史学英文文献阅读与论文写作

冯 佳 著

山东大学出版社
SHANDONG UNIVERSITY PRESS
·济南·

图书在版编目(CIP)数据

历史学英文文献阅读与论文写作/冯佳著. 一济南：
山东大学出版社，2022.10
ISBN 978-7-5607-7224-0

Ⅰ. ①历… Ⅱ. ①冯… Ⅲ. ①史学一英语一阅读教学
一教学研究②史学一英语一写作一教学研究 Ⅳ. ①K0

中国版本图书馆 CIP 数据核字(2021)第 225313 号

策划编辑 姜 山
责任编辑 李 璐
封面设计 张 荔

历史学英文文献阅读与论文写作
LISHIXUE YINGWEN WENXIAN YUEDU YU LUNWEN XIEZUO

出版发行 山东大学出版社
社　　址 山东省济南市山大南路 20 号
邮政编码 250100
发行热线 (0531)88363008
经　　销 新华书店
印　　刷 济南巨丰印刷有限公司
规　　格 720 毫米×1000 毫米 1/16
19.25 印张 360 千字
版　　次 2022 年 10 月第 1 版
印　　次 2022 年 10 月第 1 次印刷
定　　价 76.00 元

前 言

在中华文化“走出去”的背景下，历史学不仅是“讲好中国故事”、支撑中华优秀传统文化输出的核心学科，而且是建设中国特色学术体系、话语体系的学科基础。然而，近年来在日益频繁的国际学术交流中，国内历史学研究者学术英语能力不足的问题日渐凸显。相较于理工类和其他社会科学学科，国内历史学研究整体国际化程度显著偏低。这主要表现在国内史学界用英文出版的论文、专著比重低，尤其是从事中国本土研究的人文学者在国际学术界几乎处于集体“失声”的状态。① 这种复语能力的匮乏在很大程度上已经制约了国内史学研究发现具有国际性视野的研究论题、提升国际学术影响力、为国际史学研究贡献“中国视角”的能力。②可以说，学术英语技能偏低不仅阻碍了具有国际影响力的中国史学话语体系的建构，还极大地制约了历史学毕业生投身国际舞台、服务国家文化强国建设的选择。

与其他学科相比，历史学科相对偏低的国际化程度，在一定程度上与历史学面临的特殊的英文技能挑战有密切联系。首先，用英文写作史学论文需要阅读大量英文文献，这就要求学者具备快速、高效汲取信息，精准转述信息的能力。其次，史学写作思辨性强，没有“放之四海而皆准”的模板和套路可以照搬。思辨性分析、文献转述与批判性辨析都对写作者提出了极高的英文技能要求。

一方面是历史学对英文技能的特殊要求使得非假以有针对性的训练无以实现跨文化交流的目标；另一方面，国内历史学专业现行的英语教学方法仍然在很大程度上延续了大学“通识英语”的教学思路，局限于英文词汇、语法知识的传授，这种老旧的教学方式已经不能适应当下国家文化强国建设的需求。③

---

① 张学见：《文科长江学者群体特征简论》，《江汉论坛》2016 年第 10 期，第 126 页。

② 包伟民：《中国史研究：“国际化”还是“中国化”》，《历史研究》2008 年第 2 期，第 46 页。

③ 蔡基刚：《从通用英语到学术英语——回归大学英语教学本位》，《外语与外语教学》2014 年第 1 期；蔡基刚：《高校英语教学范式新转移：从语言技能训练到科研能力培养》，《外语研究》2019 年第 3 期。

更具体地说，目前通行的历史学专业英语教学具有以下两个特点：其焦点在于记诵课文中的一些词组、术语，对课文进行逐句精翻；所学材料多为文献“选段”。[①]这样一种将历史学“学科英语”等同于大学“通用英语”的教法，在很大程度上忽视了对于学术英语水平提高更为关键的文献综述能力，组织信息、表达信息的写作能力，以及批判性思维能力。通识英语教学对词汇、句子分析的强调，不仅无法满足学生科研、工作英语应用的需要，而且课堂材料与实际应用相脱离，无法充分发挥“以用促学”的激励效果，这是国内历史专业学生专业英语学习费时多、收效小的主要原因之一。

选段式的讲解式教学，造成了历史专业学生学术英语学习中三个互相关联的问题。

第一，学生阅读速度慢、提取信息的效率低。学生阅读效率低主要表现在以下两个方面。首先，不少学生仍保持“从第一个字读到最后一个字”的低效阅读习惯。这不仅局限了学生的学术视野，还使阅读陷入了被动。学生普遍缺少问题意识，实则是由于学生不懂得如何主动阅读。其次，不少学生只能记住几个细节，缺少把握英文论著的论点、厘清论点间的逻辑关系，尤其是将所读论点置于学术史背景中进行批判性分析的能力。不能精确理解和转述研究文献，不但限制了学生提出研究问题的能力，而且容易导致选题失误。

第二，学生在论文写作中普遍存在论点不清晰、表述不精确、行文逻辑混乱等问题。由于缺少在英文文献阅读过程中辨析论点、梳理逻辑的训练，很多学生缺少忠实、精确转述论点、清晰进行学术表达的意识和能力。缺少这种能力，不仅使得学术批判无从谈起，而且使得从学习知识到创造知识的转变缺少读写技能的根基。

第三，较同类学科，历史学教育的国际化程度偏低。这一方面是由于现行模式培养的学生没有接受严谨的学术逻辑训练，而这一点正是西方史学训练所

① 市面上的历史学专业英语教材包括：张德明编著：《历史专业英语》，武汉大学出版社 2018 年版；沙露茵、[美]马紫梅(Mary G. Mazur)编著：《历史学专业英语教程》，北京大学出版社 2016 年版；陈文海编著：《历史学专业英语新编》，长春出版社 2013 年版；刘德斌主编：《世界历史与国际关系专业英语选读》，吉林大学出版社 2003 年版。以张德明教授编著的《历史专业英语》为例。该书分为 20 个主题单元，包括“希腊罗马文明”“中国古代文明”“三大宗教”“意大利文艺复兴”“日本明治维新”“冷战”等。每个单元又在其主题下选取了三篇课文，分别属于通史性选段、研究论文选段、原始资料。每篇课文后附有常用短语、术语汉译、重要史实注释、阅读理解题、英汉翻译题。其他三部教材的编写思路大致相近。

分外强调的；另一方面，学生的英文写作还停留在“将自己的中文论文翻译过来”的阶段，缺少史学英文写作中最为重要的概念化建构过程。

不同于传统历史学专业英语教学中以“选段”学习为主、片面倚重语法的大学“通用英语”教学模式，本书将批判性思维训练置于历史学专业英语教学的中心位置，旨在探索符合历史学学科特点的专业英语课程新模式。通过精选研究、写作水准均属上乘且启发性、可模仿性强的例子，本书重在方法示范，尤其在目前历史学专业英语课时有限的条件下，为学生课后自主学习、继续学习、终生学习奠定基础。本书系统阐述了以批判性思维训练为中心的历史学专业英语技能提升新理念，从学术制度层面分析了英文学术论文、专著生产的过程，从母语为英语的论文写作者接受的学术训练入手反推读者可以采取的阅读策略，提出了一系列符合历史学科特点的、有助于学术英文技能提升的可行路径。

以这一新理念为指引，本书进而将历史学文献阅读技能分为泛读训练和精读训练两章。泛读章节选取影响深远、写作上乘且适于学习模仿的论文或专著章节。一方面示范跳读、理解行文逻辑、识别要点和细节等泛读技巧；另一方面文献不为国别、领域所限，在提升学生英文文献阅读能力的同时，旨在拓宽学生的研究视野，实现语言课与专业课、方法课与专业课的相互渗透和有机互动。精读章节则通过具有启发性的范例，向学生展示如何通过研究优秀作品的风格、修辞和句法提升英文鉴赏和翻译技能。针对阅读英文文献过程中存在的“泛读”与“精读”，即快速提取信息和揣摩句法、用词之间的矛盾，本书提炼出了“快”与“慢”相结合的史学英文文献阅读方法，以逻辑分析作为打通“泛读”与“精读”的一条主线，即以篇章逻辑分析为中心的泛读训练和以句法逻辑为中心的翻译训练相结合的方法。

遵循“写的功夫不只在于写，还在于读”的理念，本书在阅读训练中特别重视引导学生在泛读中学习布局谋篇，在精读中揣摩句式、用词，旨在实现以读促写、读写互进。与市面上的学术写作指南大而全的编写导向不同，本书不求面面俱到，而是从模板、学术词汇和修改三个角度介绍了历史学科学术英文写作进阶中三个见效快、可行性强的方面。简而言之，以批判性思维训练为中心是本书打通“泛读”与“精读”、阅读与写作的一条主线，目的在于探索以英文学术论文发表为导向的历史学专业英语课程新模式。

本书实现以上目标的方法有三。首先，传授给学生以英文思维学习英文的专业英语学习思路，尤其是从英文史学写作者所受的学术训练角度理解英文文献的生成过程，理解什么是批判性思维，树立以逻辑训练为中心的阅读与写作学习思路。其次，通过提供具有一定难度的文献，转变学生既往逐字逐句、被动低效阅读的习惯，训练学生掌握通过"逻辑"主动阅读文献的方法。最后，通过具有启发性的范例，向学生展示如何通过研究优秀作品的风格、修辞和语法提升对好的文章的鉴赏能力。此外，充分利用本书所用的阅读材料，通过让学生就阅读材料撰写摘要、任课教师提供反馈的方式，使学生在写作实践中掌握所学的方法，在组织结构上贯穿读与写的联动、互进。

本书试图在以下三个方面对历史学专业英语课程的教与学进行革新。首先，本书旨在探索针对历史学科的专业英语课程方案，从教学内容、方法到指导思路全方位改革长久以来历史学专业英语教学惯用的大学"通用英语"教学思路。新的课程方案以批判性思维培养这一史学英文文献生成的内在逻辑为目标，将之作为贯穿泛读与精读("快"与"慢")训练的一条主线。与此同时，史学论辩的各种形式还构成了新方案中词汇、句法学习的核心。因此，在新的课程方案中，从词汇、句法到篇章等语言层面的学习将紧密围绕作为历史学学术英语技能核心的逻辑论辩技能的提升这一主线。这不仅真正回归了以"英文思维"学习英文的语言逻辑，而且是在高校专业英语有限课时之内提高历史学英文文献阅读与论文写作水平的行之有效的路径。

其次，本书探索了如何在专业英语课中实现历史学专业素养与专业英语技能培养的有机结合。本书选用的阅读材料力求充分反映近年来历史学研究的最新趋势，在传授历史学专业英语读写方法的同时，实现介绍史学前沿、促进学生专业知识积累的"一石二鸟"的效果。

最后，以批判性阅读与写作能力培养为中心的历史学专业英语教学理念，还有望为近年来高等教育界广泛提倡的跨学科研究提供了一个围绕培养学生批判性读写能力、从逻辑方法训练入手的新视角。跨学科研究不仅需要一种走出自己所在领域、与别的学科相交融的意识，更重要的是，跨学科研究是一种能力。要做到开展跨学科研究，学生首先需要做到能够理解别的学科的观点和理论且对其进行精确转述，尤其需要做到以思辨方式使不同学科的观点在一个给定问题的框架下展开对话，而做到这些的基础都是批判性阅读与写作技能。本书的创新之处在于：将跨学科思维培养具体为一种可以训练、可分阶段学习、可客观考核的学术技能。这项对于历史学专业学生来说异常重要的技能的核心，正是批判性阅读与写作能力。

本书由三部分组成。第一部分由一个章节构成，是为理念阐述，从学术制度层面分析美国英文学术论文、专著生产的过程，从论文写作者所接受的学术训练入手反推读者可以采取的阅读策略以及母语非英语的学生获取学术英文写作技能的路径。这一章将讨论美国大学史学课程的组织形式，研究生培养中的学术训练、学术规范，并围绕中国留美史学学者的自述材料讨论中国学生在史学学术英文技能习得过程中面临的挑战。以上述发现为基础，这一章将系统阐述以批判性思维训练为中心的历史学学术英语技能提升新理念。

第二部分由三章组成，分别是文献阅读方法概论、泛读训练和精读训练。这一部分的焦点是"阅读"，在阐述泛读和精读方法的基础上，通过精选的史学论著篇章具体示范方法。第 2 章系统阐述以下问题：通过精选的英文史学论著篇章，探讨什么是批判性阅读，"泛读"何以可能，"泛读"怎么读、"精读"读什么等。第 3 章为泛读训练。这一章由 8 节组成，每节选取了一篇影响力大、写作上乘且易于模仿的论文或专著章节。每节的内容包括：阅读文献简介、作者简介、本节涉及的阅读技巧、学生习作及评析、英文摘要示例、拓展阅读书单等。第 4 章为精读训练。这一章由 6 节组成，着眼于精读技能的三个方面，即风格与修辞、句法逻辑与精翻、以写作素材库积累为目标的精读。根据教学目标的不同，每节或设计问答题，或提供对句法、修辞的分析，旨在向学生示范通过精读自修翻译与写作的方法。

第三部分探讨写作，由三章构成，分别是模板、学术词汇和修改。第 5 章"模板"探讨了以学术交流为导向的论述结构理论，旨在启发学生在宏观上进行篇章构思的方法，继而以若干史学作品为例提炼、总结了学术论文写作中的功能性表达。第 6 章"学术词汇"，着重讨论了学术论文写作中使用频率最高的"学术词汇表"，参照市面上的指南，选取了史学写作中运用最多的功能性词汇，以习题的方式加以巩固。第 7 章"修改"讨论了文章完成后在修改过程中"改什么"的问题。与前面两章相贯通，这一部分依然将"改什么"的问题置于学术交流与对话的框架内，着重解决文章修改意识与自觉欠缺这一问题。

尽管本书的关注点在于历史学学术英语这一特定领域，但"文史不分家"，尤其在英语世界，史学研究早已广泛借鉴其他学科的理论、方法，人文社科各领域之间已构成密不可分、互为启发的关系。因此，尽管本书主要面向历史专业修读专业英语或希望自修提高专业英语水平的本科生、研究生，但涵盖的精读、泛读与写作技巧对于人文社会科学专业的学生来说也具有普遍参考价值。

目 录

·第一部分·

第 1 章　批判性思维与历史学英文读写技能的提高 ……………………（3）
1.1　美国高校研究生的学术训练 ……………………………………（5）
1.2　以批判性思维训练为中心的英语文献阅读与写作………………（14）

·第二部分·

第 2 章　文献阅读方法概论 …………………………………………（31）
2.1　泛读方法概论………………………………………………（31）
2.2　精读方法概论………………………………………………（80）
第 3 章　泛读训练 …………………………………………………（97）
3.1　跳读…………………………………………………………（99）
3.2　泛读中的宏观思维——段落间的关系(一) ……………………（107）
3.3　泛读中的宏观思维——段落间的关系(二) ……………………（113）
3.4　泛读中的宏观思维——以语义群为单位的理解 ………………（120）
3.5　泛读中的宏观思维——理解行文逻辑 …………………………（129）
3.6　识别要点和细节 ……………………………………………（136）
3.7　理论性文章的阅读——文章结构与行文逻辑 …………………（145）
3.8　积极阅读 ……………………………………………………（155）
第 4 章　精读训练 …………………………………………………（169）
4.1　风格与修辞 …………………………………………………（169）
4.2　句法逻辑与精翻(一) …………………………………………（175）

4.3 句法逻辑与精翻(二) …… (184)
4.4 句法逻辑与精翻(三) …… (193)
4.5 修辞 …… (200)
4.6 以写作素材积累为目标的精读 …… (211)

·第三部分·

第5章 写作模板 …… (219)
5.1 学术写作作为一种交流——“他说/我说”的写作模板 …… (220)
5.2 例文两篇 …… (231)
5.3 论文各部分的写作模板及举例 …… (240)
5.4 更多可供参考的模板 …… (255)
第6章 学术词汇 …… (265)
6.1 学术英语的功能性词汇 …… (265)
6.2 学术英语词汇表 …… (282)
第7章 修改 …… (284)
7.1 宏观层面 …… (284)
7.2 句子技巧 …… (287)
7.3 风格问题 …… (290)
后 记 …… (296)

第一部分

第 1 章　批判性思维与历史学英文读写技能的提高

历史系学生阅读英文文献感到吃力或不得要领，无外乎两个原因。第一是英语语言层面的问题。比如，词汇量有限，经常查字典降低了阅读的速度。再比如，语法知识不牢靠，在阅读复杂句子时，看得懂词义，看不懂句义。第二是逻辑层面的问题。这集中体现在不少学生在阅读论文或专著时，即便能够翻译出每句话的意思，却概括不出文章的论点和论证逻辑。

学生逻辑意识和能力的不足，在某种程度上反映了长久以来国内英语教学对逻辑思辨训练的忽视。高校英语教学片面重视语言准确性，强调听、说、读、写、译等语言技能训练，忽视了诸如分析、综合、判断、推理、思考、辨析能力的培养。黄源深教授曾将高校英语教学中的这些问题归纳为“思辨的缺席”。[①] 口头表达上，“思辨的缺席”表现在：“遇到论争需要说理的时候，写文章需要论述的时候，听讲座需要发问的时候，常常会脑子一片空白，觉得无话可说，或者朦朦胧胧似有想法，却一片混沌，不知从何说起”；论文写作中，则表现为：“有的只是堆砌材料，几乎没有论述和辨析；有的罗列一些浮于表面的原因，显得很肤浅；有的颠来倒去，说不清楚，显得思维混乱；也有的根本不像论文，只是一些随意的感想，却以为这就是论文”。[②]

“思辨的缺席”不仅是大学生学习外语的痼疾，而且也是其他大学课程普遍存在的问题。国内大学课程普遍将知识、技能传授作为教学重点，批判性思维训练的重要性没有得到充分重视。不仅通识课程中缺少批判性思维教育的内容，而且批判性思维技能也未能充分贯穿到专业课程的日常教学中。造成的后果是，学生既缺少说话、写文章要讲逻辑的意识，也缺少逻辑分析、组织、表达的

---

① 黄源深：《思辨缺席》，《外语与外语教学》1998 年第 7 期，第 1 页。

② 黄源深：《英语专业课程必须彻底改革——再谈“思辨缺席”》，《外语界》2010 年第 1 期，第 11～12 页。

技能。

反观美国教育体系，批判性思维训练不仅是不少大学甚至高中的必修课，而且早已广泛融入各专业的教学之中。一方面，旨在集中训练学生批判性思维技能的“批判性思维”“研究方法和学术规范”“学术写作”课程被不少大学列为必修课；另一方面，批判性思维方法和技巧训练已经成为小学、中学、大学教材的有机组成部分。专业课学习和方法类课程的学习形成了良性互动关系，即对批判性思维方法的学习提高了专业学习的能力和效率，专业课学习又反过来为批判性思维方法提供了操演的实例。①

相比之下，国内高校不仅缺少批判性思维训练的专门课程，而且更为重要的是，说话清晰有逻辑、对文献进行批判性审读、对自己思考过程进行反思等批判性思维方法和技能，远未成为高校课程有意识加以培养的技能。根据批判性思维教育研究专家董毓教授的观察，近年来，尽管批判性思维已然成为“中国学术界、教育界和大众媒体的流行词”，但批判性思维教学效果有限。这主要表现在批判性思维的方法课程较少见于大学公共课的课单，即便上过这类课程，不少学生仍然缺少创造知识的批判性思维品质。② 不仅技能方法缺失，说话、写文章要清晰、有逻辑这一批判性思维最基本的方面，甚至还远未成为多数学生的思维自觉。

可见，横在中国学者娴熟阅读英文文献、用英文撰写论文前的障碍不仅在于语言层面的挑战，更为关键的是逻辑思辨技能的缺失，不是语言知识的不足，而是逻辑思辨意识和相关技能的缺失，才是高校学生英文学术文献阅读效率低、英文论文写作不知如何提高的症结之所在。

本章独立作为本书的第一部分，将集中阐述以批判性思维训练为中心的学术英文阅读与写作理念，将从美国人文社科学术训练的制度层面探讨学术英文阅读策略与写作技能提升的路径。首先，本章将以留美中国历史学人的自述材料为中心，讨论美国大学历史学课程的组织形式、研究生培养中的读写技能训练，从美国人文学者所接受的学术训练反观英文学术论文的写作范式。其次，本章将分析西方人文社科学术论文的写作特点，并针对这些特点分别从宏观和

---

① [加]董毓：《批判性思维原理和方法——走向新的认知和实践》，高等教育出版社2019年版，第18～19页。

② 董毓：《我们应该教什么样的批判性思维课程》，《工业和信息化教育》2014年3月，第36页。

微观两个维度讨论：泛读何以可能，如何通过逻辑分析把握文章的论点和论证结构，泛读、速读策略等；精读的重要性，什么时候精读、精读时读什么，精读技巧等。

1.1 美国高校研究生的学术训练

1.1.1 从中国留美历史学人的自述谈起

晚年的胡适曾这样总结自己40年来著述中“方法”这一一以贯之的主题：“我治中国思想与中国历史的各种著作，都是围绕着‘方法’这一观念打转的。‘方法’实在主宰了我四十多年来所有的著述。从基本上说，我这一点实在得益于杜威的影响。”[①]胡适将杜威的实验主义方法总结为“实证思维术”。胡适说道：

> 杜威认为有系统的思想通常要通过五个阶段：
>
> 第一阶段为思想之前奏(antecedent)。是一个困惑、疑虑的阶段。这一阶段导致思想者认真去思考。
>
> 第二阶段为决定这疑惑和困惑究在何处。
>
> 第三阶段(为解决这些困惑和疑虑)思想者自己会去寻找一个(解决问题)的假设；或面临一些(现成的)假设的解决方法任凭选择。
>
> 第四阶段，在此阶段中，思想者只有在这些假设中，选择其一作为对他的困惑和疑虑的可能解决的办法。
>
> 第五、也是最后阶段，思想的人在这一阶段要求证，把他(大胆)选择的假设，(小心的)证明出来那是他对他的疑虑和困惑最满意的解决。[②]

以上“实证思维”的过程，就是胡适几十年间津津乐道、对民国思想学术界影响至深的“大胆假设，小心求证”的科学研究法则。[③]

胡适之后近一个世纪，几代赴美留学的中国学生，既分享了胡适对美国教

---

① 胡适口述：《胡适口述自传》，唐德刚译，华文出版社1992年版，第105页。

② 胡适口述：《胡适口述自传》，唐德刚译，华文出版社1992年版，第107页。胡适自述“实验主义”思想，参见胡适《实验主义》，《胡适文存》(二)，外文出版社2013年版，第120～126页。

③ 胡适口述：《胡适口述自传》，唐德刚译，华文出版社1992年版，第108页。

育所传授“方法”之于学术研究重要性的深切认同，也有新的时代背景下对西方学术体系与时俱进的观察。下面将以中国历史学人留美学习经历的自述材料为基础，探讨他们眼中的美国文科博士学术训练，从而透视中国学者在学术英语表达上普遍面临的挑战，以期从他们克服困难的路径中获得提高学术英文技能的启发。

在自述中，几乎每一位在美攻读历史学博士的学者都对自己留学第一年里所遇到的语言障碍记忆犹新。而相比于日常英语交流，学术英语的读和写是更大的挑战。1984年赴美入芝加哥大学历史系求学、现任教于印第安纳大学的张信教授曾说道，初到美国时，他遇到了“语言和思维方式上的障碍”这两大难关。“首先，虽然我在国内就有意识地避免按当时盛行的间接法学英语（这为我直接融入英语世界创造了有利条件），可是这和用英语写历史论文又有很大距离。因为文科所需的不单单是语法准确、句子通顺，更主要是以文字精炼、寓意深奥并且用词得当的语言来表达带有哲理性的思想，以提高文章的可读性。其实这对一个母语为英语的美国文科学生来说都是一大难事。为了克服这一障碍，我在学习历史的同时又在英语写作上下功夫。”①

初到美国的二至三年，留学生“语言和思维方式上的障碍”的双重挑战与美国研究生培养中繁重、严苛的课程训练相重合，往往感到异常艰辛，而这一阶段又是留学生学术思维蜕变的关键期。1985年入俄亥俄大学历史系就读、现任教于美国奥本大学的翟强教授曾这样描述他所就读的俄亥俄大学历史系的博士生课程训练和资格考试情况：

> 按照俄亥俄大学历史系培养博士研究生的规定，每个博士研究生必须完成四个领域(field)的课程。那么，这四个领域该如何定呢？系里的课程被划分为三大块，或三大方向(area)：美国史、欧洲史和非西方史（主要包括亚非拉史）。在每一个方向内，都设有多个领域，比如在美国方向内，有美国外交史、美国二十世纪史、美国内战史、美国思想史、美国文化史等领域。博士生首先选一个方向作为自己的博士论文方向，在敲定了博士论文方向后，他就必须在那个方向内选两个领域，同时在另外两个方向各选一个领域，一共四个领域。他必须选修这四个领域的课程，在博士生资格考试时，考这四个领域的知识，分口试和笔试，这四个领域的教授就组成他的博士

① 张信：《路漫漫其修远兮——学史人生三十年之回顾》，王希、姚平主编：《在美国发现历史：留美历史学人反思录》，北京大学出版社2010年版，第86页。

论文指导委员会。不是说选美国史方向写博士论文的研究生就只修美国史方面的课程，不涉及欧洲史和非西方史方面的课程。以我的情况为例，由于我的博士论文定在美国史方向，我就在这个方向内选了两个领域——美国外交史和美国二十世纪史。另外，我在欧洲史方向选了俄国史，在非西方史方向选了东亚史。…… 我觉得，俄亥俄大学历史系要求博士生在三个方向选四个领域的做法有很多好处，最大的好处就是帮助博士生打下广博的史学基础，视野开阔，知识面广。①

尽管不同学校的具体课程设置存在差异，但每个学校课程设置的思路和标准存在共性。在哥伦比亚大学历史系获博士学位、现任教于宾夕法尼亚州印第安纳大学的王希教授对20世纪80年代的哥伦比亚大学历史系美国史博士生课程训练情况做过详尽介绍。该记述涵盖美国大学历史学博士生培养的方方面面，极具参考价值，特摘录如下：

研究生的课程有必修课和选修课两种。必修课多为基础课，如史学史概览、史学理论、史学方法与材料等，加上外语，这是所有人都必须选的。选修课则是根据个人的兴趣和研究方向“自由”选择，但需获得指导教授的同意。学生进入研究生院后，系里会事先指定一个导师负责为学生选课提供咨询；进入论文写作阶段时，学生可根据论文方向选择主要论文导师，但两个导师完全可能由同一人担任。

专业课有三种类型：知识课（lecture）、研究课（seminar）和阅读课（colloquium），授课方式和训练重点不尽一致。知识课以基础知识训练为目的，在题目和范围的定义上很灵活。就美国史而言，有的以讲断代史为主，如殖民地史、美国革命史、内战与重建、二战后的美国史等，也有的以专题为主，如城市史、美国立宪、进步运动、民权运动、内战前的美国思想与文化、美国奴隶制的起源等。授课方式以教授讲课为主，课堂讨论为辅，教材一般包括5—6本专著和十几篇专业期刊论文。知识课在研究生课程训练中占的比重较小，但对打基础非常有用。这种课的最大优点是既有广度，又有深度，并有关于最新研究成果的信息。教授会提供一个详细的阅读书目，将该专题的重要著作分类列出，有助于深入阅读和准备资格考试。上

① 翟强：《学海无涯，有容乃大——我在美国求学治史的经历》，王希、姚平主编：《在美国发现历史：留美历史学人反思录》，北京大学出版社2010年版，第165页。

课时，学生可随时举手要求发言，提问题，与教授讨论。

除考试之外，知识课一般还要求写读书报告。读书报告的目的是培养学生欣赏和批判专业学术著作的能力，学生必须客观如实地总结所阅读的专著的内容和观点，分析其对史料和方法的运用，以及评论其在史学史上的地位等。知识课也是研究生有机会观摩著名教授教学的最好机会……

研究课是史学研究生训练的重头课程，其目的是边学边做，培养和训练学生从事史学研究和写作的综合能力。研究课人不多，通常在10—12人，由教授筛选，有基础者方可进入。在课上，大家围绕某专题进行阅读、讨论和做研究。课程由教授主持，但唱主角的是学生，教授更多的是扮演一个协调者的角色。课程开始时，教授会指定一些阅读著作或论文，介绍本专题的史学史，指出哪些问题尚待进一步研究或继续处于空白状态等。在进行这种"热身"式阅读和讨论的同时，学生围绕专题提出自己的研究题目，写出选题报告，交由全班讨论。选题经教授批准后，学生便开始收集和整理资料，但仍然继续参加阅读和讨论，并将研究和思考带到课堂上来，作为全班讨论的内容。大家在课上交流研究的心得，分享研究的信息，并相互阅读初稿。论文初稿写成之后，一式两份，一份交教授审读，一份交全班讨论。教授的阅读非常仔细，从立论、观点、材料的质量和使用、写作风格、学术规范直到拼写错误的改正，一处也不会放过。个别严格的教授还会花时间去查对原文，或请学生出示原文。其他的成员也会做类似的审读或质疑。最后学生综合各方的意见，对初稿进行修改，直到教授满意为止。

研究课可以说是学位论文写作的演习课，它不光训练学生的研究和写作能力，更重要的是营造一个真实的专业研究者的工作环境，教会学生如何进行批判性的思考，如何使用学术规范，如何使用各种研究资源，如何设计研究题目，如何解读原始资料，如何回应他人的批评和建议。这种训练实际上是一个铸造学术文化或学术习性的过程，对研究生后来做学问乃至一生的影响都很大。我在宾州印第安纳大学历史系的同事分别从美国十来所不同的大学得到博士学位，我们所有人在开研究课时，方法、程序和要求非常相似。另外，凡是参加过美国史学界专业会议的人都会注意到，会议的参加者无论是宣读论文还是做评论，他们的学术行为和语言范式相当一致，我想这些与研究生时代受研究课的训练不无关系……

阅读课的工作主要是读书和讨论，通过以读和讨论为主的方式来深入研究某一专题。为保证讨论质量，参加的人一般也是限定在10人左右，参加者也要被事先“筛选”。上课前，教授根据主题，给出一个阅读书目，全班每周至少共同阅读一本，或几本书的不同章节。学生在上课前完成阅读，然后到课上来讨论，从著作的内容、观点到写作风格等，各抒己见、品头论足。教授则在讨论中穿针引线，保证讨论有序有效地进行。遇到关键的问题，教授也会加入讨论，亮出自己的观点，学生也不必忌讳与教授观点相左，可以辩论。上这样的课，学生必须做到“有备而来”，不能光带耳朵，不带嘴巴。原则上，大家都要有所贡献，不能只是坐享其成。每次讨论大家轮流担任“首席讨论人”（leading discussant），其任务是综述阅读的要点，提出讨论问题，抛砖引玉。这样的讨论看起来像在聊天，其实不然，要想在讨论中说出有用有思想的话，事先非得下功夫看书看资料。对外国学生来说，阅读课的讨论是一种挑战，对美国学生来说相对容易，因为他们在这方面训练很多。我认为，阅读课对训练学生的思辨能力、总结和提炼能力以及表达能力特别有帮助。除阅读之外，一般还要写一份综述性的史学史报告。有的教授也会要求学生就某一专题整理出一份专题研究的参考书目，为学位论文的开题报告做准备。①

学术阅读的初始困难或许在于语言，而不少中国留学生跨过语言这道门槛之后才发现，更大的挑战其实在于读懂文献的论证逻辑，发现文献与文献之间、理论与理论之间的联系。美国印第安纳大学历史系的张信教授这样回顾自己在芝加哥大学读博士时阅读英文史学文献的苦恼和经过坚持不懈的努力之后获得的突破。

在芝加哥大学寒窗苦读的五年里，我最早有的困惑是不知从何处下手。由于美国各学科之间的交融穿插，历史学已经和社会学、人类学、政治学、文学，甚至于经济学融合为一体。就如在风口浪尖上的一叶孤舟，我一时被冲得晕头转向。于是，我从最基本的理论书读起，从一个学科走向另一个学科。起初，我对所读的一切都很生疏。由于缺乏对西方社会科学的总体认识，我无法知晓每本书的要点。尤其读到一些重要理论时，我简直无法判断此理论与彼理论之间的联系。就这样糊里糊涂地读了很久，也未见明显效果。接着，我又去看那些专为讨论如何学习的书。就这样如同瞎

① 王希：《美国大学如何培养史学研究生？》，《燕园史学》2003 年第 1 期。此处摘录有修改。

子摸象，慢慢地寻找社会科学的总体感。在此期间，我有过很多彷徨和苦恼，曾多次想过放弃所从事的一切。但是，一种无形的力量一直在我心中集聚，我总感到这样做只证明了我是个失败者。就凭着这一想法，我坚持了下来，哪怕我对所看的书仍然缺少理解。可是就是由于不断阅读，我逐渐悟出了书与书之间、理论与理论之间的联系。就像沉睡后醒来突然发现了周围世界，我忽然感到此书与彼书间有着内在关联。于是读书就如同顺藤摸瓜，一切变得驾轻就熟起来。①

芝加哥大学的巫鸿教授将他在哈佛大学从导师张光直教授处所学归结为“对方法论的自觉”，他甚至认为这种“自觉”正是“现代和传统学术的基本分野”。他强调：“我们必须同时研究两个历史，一个是作为研究对象的古代史，另一个是我们自身所从属的学术史。我们写的东西总是落脚在这两个历史的焦点上，我们的任何发现发明也都应该对两种史学研究产生意义。”②

课程训练时间一般是两年，目的有二：首先是熟悉选定领域的重要研究文献，其次是练习学术研究必需的读写技能。而这一切都是为博士生资格考试做准备。从第三年开始，学生便需与考试领域的教授讨论阅读书目，是为资格考试口试或笔试的考查范围。以下是王希教授对20世纪80年代末90年代初哥伦比亚大学历史系美国史方向博士生资格考试情况的简述：

课程训练结束后，博士研究生须通过资格考试（也称“综合考试”），才能开始写论文。不同学校对资格考试的内容和形式有不同的规定。有的采用笔试，有的采用口试，有的既要求笔试又要求口试。哥大历史系的资格考试是以口试方式进行的。在两个小时的时间内，考试委员会考核学生对四个领域内的知识的熟练程度。考试委员会由4名教授组成，每人主考一个领域。美国史专业研究生的四个领域中必须包括美国史的三个历史时期，即殖民地与美国革命和立宪时期、19世纪时期和20世纪时期。第四个领域可以选美国史以外的历史领域或其他的人文或社会科学领域。考试委员会的成员确定后，每位教授各自向学生提供一份阅读书目，主要是本领域的经典和重要著作。每位教授给的书目的长度不同，但每一领域大

① 张信：《学史人生三十年之回顾》，王希、姚平主编：《在美国发现历史：留美历史学人反思录》，北京大学出版社2010年版，第85页。

② 巫鸿：《“出”与“入”》，王希、姚平主编：《在美国发现历史：留美历史学人反思录》，北京大学出版社2010年版，第5页。

约要读100部著作左右，这样四个领域加起来一共要读400本书，另加一定数量的期刊论文。每个领域内重点准备四个专题的阅读。譬如，在19世纪美国史领域内，我当时选的4个专题是：立宪与政党政治的兴起、内战与重建、工业化及其后果、19世纪的移民运动与政策。教授一般会尊重学生的选择，但前提是学生必须熟悉该领域内所有重要的历史发展和相关的史学研究成果。当然，没有谁能够滴水不漏地记住每一本书的内容，但到考试时至少要做到了解每本书的主要观点和熟悉重要的历史发展。知识课和阅读课的优势在此刻就尽现出来了。…… 考试的时候，四位教授轮流分别提问，每人半小时左右。问题五花八门，无章可循。有的要求对某一历史事件进行解释，有的要求评论史学流派，有的则要求说明非常具体的历史细节。①

通过资格考试的学生成为ABD(All But Dissertation)，也就是博士生候选人，可以独立进行博士论文的研究了。因此，美国历史学博士生课程的设置是围绕着资格考试的准备，依托任课教授的研究成果将领域内相关的理论、方法和文献引入学生视野。通过这种方式打下的知识、技能基础，既坚实又系统。课程训练还有一个极为实用的目的：在广泛的阅读中确定选题，而课程还为学生与导师委员会(doctoral committee)交流、磨合创造了机会。

1.1.2 从美国博士生培养制度反观学术英语的写作范式

美国历史学博士生培养的直接目的是训练学生撰写一部具有专著规模的博士论文，因为博士论文以专著形式出版“已经普遍被设定为大学教员的必备条件”，“而教授们要拿到终身权(所谓的tenure，即不可被解雇的权利，其目的在保护学术的自由和独立)，最基本的要求便是一本有分量的专著”。研究生的培养和训练正是围绕这一职业发展的现实目标。因此，历史学学科的课程紧密对标撰写专著所需的读写技能：一是“阅读课”(reading course)，由教授带领研究生阅读本领域最重要的专著；二是“写作课”(writing seminar)，由教授指导学生使用一手资料创作出原创性的文章，为撰写博士论文奠定基础。“如此，从博士

① 王希：《美国大学如何培养史学研究生?》，《燕园史学》2003年第1期。1948年，何炳棣先生在哥大通过博士生资格口试。近60年后，他在自传中仍对那次令他颇感得意的考试记忆犹新，洋洋洒洒近万言，亦可作为了解美国历史学博士生资格考试的参考材料。参见何炳棣：《读史阅世六十年》，香港商务印书馆2019年版，第229～251页。

课程和论文写作，到出版专著和拿到大学教学职位，到培训研究生，成为每个专业领域的一个相互支撑和环环相扣的体系。"①因此，在美国史学界，每位职业历史研究者都必然经历了严格的标准化学术读写训练。正是这种训练赋予了风格各异的史学作品其种标准、形式上的共性。

美国研究生培养所着力考查的学术读写技能，从作为多数美国研究生院入学要求的 GRE 考试评分标准中也可见一斑。《GRE 考试官方指南》明确罗列了在美国研究生院学习所必需的技能。这些技能包括：

(1)理解单个词的意思；
(2)理解单个句子的意思；
(3)理解段落和更大篇章单元的意思；
(4)能够区分主要点和次要点；
(5)能够概括一篇文章；
(6)能够从提供的信息中提取结论；
(7)能够根据不完整的数据推理缺失的信息；
(8)理解文章的结构，文章的不同部分是如何联系的；
(9)识别作者的观点；
(10)能够辨识作者的假设；
(11)能够分析一篇文章并对其得出结论；
(12)能够发展、思考其他可能的解释。

命题人明确指出，阅读并理解一篇文章需要的技能远远超过了对词句的"被动理解"(passive understanding)。相反，美国研究生院要求学生具有"主动阅读"(active engagement with the text)的技能，即问问题、阐述和评估假设、反思选定文本与其他文本和信息间的关系的技能。②

GRE 对阅读技能的考查不局限于对内容的理解，更在于对逻辑的把握。这一点清晰地反映在 GRE 试题设计者给考生的建议中：GRE 阅读材料取自不同的学科，因此多数材料必然超出了考生的知识范围。③

---

① 黄宗智编著：《实践社会科学研究指南》，广西师范大学出版社 2020 年版，第 7 页。

② Educational Testing Service, *The Official Guide to the GRE Revised General Test*, New York: McGraw-Hill, 2011, p. 44.

③ Educational Testing Service, *The Official Guide to the GRE Revised General Test*, New York: McGraw-Hill, 2011, p. 44.

那么，什么是学术阅读的核心技能？《GRE 考试官方指南》做了如下概括：

(1)区分主要观点与支撑这一观点的理由或证据；

(2)区分作者自己的观点以及作者转述的观点；

(3)区分作者自己的观点和作者的假设或推理；

(4)识别从一个观点到另一个观点的过渡；

(5)识别不同观点间的关系，比如，它们是相互对立，还是保持一致？这个观点支持另一个吗？这个观点是对另一个的具体阐发吗？这个观点是另一个在某种语境下的运用吗？①

中国学生普遍感到难度较大的写作部分(Analytical Writing)，命题人给出的满分(6 分)作文包含了以下五个方面的特征：

(1)能够就题目阐述一个清晰、有睿见的论点；

(2)用令人信服的理由和/或有信服力的例子充分发展其论点；

(3)分析紧扣论点且有条理，要点间的联系合乎逻辑；

(4)信息表达流畅、精确，词汇的使用达到了预期效果，句子结构多样；

(5)展现了极为出色的对标准书面英语惯例的驾驭能力，尽管可能有一些小错误。②

如果说 GRE 考试是为希望进入美国研究生院的学生提供了一个学习、提升学术英语思维技能的方向性指南，那么，对于大多数中国学生来说，真正掌握这些技能则是在美国研究生院的课堂上。四川大学龚杰教授结合自己在美读博的经历，将英语学术论文写作归纳出以下三个特点。第一是严谨的措辞和文风。这一点具体体现在英语学术写作在开头部分即表明作者立场，并预告全文结构和内容要点，追求快速简洁。③ 第二是以学术观点评估和逻辑思维推导为核心内容。要做到这一点，首先需要精确理解并转述他人的看法和论证脉络，

---

① Educational Testing Service, *The Official Guide to the GRE Revised General Test*, New York: McGraw-Hill, 2011, p. 45.

② Educational Testing Service, *The Official Guide to the GRE Revised General Test*, New York et al.: McGraw-Hill, 2011, p. 37.

③ 龚杰：《英语学术论文高级写作技巧和发表指南：国际人文社科学术期刊评审标准和发表策略》，四川大学出版社 2017 年版，第 5～6、18～19 页。

把握这个观点的前提和逻辑核心,以及纷繁复杂的观点间的联系。[①]要在这方面取得进步,龚杰教授建议:"在正常英语文献阅读积累的基础上,还需对有些论述清晰、逻辑流畅的论文予以特别关注,将其作为样本反复研读,尤其是从语言、结构、逻辑和文风等方面充分吸收营养,为我所用,使自己的写作风格逐渐向其靠拢,最终形成自己独特的学术写作风格。"[②]第三是批判性思维层面,即在深入反思、批判前人研究的基础上求得立论的创新突破。[③]

GRE考试乃至美国文科博士培养所着力训练的是一种西方教育界称为"批判性思维"的技能。"批判性思维"(critical thinking),不能望文生义地理解为批评或找茬,而是一种清晰、理性的思考。更准确地说:"广义上的批判性思维是指有效识别、分析和评估观点和事实,认识和克服个人的成见和偏见,形成和阐述可支撑结论、令人信服的推理,在信念和行动方面做出合理明智的决策,所必需的一系列认知技能和思维素质的总称。"[④]那么,批判性思维有哪些特征?批判性思维包含哪些技能?什么是批判性阅读?什么是批判性写作?下一小节将解答这些问题。

1.2 以批判性思维训练为中心的英语文献阅读与写作

1.2.1 什么是批判性思维

批判性思维的养成是美国大学教育的主要目标之一。因为大学教育的核心不是让学生被动地吸收信息,而是"主动、理智地评估各种观念和信息"。高等教育的主要目标不是教会学生知识或思考的内容,而是"如何思考"。[⑤] 更具

① 龚杰:《英语学术论文高级写作技巧和发表指南:国际人文社科学术期刊评审标准和发表策略》,四川大学出版社2017年版,第7~8页。

② 龚杰:《英语学术论文高级写作技巧和发表指南:国际人文社科学术期刊评审标准和发表策略》,四川大学出版社2017年版,第25页。

③ 龚杰:《英语学术论文高级写作技巧和发表指南:国际人文社科学术期刊评审标准和发表策略》,四川大学出版社2017年版,第9页。

④ [美]格雷戈里·巴沙姆等:《批判性思维》,舒静译,外语教学与研究出版社2020年版,第7页。

⑤ [美]格雷戈里·巴沙姆等:《批判性思维》,舒静译,外语教学与研究出版社2020年版,第7页。

体地说，批判性思维标准中最为重要的是以下九个方面：清晰（clarity）、准确（accuracy）、精确（precision）、切题（relevance）、深度（depth）、广度（breath）、逻辑正确（logic）、重要性（significance）、公正（fairness）。[①]在思维过程中，这些标准可以具化为下列问题：

所谓“清晰”：你能够对此做出进一步的阐述吗？你能够举一个例子吗？

所谓“准确”：我们能够对此进行查证或检验吗？我们能够查明这是真的吗？我们确定没有歪曲事实吗？

所谓“精确”：你能更具体一些吗？你能提供更多细节吗？你能更精确一些吗？

所谓“切题”：你所说的与这个问题的联系何在？你所说的如何帮助我们解决这个问题？

所谓“深度”：这个问题的复杂性体现在什么地方？我们需要解决哪些困难？

所谓“广度”：我们是否可以从另一个角度看待这个问题？我们是否考虑了有关这个问题的其他观点？

所谓“逻辑正确”：所有这些放在一起是否在逻辑上讲得通？我们看待问题的方式是否合理？你所说的是否符合证据？

所谓“重要性”：这是需要关注的核心问题吗？这些事实中哪些最为重要？

所谓“公正”：我是否考虑了所有相关的观点？我这样想是否出于一已之利？我对自己和他人的观点是否足够公允？[②]

“批判性思维”并不是人们思考的天性。相反，人们日常思维中经常充斥着歪曲、片面、无知或偏见。此外，人们批判性思维的能力还有可能受到阅读能力、背景知识的制约。因此，“批判性思维”是一种需要通过系统训练而习得的思维技能。[③] 批判性思维的习得首先是一种自我反思的意识，即在得到批判性思维的系统训练后，学习者开始具有反思从前思考方式的自我意识；其次是将

---

① ［美］琳达·埃尔德、［美］理查德·保罗：《什么是批判性思维》，外语教学与研究出版社2020年版，第16页。

② ［美］琳达·埃尔德、［美］理查德·保罗：《什么是批判性思维》，外语教学与研究出版社2020年版，第16页。

③ ［美］理查德·保罗、［美］琳达·埃尔德：《批判性思维概念与方法手册》，外语教学与研究出版社2020年版，第1页。

学习到的技巧应用于现实场景中，在这一过程中使批判性思维成为习惯。[①]毫无疑问，批判性思维表现出的主动、睿智地评判各种观点和信息的技能正是一个人学习、生活和职业发展中最核心的技能之一。

批判性思维并不能简单等同于懂得一些"逻辑"法则。早有学者指出，尽管逻辑和批判性思维有一定关系，但学术阅读和写作必需的批判性思维技能并不等同于形式逻辑。现实里没有人会按照如"人都是会死的，苏格拉底是人，所以苏格拉底是会死的"这样的三段论格式说话。更重要的是，无稽和无意义的推断完全可以具备形式逻辑的外表。因此，批判性思维超越了技术层次的"合乎逻辑"；"批判性思维的核心在于反思和合理的态度。一个人是否是一个批判性思维者，是根据其所具有自我批判、开放理性、认真求真、探究实证的态度来衡量的"。[②]

批判性思维者具有以下特征：前四条偏重于批判性思维的技能方面，后九条则偏重于批判性思维者所具备的品格。

(1)对于清晰、精确、准确及其他批判性思维的标准有强烈的渴望。

(2)对自我中心主义、群体中心主义、一厢情愿及其他可能会妨碍批判性思维的障碍有敏锐的判断力。

(3)具备理解、分析、评估论证和观点的技巧。

(4)有逻辑地推理，能够根据证据和数据得出恰当的结论。

(5)具有坦诚的思维品格，承认自己不知道的事，能认识到自己的局限性。

(6)对反对观点持开放态度，欢迎对自己的观点和假设的批评。

(7)观点建立在事实和证据的基础上，而非基于个人喜好或利益。

(8)能意识到那些影响其世界观的偏见和先入之见。

(9)独立思考，不害怕与集体意见发生分歧。

(10)能一针见血，不被细节分散注意力。

(11)有勇气面对并客观分析与自己最根本的信念相反的观念。

(12)追求真理，对事物存在广泛的好奇心。

(13)具有坚韧的思维品格，即便遇到阻力或困难，也要坚持不懈地刨

---

① [加]董毓：《批判性思维原理和方法——走向新的认知和实践》，高等教育出版社2019年版，第21～22页。

② 董毓：《再谈逻辑和批判性思维的关系》，《高等教育研究》2019年第3期，第19页。

根究底或探寻真相。①

有学者进一步将批判性思维的技能细分为认知层面的宏观技能和微观技能。

宏观技能包括：

- 对归纳进行凝练，避免过度简化
- 将洞察移入新的语境
- 发展某个观点
- 澄清问题
- 澄清并分析词或短语的含义
- 发展用于评估的标准
- 评估信息来源的可信度
- 提出、深究有重要意义的问题
- 分析或评估论点、解释、信念或理论
- 生成或评估解决方案
- 分析或评估所采取的行动或对策
- 批判地阅读：澄清或批判所读的材料
- 批判地聆听
- 搭建跨学科的联系
- 践行苏格拉底式的讨论：澄清并质疑信念、理论或观点
- 以对话的方式思辨：比较不同观点、解释或理论
- 辩证地思考：评估观点、阐释或理论

微观技能包括：

- 比较和对比理论与实践
- 精准反思自己的思考过程
- 留意重要的相似点和不同点
- 审视或评估假设的合理性
- 区分相关与不相关的事实
- 做出合理的推断、预测或解释

---

① ［美］格雷戈里·巴沙姆等：《批判性思维》，舒静译，外语教学与研究出版社2020年版，第29～30页。

- 给出理由并评估证据和所指称的事实
- 识别自相矛盾之处
- 探究逻辑预设及其重要性[①]

阅读与写作训练是批判性思维习得的重要途径，批判性思维的养成也是学术文献阅读与写作水平进阶的关键所在。下一部分将进一步讨论何为批判性阅读，何为批判性写作，批判性阅读与写作间如何实现交互提高、良性互动。

1.2.2 什么是批判性阅读

批判性阅读，指的是在忠实理解所读文献的基础上，进而对所读文献中的论证进行评估。因此，批判性阅读包含“忠实”和“批判”两个层次。所谓“忠实”，指的是站在作者的立场，从作者的观点去看问题，理解作者的论证要素和结论，知其然并知其所以然，即不仅读出作者说了什么，还要读出他为什么这样说。忠实理解作者的观点，需要做到“准确”，即精确转述作者说了什么；“完整”，即发现作者的理由，涵盖从理由到结论的过程，尤其是识别重要概念间的关系；“深入”，即挖掘作者论证的出发点和目的、论证背后的假设和原则。[②] 而所谓“批判”，指的是在忠实理解原文的基础上，进而跳出作者的视角，对原文的论证进行评估，包括：理由是否真实，推理是否相关、一致、充分，是否存在偏见，是否有可替代的解释和论证，是否有例外和反例等。[③]

也有学者将从理解到批判的批判性阅读称作“文本细读”(close reading)，并将之分解为四个循序渐进的步骤，前三个步骤是为“忠实”理解原文，第四个步骤是为“批判”。因这四个步骤更为具体地呈现了思辨性阅读的方法，特摘录如下。

第一步：能够用自己的话精确转述原文的句子(paraphrasing)。所谓“精确”指的是转述不仅成功把握住了原文的字面义，还把握住了隐含义。美国批判性思维研究专家理查德·保罗和琳达·埃尔德举了以下这个有效“转述”(paraphrase)的例子。

---

① ［美］Linda Elder、［美］Richard Paul：《什么是分析性思维》，外语教学与研究出版社2016年版，第7～8页。

② ［加］董毓：《批判性思维原理和方法——走向新的认知和实践》，高等教育出版社2019年版，第83～84页。

③ ［加］董毓：《批判性思维原理和方法——走向新的认知和实践》，高等教育出版社2019年版，第84页。

原文:Democracy is rule by the people.

转述:A country is democratic only insofar as all the people in the country have an equal amount of power and potential influence in the political process.

这个转述不仅忠实地反映了原文,而且还很好地解释了原句中的关键信息"rule by the people"的含义,因为这个短语正是原句给出的评估一个国家民主与否的标准。①

第二步:陈述、阐述、举例说明一个段落的主旨(explicating)。要达到这一目标,可以借助以下四个问题:

1.你能用一句简单的话陈述你的要点吗?

2.你能(换一种方式)更详尽地阐述你的要点吗?

3.你能给出一个例子解释你的要点吗?

4.你能给出一个类比或修辞澄清你所说的吗?②

第三步:分析(analysis)。包括识别以下信息的能力:

- 作者写这个文本的目的(purpose)
- 文本中最重要的问题(question, problem or issue)
- 文本中最重要的信息(information or data)
- 文本中最重要的结论(conclusion)
- 文本中最重要的概念、理论或观点(concepts, theories, or ideas)
- 文本最根本的假设(assumptions)
- 文本最重要的暗指(implications)
- 文本所持的观点(point of view)③

第四步:评估(evaluation),也就是根据前文已经提到的九个认知标准对所读文本的逻辑质量进行评估,即清晰、准确、精确、深度、广度、切题、重要性、逻辑正确和公正。评估一个文本的质量,可以借助以下九个问题:

---

① [美]理查德·保罗、[美]琳达·埃尔德:《如何进行思辨性阅读》,外语教学与研究出版社2019年版,第23页。

② [美]Richard Paul、[美]Linda Elder:《思辨阅读与写作测评》,外语教学与研究出版社2019年版,第8~9页。

③ [美]Richard Paul、[美]Linda Elder:《思辨阅读与写作测评》,外语教学与研究出版社2019年版,第9页。

- 作者是否清晰地陈述了他/她的意思，文本是否模糊、含混或混乱？
- 作者是否准确地表述了他/她所声明的内容？
- 作者在提供相关联的细节时是否足够精确？
- 作者是否引入了不切题的材料，从而游离于他/她的主题之外？
- 作者是否将我们带入了隐含于主题之中的重要的复杂性，还是流于肤浅？
- 作者是否考虑了有关这个问题的其他观点？其视野是否过于局限？
- 这个文本内部是否前后一致？
- 这项研究重要吗？还是只解决了一些无足轻重的问题？
- 作者是否展现出公正的态度？还是采取了单方面、狭隘的取向？①

批判性阅读技能中最为关键的是识别论证，并对论证进行评估。论证由一个或多个前提及一个结论组成。其中，前提作为论据或理由的陈述，用来说明为什么我们要接受某个结论。结论则是前提试图证明或支撑的陈述。② 因此，一个论证必然包含以下三个要素：前提、结论、前提和结论之间存在推理关系。③

生活中的"论证"，往往是为了陈述一己之见，简单地提出理由和证据，通常只有几句话。而学术文献中，论证的结构往往不是单一前提，而常常是多前提、链式或复合结构等。追寻论证，往往需要整体理解，即"为了辨别论证和结构，常常需要反复阅读文章，细致地考察文字和语境的内容，发掘语言或图像的真实、准确的意义，理解和判断文章的意图和结论，细心找到有关陈述，分析它们的关系，提取中间的论证内容，确定已经把所有的理由都找出来了，辨认出一个完整的论证来"。④

此外，在一篇长文中准确识别论证，还需要排除若干容易与论证混淆的非论证形式的干扰：在阅读历史学学术论文时做到这一点尤其不易，因为事实性的阐述、例证、解释都是历史学论文最基础的构成元素，而这些元素本身却并不

---

① ［美］Richard Paul、［美］Linda Elder：《思辨阅读与写作测评》，外语教学与研究出版社 2019 年版，第 12 页。

② ［美］格雷戈里·巴沙姆等：《批判性思维》，舒静译，外语教学与研究出版社 2020 年版，第 33 页。

③ ［加］董毓：《批判性思维原理和方法——走向新的认知和实践》，高等教育出版社 2019 年版，第 108 页。

④ ［加］董毓：《批判性思维原理和方法——走向新的认知和实践》，高等教育出版社 2019 年版，第 112、122～128 页。

是论证。认识这些容易混淆的非论证形式，有助于增强对论证形式的自我纠错意识，也有助于区分论证主干与支撑论证的细节。

容易与论证相混淆的非论证形式包括以下五类①。

阐述。阐述的目的只是就某个主题进行叙述、提供信息。

无根据断言。无根据断言指陈述者或作者自己相信的观点，陈述者没有证明这一断言是根据其他观点得出的，或没有由这一断言证明其他观点。

条件陈述。条件陈述就是"如果—那么"式陈述。一些条件陈述不是论证，因为这些陈述中并没有证明条件一定为真。

例证。例证旨在为某一观点举例，而不是证明或支撑这一观点。

解释。解释与论证很容易被混淆。然而，二者的陈述者意图不同：解释是陈述者解释为什么是这样，而论证则是陈述者提供理由或证据来使人接受某个观点。

不少学生仍然沿袭逐字逐句读研究文献的习惯，他们不"敢"跳读，因为怕"跳读"会错过重要信息。事实上，这样读书的学生未必能记住多少他们花了如此多时间读到的细节，也未必知道那些细节有什么用。不敢"跳读"，说明不少学生并不了解英文论文的写作范式；不会"跳读"，则说明他们欠缺逻辑分析的能力。

一个有关英文论文写作的基本事实是：英美学术写作更推崇开门见山、直截了当。这一点意味着文章的论点一般出现在最显眼的引言部分；同理，一个段落的主旨一般出现在段落首句。除非极为特殊的情况，一般一篇文章的主旨信息很少隐藏在文章中部、段落内部某个不显眼的地方。相反，英美大学写作指南一贯强调段落的组织和引言、结论的写作。一本学术写作的指南书，便直截了当地为"引言"和"结论"下了这样的定义："有效的引言向读者解释论文的目标、范围和方法。结论应该为题目中提出的问题提供清晰的答案，并总结讨论的要点。"②而"组织段落"同样是学术写作的基本组成部分。所谓"组织段落"，就是段落由一组围绕同一主题的句子组成，且主题句一般出现在段首；段落中的每个句子应按照某种逻辑关系相衔接，且全文的段落之间也应表现出某

① 以下五类容易与论证产生混淆的非论证形式的分类、定义，参考了[美]格雷戈里·巴沙姆等：《批判性思维》，舒静译，外语教学与研究出版社 2020 年版，第 42～47 页。

② [英] 斯蒂芬·贝利：《学术写作指南》（第 5 版），唐奇译，中国人民大学出版社 2020 年版，第 81 页。

种衔接关系。①

像这样对作者清晰、明了的写作要求，目的是使文章更易读，为读者的阅读提供便利。然而，或许是受到中文阅读习惯的影响，不少学生在阅读英文论文时，不敢、不习惯尝试新的方法，陷入了逐字逐句、被动阅读的窠臼，视作者提供的便利而不见。事实上，正如前文所述，尽管写作风格千差万别，英文论文写作却遵循着某种特定的格式和规范。这种共性来源于学术训练，正是英美人文社科研究生教育的标准化训练塑造了学术表达的准则。而这种准则的相通性，恰是作为读者应当充分利用的"速读"工具。如果说学术英文阅读有什么"诀窍"，那么所谓的"诀窍"，便是了解英文论文写作者所接受的学术训练，熟悉英文写作的风格，进而尝试以符合英文写作逻辑和风格的方法阅读文献。

1.2.3 什么是批判性写作

上一小节讨论了如何从写作者所接受的学术训练的角度思考作为读者可以采用的阅读技巧。事实上，读写不分家：与从写作的角度思考阅读的道理一样，写作进阶的起点在于阅读。尤其是学术论文写作，不仅修辞、语言水平的提高来源于学习优秀的作品，而且写作的起始点——研究问题的生发，也来源于文献阅读。写作贵在"实质"，而内容的丰富性、思想的深度与广度均在很大程度上取决于前面所说的批判性阅读能力。此外，学术写作还需要论证的组织"形式"，这正是本小节将要讨论的内容。事实上，"形式"并不总是被动地从属于"内容"。相反，正如写作过程生发思想一样，"形式"通过启发"内容"中的逻辑关联，也参与了思想的塑造过程。

所谓批判性写作，是根据批判性思维原则构造、展开的写作过程。学术性的批判性写作包括：找到一个值得写的主题，发现有关这个主题的重要问题和信息，清晰、精确地将自己的发现表达出来。② 也有学者将批判性写作归纳为："理解主题，分析论证结构，澄清概念，确定证据的可靠性，考察相关性和推理的充分性，挖掘隐含前提，考虑不同观点，得出最合适的结论"。③

---

① ［英］斯蒂芬·贝利：《学术写作指南》（第 5 版），唐奇译，中国人民大学出版社 2020 年版，第 76～78 页。

② ［美］Richard Paul、［美］Linda Elder：《如何进行思辨性写作》，外语教学与研究出版社 2019 年版，第 14 页。

③ ［加］董毓：《批判性思维原理和方法——走向新的认知和实践》，高等教育出版社 2019 年版，第 63～64 页。

发掘题目并围绕一个题目搜集材料，是写作的准备阶段，更多地是与阅读相关，这里不再赘述。这一小节将简略介绍批判性写作中“写”的部分，着重围绕三个理念：逻辑，读与写的互进，学术写作的本质在于交流。

批判性写作技巧之上是一种对写作内容和写作过程本身的自我反思意识。不具备批判性思维的写作者往往依从逻辑上并不必然的关联，思绪从一个段落游离到另一个段落，要点间的逻辑比较跳跃。这样的写作在组织上必然是支离破碎的。若对自己思维的混乱视而不见，其实也无法从所读、所写、所经历的事物中学到什么。而具有批判性思维的写作者往往具有极强的自我反思意识。这种反思意识主要表现在：正如通过反思自己的思想而改进思想，他/她也通过反思自己的写作而改进写作。批判性写作者怀揣一个明确的目标而写作；能够在自己所写和他人观点间搭建联系；能够自我评估写作是否清晰、准确、精确、切题，是否具有深度、广度、重要性、公正性，是否符合逻辑。①

在写作过程中，具有批判性思维的人在脑海中与所写内容之间进行着这样的对话：

(1)我清楚陈述自己的主要观点了吗？

(2)我充分地解释主要观点了吗？

(3)我提供给读者例子以解释这个观点了吗？

(4)我运用了修辞或类比向读者解释了我所说的了吗？②

结合有关批判性思维的研究，本书将批判性写作进一步分为微观和宏观技能两个部分。所谓“微观”指的是批判性写作中各组成部分的写作技巧，包括句子、段落、引言和结论以及段落间的逻辑衔接等。所谓“宏观”，指的是论证的写法，包括分析他人的论证和组织自己的论证。下面将着重介绍批判写作的三个理念，以期为读者思考英文学术写作提供一些启发。

第一个理念：逻辑。小到句子、段落，大到篇章和书稿，逻辑都是贯穿学术写作始终的头等要素。文学理论家斯坦利·费什借用安东尼·伯吉斯在小说《恩德比的外部世界》中的一句话描述了逻辑在遣词造句中的重要意义：

---

① [美]Richard Paul、[美]Linda Elder：《如何进行思辨性写作》，外语教学与研究出版社 2019 年版，第 4～5 页。

② [美]Richard Paul、[美]Linda Elder：《如何进行思辨性写作》，外语教学与研究出版社 2019 年版，第 5 页。

And the words slide into the slots ordained by syntax,
and glitter as with atmospheric dust with those impurities
which we call meaning.

费什评论道："在滑入凹槽前，词语只是互不相干的事物，可以指向任何地方，也可以毫无所指。一旦词语在'指定'的位置安顿下来，它们便由关系纽带相互联系起来——'指定'(ordain)是个神奇的词，能够体现语法结构的固定逻辑。"①而句子的"微观"性与篇章的"宏观"性也并非存在鸿沟般的分野："任何长度的语篇都是'一个长句……就如同任何句子都是一个短的语篇'。"②好的句子无一例外都有以下特征："在整个结构中，没有一个词语是浮在半空，它们都有某种起固定作用的联系"。③

学术写作尤其注重逻辑衔接，更是应当做到没有一个词语、一个句子、一个段落"浮在半空"，更是应当环环相扣，文章的每个构成要素间"都有某种起固定作用的联系"。尽管以非常不同的方式，英语为母语的作者所撰写的论文写作指南无一例外地强调了逻辑衔接、表述清晰的重要性。一本畅销的批判性思维教科书给出了如下论文写作建议：

1. 中心突出。文章的开篇就要陈述论题、表明立场……

2. 紧扣主题。论文中所表达的要点要与讨论的主题密切相关，各要点只能服务于两个目的：(a)对所持立场的说明、解释、澄清、阐述；(b)对持相反观点者的回应。要删除无关的论述和没有针对性的思想。

3. 按照一定的逻辑顺序谋篇布局。在你为支持自己的观点举例或澄清的时候，要让读者明白你到底在做什么。要让读者明白给出的语句与你的最终目的之间是什么关系。如果读者在通读你的文章后依然不知所云，抓不住你的要旨，说明你没有适当地组织材料……

4. 结构完整。文章的结构要力求完整：充分支持自己的观点，反驳已知的对立观点并对可能反驳自己的意见展开预先回应。许多论题都不可能仅在一篇论文中做穷尽的论述，关键在于要集中探讨论题的某一方面从

---

① [美] 斯坦利·费什：《如何遣词造句》，杨逸译，译林出版社 2020 年版，第 2 页。
② [美] 斯坦利·费什：《如何遣词造句》，杨逸译，译林出版社 2020 年版，第 9 页。
③ [美] 斯坦利·费什：《如何遣词造句》，杨逸译，译林出版社 2020 年版，第 19 页。

而完整地论述它。所以,越明确地限定话题,越容易完整地驾驭它。①

简单说,本书所讲的"逻辑",就是句子与句子之间、段落与段落之间都必须呈现清晰的联系,每句话都须紧扣段落的主题、服务于篇章整体的论证目标,凡术语必有清晰的定义。

第二个理念:读与写的互进。读与写不分家,写作的提高直接受惠于阅读的深度与广度。因此,任何学术写作的教科书至多只能传授一些形式、句式和词汇方面的知识,而学术写作水平的真正提高则在课外——在于学习者的自修。

那么,学术写作如何自修?斯坦利·费什曾提出"句子写作技巧=句子理解能力=句子鉴赏能力"的以读带写的公式。懂得如何赏析、分析、理解好句子、好文章,是模仿进而创作好的作品的基石。正如费什所说:"如果你知道哪些要素参与了某个令人难忘的句子的构建——是否有并列、从属、引用、压缩、平行、头韵等技巧运作其中,你也将了解到针对此类句子应该如何欣赏品评。反之,如果你在赞美某个句子之余还能有意识地分析促使你如此欣赏它的原因,那么你将能够在创作类似(或有点类似的)句子的道路上前进很远。"②

写得好和读得好从来都是一个问题的两面。写作中存在的问题其实是阅读上的问题。比如,如果学生不能识别自己写作中的"清晰与含混",那么他/她在阅读中也一定存在同样的问题,极有可能误将模糊的当成了清晰的观点。以理查德·保罗和琳达·埃尔德的批判性思维训练的小册子中的一个句子为例:"Democracy is a form of government in which the people rule."具有批判性思维技能的学生会清晰地意识到,除非他/她知道"the people"和"rule"的定义,即"Who exactly are the people?""What exactly is meant by the word *rule*?",否则这句话是费解的。学术写作过程就是将所读文献中的内容、观点进行组织,并用清晰的逻辑形式表达出来。③ 因此,批判性阅读与

① [美]布鲁克·诺埃尔·摩尔、[美]理查德·帕克:《批判性思维》,朱素梅译,机械工业出版社2020年版,第62～63页。

② [美]布鲁克·诺埃尔·摩尔、[美]理查德·帕克:《批判性思维》,朱素梅译,机械工业出版社2020年版,第10页。

③ [美]Richard Paul、[美]Linda Elder:《思辨阅读与写作测评》,外语教学与研究出版社2019年版,第2～3页。

写作是具备批判性思维的一体之两面。换言之,写的功夫不完全在写,而是很大程度上在于读。

以读带写,恰是美国历史学研究生培养中的核心思路。美国历史学博士训练始于以专著阅读为核心的"阅读课",终于作为日后专著书稿的博士论文的写作。黄宗智教授曾特别强调学习一个领域的重要专著对于学生学科知识积累和写作水平提高的重要意义。在解释他开办的"社会、经济与法律:历史与理论"研修班为何以阅读专著为中心时,他说道:

> 课程从基本专著的阅读开始。这是因为,优秀的专著一般都会在不同程度上展示以上总结的方法,即与现有理论的对话,形成既带有强有力的概括又具有扎实的经验证据。那样的专著是组成现有各个学术领域的基本砖石。一个领域的专业化和成熟程度要看它的专著。要进入一个领域,要对其具备发言权,精确掌握其优秀的专著是最基本的条件。我的课程是从锻炼学生怎样去精确掌握专著出发的,当然也是一种锻炼学生未来写作专著的基本功。①

阅读、品评、讨论原典或名著,是思辨技能习得的最重要途径。而坐下来读名著,也正是美国本科通识教育的本意。②

第三个理念:学术写作的本质在于交流。学术写作的根本目的是"使别人相信并接受你的观点和提议"。③ 固然"读书不肯为人忙",然而学术的独立并不意味着自说自话、孤芳自赏,而是心里总需装着读者。观点是否有说服力、文字逻辑是否易读、证据是否充分、读者可能从什么地方反驳我、我又该如何回应:写作者在论证质量上的自律正是由于有读者这个隐形判官的存在。

许多批判性写作的具体技巧和建议都可以放在与"读者"对话这个交流的框架下来理解。如果我们能够设身处地地想象自己的读者或许正面对着海量文献,理解读者渴望快速把握文献内容的迫切心情,那么我们便不难有避免故弄玄虚、空话连篇的自觉,更容易理解何为表述清晰、前后一致,明确用一句话陈述观点的必要性以及段首、开头、结尾写作的重要性。如果我们想到读自己文章的人比自己更明智却未必会轻易地赞同我们的主张,那么

---

① 黄宗智编著:《实践社会科学研究指南》,广西师范大学出版社 2020 年版,第 4 页。

② 程星:《细读美国大学》,商务印书馆 2015 年版,第 88～98 页。

③ [加]董毓:《批判性思维原理和方法——走向新的认知和实践》,高等教育出版社 2019 年版,第 413 页。

我们自然就会带着自我批判的眼光设想更多不利于自己的论点的反例，原初论证正是在这一过程中得到完善。清晰、简明、前后一致等逻辑要求，以及依据可靠、内容翔实等信息来源要求，是交流的需要，也是学术写作的需要。

研究文献综述是历史学论文写作的重中之重，也可以且应当从“交流”与“对话”的角度来理解。通过回顾学术期刊发展初期“交流”与“对话”的初衷，原祖杰教授敏锐地指出不少国内学者简单地将“学术史的回顾”或“介绍前人研究成果”理解为“在引语部分罗列出数篇与主题相关的研究文章和专著”，远未达到学术期刊“交流”与“对话”的目的。他写道：

> 真正意义上的学术交流不能仅限于文章开头的文献罗列，而是要在论证过程中与已有的研究形成对话，甚至不限于对同一课题的研究的对话，对话的范围经常要包括论证中涉及的某些边缘性问题，尤其是重要学者对这些问题提出的重要见解。这就是为什么我们看到欧美学者撰写的研究型文章总是旁征博引、资料丰富的缘故。一篇详实的研究型文章（solid study），通常要罗列几十种甚至上百种参考文献。珍贵可靠的原始文献固然重要，二手文献的阅读与梳理同样能够帮助作者强化问题意识，提炼学术创见。①

学术史梳理浮于表面，一方面是缺少“交流”的欲望，尤其是在学术发表作为岗位竞争、职务晋升的依据，流于“宣示知识产权的占有”的今天，而另一方面则或许是国内史学培养体系中缺少相关训练使然。② 黄宗智教授在他主持的国内研修班上发现，尽管有搜集经验证据方面的优势，“不少史学学生，由于缺乏精确掌握概念的训练，因而不能表达清楚一本专著的核心论点，或不能掌握其不同概括之间的关联，也不能抓住其与现存不同理论体系之间的异同。”③

从更宏观的角度来说，历史学学术写作“交流”与“对话”的本质体现在能够

---

① 原祖杰：《交流与对话：学术期刊一个被忽视的基本功能》，《澳门理工学报》2016 年第 2 期，第 116 页。

② 原祖杰：《交流与对话：学术期刊一个被忽视的基本功能》，《澳门理工学报》2016 年第 2 期，第 114 页。

③ 黄宗智编著：《实践社会科学研究指南》，广西师范大学出版社 2020 年版，第 6 页。

将针对具体问题的研究放置在更宽、更广的学术史背景中,即以具体问题之“小”见学科研究重要关切之“大”。唯有这样,历史学研究中“碎片化”的叙述才有可能表现出对学术界所关注问题的“针对性贡献”,其重要性才不容易被低估。①

① 原祖杰:《交流与对话:学术期刊一个被忽视的基本功能》,《澳门理工学报》2016年第2期,第114页。

第二部分

第2章　文献阅读方法概论

第二部分包括第2、第3、第4三个章节，旨在通过来自史学研究论文、专著的实例示范阅读方法。更具体地说，这一部分将历史学英文文献阅读分为泛读与精读两个训练模块。第2章旨在介绍方法，第3、第4章重在实操。

本章将分别介绍："泛读"读什么以及泛读技巧在几种史学常见写作形式中的应用；"精读"读什么以及什么时候精读。更具体地说，本章将"泛读读什么"这个问题分为以下两个部分。第一部分是提高阅读技巧的五个步骤，包括识别主题思想、识别支持性细节、识别语句或段落间的关系、识别事实和观点、论证。第二部分是如何快速提取一篇文章或一本书的主题思想，包括如何读引言，如何读结论，如何读正文。每个部分除了定义、方法的简要介绍外，还辅以一些史学论著的选段作为例子。

"精读"将从以下两个方面展开：修辞和语法。修辞和语法均是英语语言研究的重要领域，每一个方面的文献都汗牛充栋。这一节对修辞、语法的介绍不求面面俱到，而是选取了史学写作常用的修辞和影响学生理解长难句的五个语法难点，用言简意赅的"定义＋例子"的形式加以介绍。一方面以最简要的方式帮助学生理解这些语言上的难点，另一方面启发学生课后自修。本章介绍、示范的"泛读"和"精读"方法将为后两个章节的"泛读""精读"练习做准备。

2.1　泛读方法概论

2.1.1　提高阅读技巧的五个步骤

1.识别主题思想

1）定义

识别主题思想或主要观点（main ideas）是阅读最关键的环节。读一篇文章时，需要不时地问自己：作者想要表达的主要观点究竟是什么？（What is the author's point?)有学者将主题思想形象地描述为"一把概括全文的伞"。"主题思想是作者的总观点，伞下是该段所有其他内容，包括各种支持性细节——具体论据，如例子、起因、理由或事实等。"①

2) 识别主题思想的方法

找到主题思想的关键是主动阅读(active reading)，即边读边不断地问自己:"作者的主题思想是什么?"更具体地说，要做到"主动阅读"，可以采取以下三个策略。

(1)寻找概括性观点及其对应的具体观点

下面这段话取自一个章节的起始段：

> Although no society is innocent of collective notions about itself, some countries have made more of ideology than others. **From the time** Japan began its deliberate pursuit of "civilization" in the mid-nineteenth century, ideology appeared as a conscious enterprise, a perpetual civic concern, an affair, indeed, of state. **Even** as the exigencies of institutional transformation were met in the years following the Restoration of 1868, **Japanese leaders expressed their sense that institutions alone were insufficient** to secure the nation. **It was not enough** that the polity be centralized, the economy developed, social classes rearranged, international recognition striven for — **the people must also be "influenced," their minds and hearts made one.**②

这段话的主旨在于强调日本对意识形态的重视，尽管没有哪个社会不重视意识形态的塑造，但日本比其他国家更注重这一点。这段话的主旨出现在段首，参考后文，段首的 some countries 特指日本。"From the time ... Even ... Japanese leaders expressed their sense that institutions alone were insufficient ... It was not enough ... the people must also be 'influenced,' their minds and hearts made one"，则是支撑段落主旨的理由和细节。

(2)利用主题找到主题思想

主题指一个选篇的总话题，了解主题有助于找到作者关于该主题的主要观

---

① [美] John Langan:《大学英语阅读进阶》(第四版)，兰翠竹译注，外语教学与研究出版社 2019 年版，第 53 页。

② Carol Gluck, *Japan's Modern Myth: Ideology in the Late Meiji Period*, Princeton: Princeton University Press, 1985, p. 3.

点。找到主题后，下一步就要确定作者的观点。作者通常会用一句话来阐述其主要观点，这句话也叫主题句(main-idea sentence or topic sentence)。①

以下这段话取自已故哈佛中国史教授 Philip Kuhn 的名作《叫魂》一书的第九章，题为："Political Crime and Bureaucratic Monarchy"，以下摘录的段落取自这一章的第一部分，标题是："Routine and Arbitrary Power in the Bureaucratic Monarchy"：

Study of the Chinese political system under the late empires has produced two largely distinct literatures: on the structure, personnel, and values of the administrative bureaucracy; and on the development of the imperial institution, particularly the imperial communication system. As a result, we now have a more sophisticated view of officialdom as a way of life; and a view of the ruler that makes him part of a political system, rather than a remote and all-powerful despot. **I wonder, however**, whether we have yet discovered how arbitrary power interacts with bureaucratic routine over a long period within a single system. We still tend to assume that the two are inversely related: the more of one, the less of the other; as one grows, the other shrinks. The tendency of social analysis since Max Weber is in fact to show that, in the long run, autocrats yield to bureaucrats. **Yet I believe** that arbitrary and routine autocrats may not have been incompatible in the Chinese system, and may indeed have found ways to live side by side. ②

由标题可见这个章节的主题是"bureaucratic monarchy"，这一部分则专注于官僚皇权制中的"routine and arbitrary power"。这一段前两句话指出：长久以来，中华帝制晚期政治制度的研究认为皇权与官僚制存在非此即彼、此消彼长的关系。第三句话是作者对这种"零和"思维的质疑。随后的两句话则是对既有研究的进一步阐发，尤其指出马克斯·韦伯的理论对这种"零和"思维的影

① [美] John Langan:《大学英语阅读进阶》(第四版)，兰翠竹译注，外语教学与研究出版社 2019 年版，第 58 页。

② Philip A. Kuhn, *Soulstealders*: *The Chinese Sorcery Scare of 1768*, Cambridge, MA: Harvard University Press, 1990, p. 188.

响。作者的观点出现在段尾，紧扣标题指出 routine power 和 arbitrary power 未必是互不相容的关系，而是处于一种相互依存的关系。梳理这段话的逻辑时，逻辑关键词固然重要，标题对这段话的要点也有很好的提示作用。

(3)寻找并利用提示词来确定主题思想

有时作者会用易识别的提示词或词组引出主题思想。其中一类提示词是列举词，告诉读者接下来将要列举的一系列内容。当这类提示词出现在一个句子中时，仔细看看该句是不是段落的主题句。很可能一系列支持性的主要细节会紧跟在这样的句子后面。这类提示词包括：

several kinds (or ways) of	several causes of
some factors in	five steps
among the results	various reasons for
a number of effects	a series of

以下这段话取自 Raymond Williams 的成名作 *Culture and Society*，*1780-1950*。加黑的部分很好地展现了提示词对主题的提示作用。

In the last decades of the eighteenth century, and in the first half of the nineteenth century, a number of words, which are now of capital importance, came for the first time into common English use, or, where they had already been generally used in the language, acquired new and important meanings. There is in fact a general pattern of change in these words, and this can be used as a special kind of map by which it is possible to look again at those wider changes in life and thought to which the changes in language evidently refer.

Five words are the key points from which this map can be drawn. They are *industry*, *democracy*, *class*, *art*, and *culture*. The importance of these words, in our modern structure of meanings, is obvious. The changes in their use, at this critical period, bear witness to a general change in our characteristic ways of thinking about our common life: about our social, political and economic institutions; about the purposes which these institutions are designed to embody; and about the relations to these institutions and purposes of our activities in learning, education and the arts.[①]

五个关键词用斜体标识,起到了很好的提示作用。此外,第二段段首注明 five words,也提示了对于五个关键词的讨论将紧随其后。选文第一段则点明了作者的研究时段,即 18 世纪的最后几十年一直到 19 世纪上半叶,探究的是词语变化与更广阔的社会变迁间的联系。

另一类提示词是补充过渡词,用在某个支持性细节前。看到这类提示词时,一般可以推测本段的主题思想为含有该支持性细节的概述句。这类提示词包括:

one	to begin with	in addition	last
first	another	next	last of all
first of all	second	moreover	finally
also	furthermore	for one thing	

以下选段取自已故普林斯顿历史学教授 Lawrence Stone 的名作 *The Crisis of the Aristocracy, 1558-1641*。注意加黑的补充过渡词。

As John Smyth of Nibley remarked 300 years ago, "The old achievements and actions of private men appear but now and then floating in the great gulf of time". If these fleeting appearances are to be given historical significance it is necessary to be sure that they are typical, a thing which only statistics will reveal. .... But a social group consists of a great mass of men, each an individual human being, and as such a partial variant from the norm. Statistical measurement is the only means of extracting a coherent pattern from the chaos of personal behavior and of discovering which is a typical specimen and which a sport. **Failure to apply such controls has led to much wild and implausible generalizations about social phenomena, based upon a handful of striking or well-documented examples.**

① Raymond Williams, *Culture and Society, 1780-1950*, New York: Anchor Books, 1960, xi.

There is a second danger from which the social historian can protect himself by paying attention to his statistical controls for the group as a whole. This arises from the fact that surviving private archives are not, as one might at first imagine, a purely random sample. They are a selection, heavily weighted on the side of those families which were rising in the world, and those which were already so rich that total dispersion and dismemberment of their estates were unlikely. They thus favour the up-and-coming at the expense of the failures, and the magnates at the expense of the middling landlords. Studies of well-documented individual families are immensely valuable in themselves, but the temptation must be avoided of generalizing from a selection which is not merely too small to form a sample, but which also contains an inherent bias. Statistics make a dry and unpalatable diet unless washed down with the wine of human personality.①

这两段话旨在说明对这一时期的社会群体进行统计学分析可能存在两个问题。第一个问题是消除个体差异、对社会现象进行不合情理的概括。第二个问题是档案材料的代表性问题，即能够在材料中发声的多为正处于上升阶段的权贵，而忽略了处于困境中的个体。选段没有直白地使用 first ... second ... 标示两个段落作为支撑性细节的逻辑关系，但选文第二段段首的 second，实则提示了前面一个段落与这一段的关系。此外，from which the social historian can protect himself by paying attention to his statistical controls for the group as a whole 也起到对上一段归纳、概括的作用。

3)主题思想的位置

主题思想可以出现在段落的任何位置。但最通常的位置是段落的开头部分。一些表示对比或转折的信号词，如 yet、but、however 等常常暗示主题思想将出现。

以下段落取自哈佛美国史教授 Sven Beckert 的班克罗夫特奖(Bancroft Prize)获奖作品 *Empire of Cotton: A Global History*。

① Lawrence Stone, *The Crisis of the Aristocracy, 1558-1641* (Abridged Edition), Oxford: Oxford University Press, 1967, p. 3.

We usually think of capitalism, at least the globalized, mass-production type that we recognize today, as emerging around 1780 with the Industrial Revolution. **But war capitalism, which began to develop in the sixteenth century, came long before machines and factories.** War capitalism flourished not in the factory but in the field; it was not mechanized but land- and labor-intensive, resting on the violent expropriation of land and labor in Africa and the Americas. From these expropriations came great wealth and new knowledge, and these in turn strengthened European institutions and states — all crucial preconditions for Europe's extraordinary economic development by the nineteenth century and beyond. ①

这段话的主题信息出现在第二句,第一句只起到了引子的作用——以人们通常对资本主义的认知为引子,引出作者将种植园奴隶制视为"战争资本主义"(war capitalism)关键特征的观点。

有时,作者会在段首说明主题思想,在结尾处再重申主题以示强调。故而,主题思想可能同时出现在段落开头和结尾两处。

以下选段取自芝加哥大学历史学与政治学教授 William H. Sewell Jr. 的史学理论名作,该选段便是段首和段尾处共同呈现段落主题思想的例证。

It is hardly novel, at the beginning of the twenty-first century, to call for dialogue between historians and social scientists. ... It was only between the 1880s and World War I that sociology, history, political science, anthropology, geography, and economics emerged as the distinct and professionalized academic disciplines we know today. Prior to that time, intellectual discussion flowed easily across the indistinct boundaries between different genres of scholarship. It is difficult to assign major thinkers of this era to a single field, such as we understand these fields today.... It was only in the early twentieth century that the academic disciplines, replete with their distinct departments, chairs, curricula, and

① Sven Beckert, *Empire of Cotton: A Global History*, New York: Vintage Books, 2015, xv-xvi.

doctoral programs, became genuinely — if artificially — distinct intellectual universes. Only then were history and the various social sciences sufficiently clearly bounded that one could think about the necessity of initiating a dialogue. **The cross-disciplinary poaching that currently prevails in history and the social sciences might therefore be seen as betokening a return to the golden age of our predisciplinary past.**①

段落首句的大意是：在 21 世纪初，谈历史学与社会科学的对话并不新奇。段落中间回顾了人文社科职业化发展造成了各个学科的分立。而段末再次呼应了段首的主题，即历史学与社会科学的跨学科渗透象征着学科细分前的黄金时代的回归(a return to the golden age of our predisciplinary past)。

4)隐含主题思想

有时，篇章中并没有明示主题思想的句子。在这种情况下，作者会通过支持性细节暗示主题思想。阅读时，需要自己推断作者未明说的主题思想。总结出的隐含主题思想(implied main ideas)应涵盖本段中所有或大部分细节。

隐含主题思想多见于描述性的段落或篇章中。以下选段取自英国 18 世纪大历史学家爱德华·吉本的巨著《罗马帝国衰亡史》。

The cavalry, without which the force of the legion would have remained imperfect, was divided into ten troops or squadrons; the first, as the companion of the first cohort, consisted of a hundred and thirty-two men; whilst each of the other nine amounted only to sixty-six. The entire establishment formed a regiment, if we may use the modern expression, of seven hundred and twenty-six horse, naturally connected with its respective legion, but occasionally separated to act in the line, and to compose a part of the wings of the army. The cavalry of the emperors was no longer composed, like that of the ancient republic, of the noblest youths of Rome and Italy, who, by performing their military service on horseback, prepared

① William H. Sewell Jr., *Logics of History: Social Theory and Social Transformation*, Chicago: University of Chicago Press, 2005, pp. 1-2.

themselves for the offices of senator and consul; and solicited, by deeds of valour, the future suffrages of their countrymen. Since the alteration of manners and government, the most wealthy of the equestrian order were engaged in the administration of justice, and of the revenue; and whenever they embraced the profession of arms, they were immediately intrusted with a troop of horse, or a cohort of foot. Trajan and Hadrian formed their cavalry from the same provinces, and the same class of their subjects, which recruited the ranks of the legion. The horses were bred, for the most part, in Spain or Cappadocia. The Roman troopers despised the complete armour with which the cavalry of the East was encumbered. Their more useful arms consisted in a helmet, an oblong shield, light boots, and a coat of mail. A javelin, and a long broad sword, were their principal weapons of offence. The use of lances and of iron maces they seem to have borrowed from the barbarians.①

这一长段从各个方面对罗马骑士兵团进行了介绍，包括组织形式、人员构成、兵器和战马的情况。这段话重在描述，因此主题思想的概括必须建立在对段落宏观理解的基础上。这个章节的标题是"The Extent and Military Force of the Empire in the Age of Antonines"，这段话显然是对罗马骑士兵团军事力量的一个特定方面的描述。

2. 识别支持性细节

1)定义

支持性细节(supporting details)指的是原因、例子、事实、步骤，或其他阐释主题思想的依据。在历史学写作中，支持性细节最有可能的形式是以原始史料为基础的事实性细节(例子)，或是以研究型文献为依据的解释性细节(理由)。

① Edward Gibbon, *The History of the Decline and Fall of the Roman Empire* (Abridged Edition), David Womersley ed., London: Penguin Books, 2005, pp. 21-22.

(1)例子

Disaster, disorder, and death on this scale demoralized even the most resilient survivors. In *Leviathan*, a treatise on political obedience published in 1651, **Thomas Hobbes claimed that** "There is [now] no place for industry, because the fruit thereof is uncertain, and consequently no culture of the earth; no navigation, nor use of the commodities that may be imported by sea; no commodious building; ... no arts; no letters; no society. And, which is worst of all, continual fear and danger of violent death; and the life of man, solitary, poor, nasty, brutish, and short." **Many people in France, where Hobbes wrote these words, shared his apocalyptic vision.** "If one ever had to believe in the Last Judgment," wrote a Parisian judge in 1652, "I believe it is happening right now"; while in 1655, Abbess Arnauld feared that the general desolation "must signify the end of the world." That same year, **Louis XIV's uncle Gaston of Orleans declared that** the French "Monarchy was finished: the kingdom could not survive in its present state. In all the monarchies that had collapsed, decline began with movements similar to the ones he discerned [now]; and he launched into a long list of comparisons to prove his statement from past examples.①

这段话首句是段落的主题句,加黑的部分是从原始文献中选取的例子,分别是英国和法国的情况。这里支持性细节的表现方式为直接引用当事人的话,即以原始史料为基础的事实性细节。

(2)理由

Theorists of patriarchy have addressed the inequality of males and females in important ways, but, for historians, their theories pose problems. **First**, while they offer an analysis internal to the gender system itself, they also assert the primacy of that system in all social organization. But theories of patriarchy do not show how gender inequality structures all

① Geoffrey Parker, "Crisis and Catastrophe: The Global Crisis of the Seventeenth Century Reconsidered," *The American Historical Review*, vol. 113, no. 4 (Oct., 2008), pp. 1057-1058.

other inequalities or, indeed, *how* gender affects those areas of life that do not seem to be connected to it. **Second**, whether domination comes in the form of the male appropriation of the female's labor or in the sexual objectification of women by men, the analysis rests on physical difference. Any physical difference takes on a universal and unchanging aspect, even if theorists of patriarchy take into account the existence of changing forms and systems of gender inequality. A theory that rests on the single variable of physical difference poses problems for historians: it assumes a consistent or inherent meaning for the human body-outside social or cultural construction — and thus the ahistoricity of gender itself. History becomes, in a sense, epiphenomenal, providing endless variations on the unchanging theme of a fixed gender inequality.①

这段话首句道出了段落的主旨,即父权制理论虽然为男女不平等提供了一个重要解释,但是对于历史学家而言,父权制理论存在问题。随后,作者为这个观点提供了两个解释性理由。第一个理由是虽然父权制理论提供了内在于性别制度的一种分析,却没有证明性别不平等何以塑造了其他不平等的社会关系。第二个理由是父权制理论过于依赖男女生理上的差别,这样的解释是“非历史的”(ahistoriciy)。因此,从段落组织的结构来看,这段话在开头提出一个观点后,紧接着提供了两个解释性理由。

2)区分主要细节和次要细节

支持性细节通常分为两个层次:主要细节和次要细节。主要细节解释和展开主题思想,次要细节则进一步补充和阐释主要细节。

Hence, I distinguish two more types of power, authoritative and diffused. Authoritative power is actually willed by groups and institutions. It comprises definite commands and conscious obedience. Diffused power, however, spreads in a more spontaneous, unconscious, decentered way throughout a population, resulting in similar social practices that embody power relations but are not explicitly commanded. It typically comprises, not command and obedience, but an understanding that these practices are

① Joan W. Scott, "Gender: A Useful Category of Historical Analysis," *The American Historical Review*, vol. 91, no.5(Dec., 1986), pp. 1058-1059.

natural or moral or result from self-evident common interest. Diffused power on the whole embodies a larger ratio of collective to distributive power, but this is not invariably so. It, too, can result in the "outflanking" of subordinate classes such that they consider resistance pointless. This is, for example, how the diffuse power of the contemporary world capitalist market outflanks authoritative, organized working-class movements in individual nation-states today — a point I elaborate in Volume II. Other examples of diffused power are the spread of solidarities such as those of class or nation — an important part of the development of social power. ①

这段话加黑的部分是段落主题句；加单下划线的是主要细节，分别解释“权威性权力”和“弥散性权力”两个概念。“弥散性权力”更为复杂，因为尽管“弥散性权力”时常表现为更大的分配权，但是有时“辐射型权力”也会造成对从属社会群体的占优，以致他们认为抵抗没有意义。加双线的两句话是次要细节，对“弥散性权力”进行了进一步解释、说明。

3. 识别语句或段落间的关系

1)要点罗列

要点罗列模式指列出一系列原因、例子或其他支持主题思想的细节。这些要点不是按时间顺序，而是按作者希望的任意一种方式排列。要点罗列模式经常使用补充性过渡词，来提示将补充更多的支持性细节。

Before we explore these six centuries in more detail, it is well to specify much more precisely the explanatory theory implicit in the previous chapters.

The pressure to change property rights emerges only as a resource becomes increasingly scarce relative to society's wants. .... **Two other basic elements** entered into the manorial economy; the functions of protection, and the role of labor. .... **The third element** of the manorial economy, labor, involves an examination of the existing nature of property rights in man.... ②

① Michael Mann, *The Sources of Social Power Volume 1: A History of Power from the Beginning to AD 1760*, Cambridge: Cambridge University Press, 2012, p. 8.

② Douglass C. North and Robert Paul Thomas, *The Rise of the Western World: A New Economic History*, Cambridge: Cambridge University Press, 2009, pp. 19-20.

选文第一段提示下面的段落是对前面若干章节的一个小结。第二段第一句话中虽然没有表明顺序的提示词，但第二句中的 two other basic elements 和第三句中的 the third element 则清晰提示了这一段要点罗列的组织结构。

2)时间顺序

时间顺序模式指按事件发生的顺序来描述事情。这类模式的信号词为表示时间的过渡词或日期。

表示时间的过渡词：

before	during	while	later
previously	now	next	eventually
first	as	soon	finally
then	when	after	last
following			

Cloth exports from England enjoyed a powerful rise **in the early Tudor period**, increasing some two and a half times during the years **from the late 1480s to the mid-sixteenth century.** Cloth exports from London grew even faster, and during this period London's share in the national cloth export totals expanded at the expense of the outports, as English trade focused increasingly on the London-Antwerp route and English cloths came to be shipped almost exclusively to Antwerp, and from there to their ultimate destinations in various parts of Europe. The long-term expansion of the cloth trade took place almost entirely in two relatively short bursts. Almost half the increase came during the reign of Henry VII, that is, **from the late 1480s to the early 1510s. From that point**, national cloth exports more or less stagnated for close to a quarter of a century, although London's cloth trade continued to grow in this period, while the outports' cloth trade declined. Finally, **from the middle 1530s to midcentury**, there was a new and rapid rise in national cloth exports, perhaps fueled in its final stages by government coin debasements. ①

① Robert Brenner, *Merchants and Revolution: Commercial Change, Political Conflict, and London's Overseas Traders, 1550-1653*, London: Verso, 2003, p. 6.

这段话按照时间先后，概述了15世纪中后期至16世纪中期英国棉布出口的变化趋势。加黑的部分除了包含时间表达外，还包含表示时间的过渡词，比如from that point提示在那个时间点，英国棉布出口出现了从增长到停滞的转折。

3)举例说明

作者提供一个或多个例子来展开或阐释某一思想内容。举例过渡词包括：for example、for instance、illustration、including、such as等。

During the medieval period, population growth accompanied by the subdivision of holdings and sometimes the extension of cultivation onto poorer soils had led inexorably to a secular trend to declining labor productivity in English agriculture. **This was manifested, for example,** in the rising cost of land with respect to labor and the declining terms of trade of manufactures against grain. It is true that in certain areas with especially good access to towns — notably, in the environs of London and in parts of East Anglia — peasants were able to slow (to some extent) the tendency to declining consumption levels by adopting new crops that raised yields (just as peasants in the Yangzi Delta did in the Ming and Qing). But the appearance of these crops was almost always associated with intense population pressure and sharply reduced size of holdings.①

这段话是说中世纪欧洲的人口增长始终伴随着地块分割和开垦新的土地，这一趋势不可避免地导致了英国农业劳动生产率的下降。加黑的部分提示下面是对这一论断的举例说明。

4)类比和对比

表示类比的过渡词(comparison words)包括：

(just) as	likewise	in a similar manner
(just) like	in like manner	in the same way
alike	similar(ly)	resemble

① Robert Brenner and Christopher Isett, "England's Divergence from China's Yangzi Delta: Property Relations, Microeconomics, and Patterns of Development," *The Journal of Asian Studies*, vol. 61, no. 2 (May, 2002), p. 625.

To explore the deficiencies of the rational choice approach as it relates to institutions, we must delve into two particular aspects of human behavior: (1) motivation and (2) deciphering the environment. Human behavior appears to be more complex than that embodied in the individual utility function of economists' models. Many cases are ones not simply of wealth-maximizing behavior, but of altruism and of self-imposed constraints, which radically change the outcomes with respect to the choices that people actually make. **Similarly**, we find that people decipher the environment by processing information through preexisting mental constructs through which they understand the environment and solve the problems they confront. Both the computational abilities of the players and the complexity of the problems to be solved must be taken into account in understanding the issues. ①

这段话指出,鉴于理性选择模式在研究制度时存在的不足,因此需要特别考虑人类行为的两个方面,即动机和对环境的解读。后文分别就这两个方面进行解释,加黑的 similarly 提示了两个方面的类比、并列关系。

表示对比的过渡词(words that show contrast)包括:

but	instead	still	even though
yet	in contrast	as opposed to	different(ly)
however	on the other hand	in spite of	differ from
although	on the contrary	despite	unlike
nevertheless	converse(ly)	rather than	while

The genesis of capitalism has been the object of many studies inspired by historical materialism, ever since Marx devoted celebrated chapters of *Capital* to it. **The genesis of feudalism, by contrast**, has remained largely unstudied within the same tradition: as a distinctive type of transition to a new mode of production, it has never been integrated into the general corpus

① Douglass C. North, *Institutions, Institutional Change and Economic Performance*, Cambridge: Cambridge University Press, 2018, p. 20.

of Marxist theory. Yet, as we shall see, its importance for the global pattern of history is perhaps scarcely less than that of the transition to capitalism.①

这段话指出与学者对资本主义兴起的成熟研究相对,对封建主义兴起的研究还远未充分,尽管封建主义对马克思主义理论同样意义非凡。by contrast 提示了资本主义和封建主义研究之间截然相反的研究现状。

5)因果模式

因果模式一般回答两个问题:某行为或事件为什么会发生?某行为或事件的结果是什么?作者随后会讨论原因或(和)结果。

常见的表示原因的过渡词有:reason 和 because。

常见的表示结果的过渡词有:therefore、consequently 和 as a result。

The elite was able to dominate China's political life **because of** its dual identity: as a stratum of community leadership and as a corps of state bureaucrats. As Ch'u T'ung-tsu and others have pointed out, the elite must be understood as comprising two groups, the "scholar-gentry" and the "official-gentry." Scholar-gentry were those holders of academic degrees who held no official posts but lived in their home communities, dominating local affairs by virtue of their status, wealth, and connections; whereas official-gentry were holders of government office, always serving away from home. Though they exercised a broad, informal regulating influence on all aspects of community affairs, the scholar-gentry stood formally outside the state apparatus and were the objects of state control and regulation. **Thus** they can be seen, in one aspect, as the top stratum of local society, subject to the taxing and policing authority of the local bureaucracy. But the bureaucracy itself was drawn from degree-holding gentry; on the local level this meant that the upper layers of the scholar-gentry could consort with the distinct magistrate on terms of social equality and shared values; and on the national level, that the gentry as a whole — official and non-official — formed a broadly interactive status group, bound

① Perry Anderson, *Passages from Antiquity to Feudalism*, London: Verso, 2013, p. 18.

together by networks of informal connections, that was truly a governing elite. The interconnections between the two segments of the gentry meant that serious clashes of interest between bureaucrats and local communities could be resolved with a minimum of conflict; and that the bureaucratic system as a whole, socially and intellectually embedded in the elite, could ride out periods of storminess on the upper levels of state affairs.①

这段话首句:精英阶层能够在中国政治生活中发挥主导作用,是因为其“双重身份”(dual identity),即作为地方社区的领导和作为国家官僚的主体。because of 提示了上述因果解释的关系。另一个加黑的地方 thus,则提示该句是对前句的总结。

4. 识别事实和观点

事实(fact)指能通过客观证据证实的信息。观点(opinion)指的则是无法被客观证据证实的信念、判断或结论。社科类文章的主要目的是说服读者。因此,尽管事实性叙述不少,但一般来说文中的事实是为了支持作者的观点而经过精心选择的。

阅读历史学论文,非常重要的一个技能是区分事实和观点。因为一方面,如果混淆事实和观点,有可能会误把支持性细节作为文章的主题,而对文章更为关键的观点视而不见,无法有的放矢地展开学术对话。另一方面,批判性阅读要求对作者所提供事实的真实性、可靠性以及观点逻辑推理的正确性进行分析、评估,而这样做的基础是能够正确区分文章的事实和观点。下面通过两个例子对如何区分事实和观点进行说明。

Maintaining differentiation between conqueror and conquered — which I will take as the primary sense of ethnic sovereignty — was thus essential to the vitality of all Inner Asian dynasties. **This is supported, for instance, by** Hok-lam Chan's work in legitimation during the Jin dynasty, when extensive debates were held on the nature of legitimacy. As Chan shows, while

---

① Philip A. Kuhn, *Rebellion and Its Enemies in Late Imperial China: Militarization and Social Structure, 1796-1864*, Cambridge, MA: Harvard University Press, 1970, p. 5.

champions of Chinese-style legitimacy won out in the end, they were vigorously opposed by "nativist" ministers and even by some emperors, whose concerns for the future of Jurchen rule were quite clearly tied to the decline of native traditions. **Also** in connection with the Jin, Peter Bol has commented that because the Jurchens were a "conquering minority it was clearly in their political interest to remain distinct." Why? Bol explained, "In Chin, after all, power and privilege were distributed in the first place along ethnic lines. For the Jurchens to forsake a distinct political identity would have entailed accepting other criteria for the distribution of privileges and threatened the Jurchen elite."①

这段话围绕这样一个主题展开,即在统治者和被统治者之间做出区分是所有内亚王朝保持统治活力的关键。this is supported, for instance, by... 提示接下来的句子是对以上论断的举例说明。加黑的 Also 则提示了后面例证与前面例证的平行并列关系。

The obvious difficulty with this whole massive structure is that it simply breaks down in the face of comparative analysis. Different outcomes proceeded from similar demographic trends at different times and in different areas of Europe. **Thus we may ask if demographic change can be legitimately treated as a "cause", let alone the key variable. .... As Postan himself points out**, landlords were able to extract far greater rents from serfs (villeins) than from free tenants — and were able to increase these significantly in the course of the thirteenth century. **Postan contends, however**, that: The reason why landlords were now not only desirous to increase the weight of labour dues but also "got away with it" are not difficult to guess. With the growing scarcity of land and with the lengthening queues of men waiting for it, the "economic" powers of the landowner over his tenants were more difficult to resist.

---

① Mark C. Elliott, *The Manchu Way: The Eight Banners and Ethnic Identity in Late Imperial China*, Stanford: Stanford University Press, 2001, p. 6.

Clearly, a growth of population leading to rising demand for land would tend to increase a lord's power to extract rent, in whatever form, from the peasantry — but only if the lord had successfully established his right to charge more than a fixed rent. **However**, the point is that by and large in the medieval period the only tenants subject to the exercise of this sort of "economic" power on the part of the lord — that is to the imposition of additional labour services, as well as additional arbitrary payments of other kinds above the customary rent, in particular entry fines and tallages — were unfree and held by villain tenure. ①

例子首句的作用是引入作者驳斥马尔萨斯论的一个关键方法，即揭示同一人口演变趋势在欧洲不同地区造成了不同结果。这就自然引向一个推论，即人口是否可以作为经济演变背后的决定性原因。随后，作者在引用 Postan 具有马尔萨斯论意味的论述之后，对其观点展开了批判。

5. 论证

论证(argument)是一种理性讨论，每个人提出自己对于某事的观点，并加以论证。论证是我们与人日常沟通交流的一种方法，也是很重要的一种写作手法。作者试图说服我们同意他们的观点和阐释。具有批判性思维的读者应做到以下三点：识别作者的论点、判断作者的论据是否相关、判断作者的论据是否充分。

有力的论证首先要陈述论点，然后提供具有说服力且合乎逻辑的论据加以支持。

1)识别作者的论点

一般来说，作者的观点都会出现在篇章最醒目的地方，包括文章开头引言、末尾结语部分，对于一些含有摘要的期刊论文，作者会在摘要里直截了当地陈述自己的论点和重要的、能够支撑论点的理由。不过，对于专著以及没有摘要的期刊论文来说，即便作者的表述非常清晰，但由于论点本身的复杂性，读者常常需要自己归纳论点。这就需要以作者在醒目位置(比如开头和结尾处)的陈述为参照，结合文章整体的论证结构和关键证据，对作者的论点加以梳理和总结。

下面这段话是一篇期刊论文的摘要：

---

① Robert Brenner, "Agrarian Class Structure and Economic Development in Pre-Industrial Europe," *Past & Present*, vol. 7, no. 1 (Feb., 1976), p. 40.

This paper examines the long-term development of Orientalism as an intellectual field, with the European learning of China between ca. 1600 and ca. 1900 as an exemplary case. My analysis will be aided by a theoretical framework based on a synthesis of the world-system and network perspectives on long-run intellectual change. Analyzing recurrent debates on China within European intellectual circles, I demonstrate that the Western conception of the East has been oscillating between universalism and particularism, and between naïve idealization and racist bias. This oscillation is a function as much of the changing political economy of the capitalist world-system as the endogenous politics of the intellectual field. Despite their contrasting views, both admirers and despisers of the East viewed non-Western civilizations as uniform wholes that had never changed. I argue that the fundamental fallacy of Orientalism lay, not in its presumptions about the ontological differences between East and West and the former's inferiority, as previous critics Orientalism have supposed, but in its reductionism. Understanding non-Western civilizations in their full dynamism and heterogeneity is a critical step toward the renewal of the twentieth-century social theories that were built upon and impaired by the Orientalist knowledge accumulated in the previous centuries. ①

这段话先是对研究对象和研究方法进行了直白陈述。(第 1～2 句)随后,作者对研究对象的现象特征进行了总结。(第 3～5 句)接着,作者针对研究对象提出了自己的论点。(第 6 句)最后,作者指出了其观点的学术意义。(第 7 句)

并非所有作者都会提供一段话的论点概述。更常见的情况是,作者将论点置于所涉及的学科背景之中,对论点进行多角度的详尽分析。这就需要读者在理解篇章各个局部的基础上,对作为文章整体的论证结构进行梳理和归纳。即便如此,识别、归纳论点,首先需要的是对篇章论证结构的整体把握:先分析论

① Ho-Fung Hung, "Orientalist Knowledge and Social Theories: China and the European Conceptions of East-West Differences from 1600-1900," *Sociological Theory*, vol. 21, no. 3 (Sep., 2003), p.254.

证逻辑，其次是支撑细节。

以下这个例子选自哈佛中国史教授欧立德(Mark C. Elliott)的专著(*The Manchu Way: The Eight Banners and Ethnic Identity in Late Imperial China*)的引言章节。以下是该章各部分的标题和各标题下的要点摘录。

① Ethnic Sovereignty and "Pax Manjurica"。

a. 要解释的问题："How the Manchus ... managed to conquer China in the first place and then go on to rule for nearly three hundred years"。(第 3 页)

b. 既往最具影响力的解释是："Manchu rulers' sponsorship of neo-Confucian norms of government"。(第 3 页)

c. 作者的论点陈述：

In explaining some of the reasons for Manchu success, this book attempts to weave together the heretofore largely separate strands of "Qing history" and "Manchu history." In so doing, it offers an alternative to the usual explanations of the significance of Manchu rule: I believe that the Qing dynastic enterprise depended both on Manchu ability to adapt to Chinese political traditions and on their ability to maintain a separate identity. That is to say, the Qing claim to rule, quite apart from its Confucianesque qualifications, rested upon Manchu domination as a separate people in a sense that transcended either the narrow interests of the ruling family or simple considerations of Manchu military dominance over the other Chinese (though this was not unimportant, to be sure). Manchu difference carried significant political weight, and the tension characterizing Manchu-Han relations was an inherent, permanent feature of the Qing order. The old proverb thus had it only partly right: if it was true that the empire could be won, but not ruled, from horseback, it was just as true that the Manchus could never afford to stray very far from their horses once they dismounted. Maintaining the balance between these poles of legitimation was no easy matter; this book offers some new ways to think about how it was accomplished. (第 3～4 页)

d. 说明 ethnic sovereignty(族群主权)对清朝统治的重要性。(第 4～8 页)

②The “Manchu Way”。

a.对“满洲之道”(Manchu Way)的定义。(第 8 页)

b.对清朝文献中“满洲之道”的梳理。(第 8～11 页)

c.解释清朝中后期为什么在满洲骑射传统逐渐没落的情况下,满族认同仍被保留下来。作者的论点:满族认同的延续得益于满族制度特别是八旗制度的维系。(第 12～13 页)

③Manchu or Bannerman?

a.18 世纪满族制度的变迁带来了满族认同的变化,即编入旗制成为满族认同的标志(第 13～14 页),“满人”和“旗人”两个概念逐渐合二为一。

b.两个可能的反驳。(第 14～15 页)

c.“旗人”用来代表“满人”的两个原因,以及两个术语合流的一个证据。(第 15 页)

④Thinking Again about Ethnicity in Late Imperial China。

a.目前对满族认同理解的问题之所在。(第 16 页)

b.近年来“认同”(identity)研究的新进展。(第 16 页)

c.主张用 ethnicity 这个概念讨论清代满族认同的三个理由。(第 17～18 页)

d.回应一个可能的反驳,即 ethnicity 这一概念是否可以用于解释前近代。(第 18～20 页)

⑤“Barbarians” and “Chinese”: Competing View of the Manchus in History。

a.目前满族研究的两个障碍,即对满文材料的忽视以及中国传统的夷夏观。(第 20～21 页)

b.对夷夏观的梳理。(第 21～25 页)

c.夷夏观在解释清朝统治时存在的矛盾。(第 25～26 页)

⑥Sinicization and the Manchus。

a.说明“汉化”(sinicization)论是汉人对被满人军事征服的屈辱事实的自圆其说。(第 26～27 页)

b.满人汉化论实源自中国传统的汉文化的优越感。(第 27 页)

c.说明用“汉化”描述满族统治者采纳汉文化制度的问题所在。(第 28 页)

d.论述西方汉学界对满族统治者“汉化”问题的讨论，以及日本学者对满族特性的强调。（第29～32页）

⑦New Narratives。

a.综述20世纪80年代以来美国清史研究的新进展，指出关于满族特性如何概念化，仍有待解答。（第32～34页）

b.说明满语史料对构建清史新叙事的重要意义。（第34～35页）

即便有了对这篇35页长文的提纲式摘要，在总结其论点时要想做到全面、公允，仍需要梳理和消化。以下是笔者撰写的对该书论点的总结：

In this article, by recognizing the plurality of the Qing rule and taking the Qing seriously as an empire, Elliott argues that the Manchu ethnic identity persisted throughout the dynasty and this Manchu difference fundamentally shaped certain aspects of the Qing rule. As ethnic minority rulers, the Manchu emperors considered the maintenance of their ethnic difference and their superior position as conquerors over the conquered as central to their imperial projects. This consciousness of the Manchu rulers as being different from other ethnic groups also motivated them to differentiate the administration of the non-Han regions from the administration of the former Ming provinces, to make institutional innovations, and to incorporate their Inner Asian cultural links into the Qing imperial ideological system. Elliott argues that the foundations of the Qing rule rested not only upon the neo-Confucian ideology but also upon the Manchu ethnic sovereignty. What made the Qing rule different from the preceding Han-Chinese dynasties was its remarkable similarities and connectedness with the early modern world, largely owing to its non-Han ethnic origins.

By "ethnic sovereignty," Elliott means that Manchu rulers legitimated their authority as conquerors and constantly maintained vigilance against being acculturated due to their small number compared to the majority Han Chinese. More specifically, the Manchu "ethnic sovereignty" contains three dynamics, namely "maintaining the unity of the larger empire, instilling fear in the Han, and preserving the integrity of the conquest people."① This ethnic consciousness of maintaining the difference, as Elliott suggests, not only mattered to the Manchu ruling power, but continued to be so throughout the dynasty.

The central place of the concept of "ethnic sovereignty" in the argument is built upon Elliott's definition of Manchu identity in "ethnic," instead of "racial" terms. In line with new studies that view ethnicity, just like class and gender, as historically contingent and as in a constant process of self-identification, Elliott argues that in late Qing vitiated Manchu cultural markers came hand in hand with strengthened Manchu identity, precisely because identity is a self-definitional process.② It was the banner system that "enabled the Manchus to maintain their cohesion in spite of acculturation."③

Carefully conceptualized through a slew of theories on identity, ethnicity, and institutions, this groundbreaking work is solidly built on new sources. Elliott sees Manchu-language sources, which were largely neglected by previous studies, as having particular values to study Manchu identity, because the question of how Manchus perceived themselves has to be answered in their own terms.

2)评估论据的相关性

找到论点和论据后,需要判断是否每一条论据都与论述的主题相关;换言之,论据是否服务于论点。具有批判性阅读意识的读者往往会问:这条原因是证明论点的相关证据吗?留心论据的相关性不仅有助于阅读,也有助于写作水平的提高。

---

① Mark C. Elliott, *The Manchu Way: The Eight Banners and Ethnic Identity in Late Imperial China*, Stanford: Stanford University Press, 2001, p.6.

② Mark C. Elliott, *The Manchu Way: The Eight Banners and Ethnic Identity in Late Imperial China*, Stanford: Stanford University Press, 2001, p.16.

③ Mark C. Elliott, *The Manchu Way: The Eight Banners and Ethnic Identity in Late Imperial China*, Stanford: Stanford University Press, 2001, p.13.

Apart from the Dutch Republic, England was the only major eighteenth-century power in which the strength and funding of the army and navy were determined by "the estates". After the Glorious Revolution military power was hedged about with a number of constraints, designed both to prevent the army's deployment as a tool of monarchical absolutism and to restrict military activity within Britain itself. Parliament established control of military funding and determined both the size of the army and the nature of its military law. A standing army could be raised in peacetime only with parliamentary consent. (Indeed, even military men who defended the peacetime standing army was "necessary" conceded that it was "unconstitutional" and required annual indemnification through a vote of the House of Commons.) Foreign troops could also not be brought into England without the permission of parliament. Thus, though "the Government, Command and Disposition of the Army" was one of the prerogatives of the crown, it could only be exercised effectively with parliamentary approval. ①

第一句话是这段话的主题句，即除了荷兰共和国，英国是 18 世纪主要国家中唯一一个陆军和海军的军费和人数由议会来决定的国家。段落中间的五句话从不同方面讨论议会对英国武力的控制和话语权，即光荣革命后对武力施加制约，以限制英国绝对主义王权的发展；议会对军队规模、军费和军事法拥有决定权；常备军的征发需通过议会同意；外国雇佣军进入英国也需经过议会许可。四个方面的证据均紧扣主题。最后一句呼应段首做出的论断。

3)评估论据的充分性

论证的成立，除了需要相关的证据，还需要充分的证据——要有足够的论据来证明论点。缺乏足够论据就提出论点也叫“草率结论”(jumping to a conclusion)。

① John Brewer, *The Sinews of Power: War, Money and the English State, 1688-1783*, London: Unwin Hyman Ltd., 1989, p. 35.

Combining the two "archives" has enabled climatologists to re-create detailed weather maps for western Europe back to 1659 by month, and back to 1500 by season. ... Unfortunately, **no similar survey has yet appeared for the 1640s, the decade at the center of the General Crisis, but the natural and human "archives" are both abundant, and they reveal both extreme cold and prolonged drought around the globe.** In America, New England's colonists experienced the second-coldest winter in a century in 1641-1642. John Winthrop, governor of the Massachusetts Bay Colony, noted in his journal that "The frost was so great and continual this winter that had not been so these forty years ... To the southward also the frost was as great and the snow as deep, and at Virginia itself the great [Chesapeake] bay was much of it frozen over, and all of their great rivers." Sir Ferdinando Gorges's settlers on the coast of Maine likewise complained of the "most intolerable piercing winter," adding, "it is incredible to relate the extremity of the weather." East Asia also experienced abnormal cold. **In Japan**, when Enomoto Yazaemon (a merchant and minor official living just north of Tokyo) wrote his memoirs, he remembered the unique conditions on New Year's Day 1641, when "ice lay in the fields one foot deep. From that time, I observed seven snowfalls until the spring." The following November, Tokyo was once again covered with snow: only two other years since then have seen snowfalls so early. A reconstruction of annual temperatures **in China** since 1370 likewise shows the lowest point ever in the mid-seventeenth century. A chronicler in Shanghai, writing in April 1642, recorded that "since the New Year [January 31], it has been cold and it has rained frequently. The spring has almost come to an end, but the cold still persists."

Europe, too, experienced winters of extreme severity — **from Scandinavia** (which suffered the coldest winter ever recorded in 1641-1642) **to Macedonia** (where that same year "there was so much rain and snow that many workers died through the great cold"). **In the Alps**, fields, farmsteads, and even whole villages disappeared as glaciers advanced to their maximum extent between 1640 and 1644. Summers as well as winters were unusually cold in those years.

In eastern France, cool summers delayed every grape harvest between 1640 and 1643 by a full month and reduced harvest yields. **Hungary** experienced a run of unusually wet and cold summers in the 1640s; while **in Bohemia**, frost in late May and early September, and occasionally also in summer, ruined several harvests. Perhaps most striking of all, a soldier serving **in central Germany** recorded in his diary in *August* 1640 that "at this time there was such a great cold that we almost froze to death in our quarters. On the road, three people died freeze to death: a cavalryman, a woman, and a boy." **In the Northern Hemisphere as a whole, 1641 was the tenth-coldest, and 1642 was the twenty-eighth-coldest — three landmark winters in a row. These extremes have led historians and climatologists alike to speak of the period as "the Little Ice Age."**

The 1640s also saw **prolonged drought** in many areas. **The western United States** lacked rain in 1640-1644, which, combined with unusually low temperatures, significantly stunted the growth of plants. No rain fell in the **Valley of Mexico** between spring and mid-October 1641, and a shortage of rain the following summer raised the price of maize, the staple crop, to famine levels: in both years the clergy of Mexico City took the "Virgen de los Remedios" on procession to solicit God's intervention before everyone died. Across the Pacific, according to a 1642 pamphlet, the entire **Philippines** suffered from a "great drought that prevails — for there has been no rain for eight months, which occasions excessive heat; and the rice, the usual food in this country, cannot be sown, and a great famine is feared." Between 1643 and 1671, **the Indonesian archipelago** experienced the longest drought recorded during the past four centuries. In 1640, **northern China** experienced the single-driest year recorded during the last five centuries; while in 1641, **central China** experienced its second driest year in two centuries, with a drought so severe in Shandong Province that the Grand Canal dried up for the only time on record.

In Egypt, the Nile fell to some of its lowest recorded levels between 1640 and 1643; **much of West Africa** suffered droughts of great intensity in 1639-1643; and prolonged drought reduced Late Chad to the lowest level ever recorded. In Europe, finally, **Catalonia** experienced a drought in spring 1640 so intense that the authorities declared a special holiday so that the entire population could make a pilgrimage to a local shrine to pray for water — one of only four occasions recorded in five centuries. One day in May 1641, in **Madrid**, the entire central government received an order to stop work and join the royal family in a procession that followed the body of the capital's patron saint, St. Isidro, around the streets to pray for rain. ①

这段话旨在证明即便17世纪40年代气象史料相对匮乏，但自然和人文方面的材料均很丰富，均揭示出这一时期全球所经历的持续极寒天气。随后，作者提供了丰富的案例证明这一论断。史料的充分性不仅体现在案例数量之多，而且还反映在案例涵盖的地理范围之广，这个选段便包含了来自北美、日本、中国、欧洲南北的例证。此外，全球范围内的"小冰期"还反映在持续的干旱上，这一点的例证取材亦十分广泛，包括北美西部、墨西哥、菲律宾、印尼、中国的北部和中部、埃及、西非、加泰罗尼亚和马德里。以上选文不仅将要点清晰地呈现在了每个段落的开头，而且例证切题、丰富、有力，是为论据充分性之典范。

2.1.2 如何快速提取一篇文章或一本书的主题思想

1.如何读引言

引言(introduction)是史学论文及专著最为重要的部分，也应当是首先和着

---

① Geoffrey Parker, "Crisis and Catastrophe: The Global Crisis of the Seventeenth Century Reconsidered," *The American Historical Review*, vol. 113, no. 4 (Oct., 2008), pp. 1066-1069.

重阅读的部分。这一部分将介绍引言的定义，解析其各组成部分，并以来自论文和专著的两个例子示范对如何阅读引言。

1)引言的定义

引言的目的是阐述研究背后的动机(motivation)并加以论证。同时，引言将该研究置于一个理论的背景之中，帮助读者清晰理解研究所要达到的目标。除此之外，引言还需达到吸引读者阅读的目的。[①]

2)引言的结构

(1)研究主题

引言中一般会用几句话介绍该项研究的主题(theme or topic)，涉及有关该问题的知识现状、重要概念的定义。常见的表达模板有：

In recent years, researchers have shown an increased interest in ...

In ... X has become a central issue for ...

It is becoming increasingly difficult to ignore the X, Y, and Z problem.

(2)研究综述

研究综述(literature review)是史学论文引言部分的核心。文献综述不仅是对既往相关研究的总结，而且还包括对既往研究进行批判性分析、评估。文献综述需要提供对既往研究的新的诠释，综合不同的解释，梳理这个领域研究的演进趋势，为提议的研究设定理论框架和基础。常见的表述模板包括：

A considerable amount of literature has been published on X.

The first serious discussions and analyses of X emerged during ...

The first systematic study of X was reported by ...

Numerous studies have attempted to explain ...

Recent studies suggest that ...

Several attempts have been made to ...

X is the central focus of a study by (who), in which the author

① [美]史帝夫·华乐丝:《如何成为学术论文写作高手:针对华人作者的18周技能强化训练》,北京大学出版社2020年版,第1页。

found ...

(3)既往研究的不足

既然任何一项研究的目的都是拓展某个领域的知识，那么在引言部分就需要具体点明既往研究的不足(knowledge gap)，如前后矛盾或欠缺之处，为陈述该项研究的贡献做铺垫。常见的表述模板有：

Little information is available on ...

However, few studies have addressed ...

However, far too little attention has been paid to ...

There is increasing concern that ...

Despite ..., X suffers from several major drawbacks.

This issue has grown in importance in light of recent ...

Most studies in X have only been executed in a small number of areas.

(4)研究问题和目标

引言部分一般还包括对研究问题和研究目标(research question & objectives)的陈述。常见的表达模板包括：

This paper focuses on/ examines/ assesses ...

This paper seeks to address the following questions ...

The aim of this paper is to examine ...

(5)篇章结构

不少论文引言部分的最后是对研究方法和篇章行文结构(outlined structure)的介绍。常见的表达模板包括：

This study uses ... approach because ...

... is the main ... methods used to determine ...

Several methods are used to assess X. Each has its advantages and disadvantages.

The sample consisted of ...

Criteria for selecting the subjects were as follows: ...

The following three sections will deal with the three rounds of scholarly debate on ... In each section, I will first ... then ... Toward the end of the paper, I will demonstrate ...

As this book proceeds in a nonlinear fashion, I provide an overview of the chapters here. Chapter 2 introduces the major terms elaborated through the rest of the study. ... Chapters 3 through 5, which comprise part 2 of the book, deal with ...

3)如何读引言示例

尽管引言不能取代正文,但鉴于引言所承载的信息类型(如前文所示),明智的读者不仅应该先阅读引言,而且有时应该在引言上投入相对其篇幅占比更多的时间。着重阅读一篇文章的引言部分,还是一笔经济账:引言部分通常只占一篇论文10%左右的篇幅;但引言部分的信息已经足够帮助我们判断这篇文章的研究领域、论点、方法、结构。对于正在寻找研究题目的学生来说,引言部分更是可以帮助读者快速决定是否还有必要读后面的细节、读多少细节。因此,善读引言,是我们节省阅读时间、提高阅读效率的重要途径。

下面是两篇出自著名史学家之手的论文的引言部分。与一些侧重叙事或是以故事开头的引言不同,这两篇选文均以分析为主,表述和行文结构中规中矩,比较适合学习、模仿。

第一篇选文是一篇从比较史、全球史视角重审"17世纪普遍危机"的期刊论文,作者是美国西北大学历史学教授杰克 A.戈德斯通(Jack A. Goldstone)。

For nearly forty years scholars have wrestled with the seventeenth-century "general crisis." Certain facts are not in dispute. The first half of the seventeenth century saw a widespread slowing and eventual halt to the steady increases in population and prices that had begun around 1500. In addition, rebellions and revolutions shook regimes from England to China. **What is contested is** the root cause, the connections, and the significance of these events.

Some have argued that the seventeenth-century crisis marks a turning point in the history of capitalism, or of the absolutist state. **But others have suggested** that what occurred was more a series of geopolitical shifts, with trade and economic leadership moving to the North Atlantic from the Mediterranean. **Some have maintained** that political events were primary in this period; others have claimed that economic trends dominated and brought **Certain scholars have found** about the political crises, a world-wide depression in the seventeenth century and sought to explain it. **Yet others have noted** that trade remained strong in certain markets and revived rapidly after 1660, and thus that the claim of a general depression is illusory.

There seem to me to be two fundamental defects in prior debates over the seventeenth-century crisis. **First**, they are for the most part Eurocentric. Reflecting the biases of both Karl Marx and Max Weber, they assume that events in the West reflect important structural changes, demonstrating the dynamism of Europe; on the other hand, equally major political rebellions and changes of regime in the East are given only minor attention, and are often dismissed as mere peasant uprisings or dynastic changes. **In fact**, the political rebellions in the Ottoman Empire and China involved the same broad array of urban, elite, cultivator, and heterodox ideological struggles against a fiscally weakened state that characterized Western political crises. **Moreover**, the Eastern crises resulted in arguably greater changes in state power, class structure, and local government than most Western crises of the period. **Thus, at the very least**, the history of the general crisis in the East should be given treatment equal with accounts of European changes. **At most**, and I shall argue this strongly, Eurocentric notions of the seventeenth-century crisis positing a crisis of capitalism that in Europe led to dynamic structural changes, while its ramifications reaching into peripheral areas in Asia caused far less change, should be discarded. **To grasp the nature of social change in the seventeenth century, we need instead to conceive of a worldwide crisis of agrarian absolutist states that affected Eastern empires in equal measure with Western monarchies.**

Second, the debates artificially isolate elements of the crisis. Joseph Fletcher, Jr., has recently asked, "Is there an early modern history? Or are there only histories? ... Without a microhistory ... the full significance of the historical peculiarities of a given society cannot be seen". Thus the disputes over whether the crisis was fundamentally economic or political, over whether popular movements or state and elite actions precipitated the crisis, and over whether the seventeenth century was marked more by change or continuity ultimately cannot be resolved when taken separately, for the answers vary as one examines different parts of this complex historical puzzle. **What is needed is an over-all framework that integrates economic, social, and political changes, providing a common background against which we can better discern the peculiarities of each case.**

This essay examines three seventeenth-century political crises: the English Revolution of 1640, the urban riots and Anatolian rebellions in Ottoman Empire (starting roughly in the 1590s, with disorder culminating in the assassination of the sultan in 1648, and ending with the suppression of Abaza Hasan Pasha's revolt in 1658), and the fall of the Ming dynasty in China (c. 1644). **Rather than merely list parallels or common trends, I shall argue that behind all of these events lay a common causal framework rooted in a wide-ranging ecological crisis.**①

这篇引言极为清晰、简洁地道出了整篇文章的论点，不仅与其论点相关的学科综述要言不烦，而且对既往研究的归纳为作者后文的论述做了很好的铺垫。下面将结合前文对标准引言的几个部分的讨论，对这篇选文进行分析。

第1段：开门见山地点出文章回应的是对“17世纪普遍危机”的讨论。随后，仅用两句话便清晰归纳出这场讨论中哪些是共识，还存在哪些分歧。

第2段：对既往研究的概括不仅简洁，而且组织有序。作者用五句话归纳了六种不同的观点，每两个观点为一对，形成争鸣。比如第一句和第二句：一些学者认为17世纪危机标志着资本主义或绝对主义国家发展的转折点；而另一些学者则认为这场危机更多提示的是一系列地缘政治的转移，尤其以贸易和经济领导权从北大西洋向地中海转移为标志。

① Jack A. Goldstone, "East and West in the Seventeenth Century: Political Crises in Stuart England, Ottoman Turkey, and Ming China," *Comparative Studies in Society and History*, vol. 30, no. 1, (Jan., 1988), pp. 103-104.

第 3～4 段：作者在段首直白地说明了在他看来既往研究存在的两个问题。第一个问题是欧洲中心观；第二个问题是人为地将造成危机的因素孤立来看。每段均在提出问题后，简要地对指出的问题进行批判，每段的最后一句都提出了解决方案。

第 5 段：说明文章的结构，包括一句话概括该文的研究对象，一句话概括中心论点。

选文加黑的部分提示了作者的行文逻辑。在阅读时标识出重要的逻辑提示词，对于整体地、主动地理解选文的内容极有帮助。

第二篇选文的作者是哈佛日本史教授大卫·豪威尔（David Howell），该文讨论了德川、明治时期阿伊努民族认同与日本近代国家形成间的关系，选文是这篇论文的前言部分。

Ethnic and cultural homogeneity, and the strong sense of nation it has presumably fostered, **has long been a given** in both scholarly and popular perceptions of Japanese history. **In fact, however,** Japanese homogeneity is very much a product of history, a political construct that emerged during the process of state formation and re-formation in the Tokugawa (1600-1868) and Meiji (1868-1912) periods. **To illustrate this point, this article will examine** changes in the ethnic identity of the Ainu during the Tokugawa era. **It will argue several things. First,** that the demarcation of an "ethnic boundary"—to use Fredrik Barth's term — between the Ainu and the Japanese was a critical element in determining the political boundaries of the early modern Japanese state. **Secondly,** that the historical relationship between the Ainu and the Japanese confirms Barth's observation that "ethnic distinctions do not depend on the absence of social interaction and acceptance, but are quite to the contrary often the very foundation upon which embracing social systems are built". **Thirdly,** that the nature of the ethnic boundaries that separated the Japanese from surrounding peoples distinguishes Tokugawa Japan from both the medieval society that preceded it and the modern one that followed. **Finally,** that only by examining thepolitical meaning of ethnicity in the Tokugawa period can we understand the place of ethnicity in contemporary Japan.

The ethnic boundary at question here was drawn in Hokkaido, the northernmost of Japan's four major islands. **The Ainu** are the indigenous people of Hokkaido; until recently they were culturally, linguistically and physically distinct from the mainstream Japanese population. For most of the Tokugawa period the 20,000-30,000 Ainu were under the suzerainty of Matsumae, an autonomous domain under the authority of the Tokugawa shogunate. **In principle,** the entire island of Hokkaido, save a small area in the South, was reserved for exclusive Ainu habitation. **In practice, however,** Japanese fishers and merchants established outposts throughout the coastal areas, which they began to populate permanently in the 1840s.

Although this article is concerned foremost with the formation of Japanese national identity, **it is worth pausing to note at the outset the extent of Japanese influence** on the internal workings of Ainu society. **Anthropologists** endeavoring to portray Ainu culture at its most "authentic" **have tended to understate the transformative power of contact with the Japanese before the modern period.** The organization and leadership of Ainu communities are a case in point. Traditional Ainu society, as reconstructed by ethnologists, centered on the river systems of inland Hokkaido, in which communities (*kotan*) of just a few households each co-operated in the day-to-day business of subsistence, principally salmon-fishing, deer- and bear- hunting and the gathering of edible plants. Beyond the *kotan* political organization was weak. Communities scattered about a river system shared kinship ties and occasionally access to hunting territories (*iwor*), but their central function was to join in the performance of the bear ritual (*iyomante*), the principal religious observance of the Ainu people.

Missing from most ethnographies are both the broad, regional alliances under the leadership of charismatic chieftains that characterized Ainu society before the end of the seventeenth century **and** the settlements that grew up around Japanese-operated commercial fishing outposts in the eighteenth and nineteenth centuries. The latter were organized in a manner similar to Japanese agricultural villages: leaders recognized by the Japanese authorities supplied Ainu workers for the fishery in exchange for steady supplies of Japanese commodities. Relocation to the coast thus affected both the ecology of Ainu society, as hunting, fishing and gathering were supplanted by manual labor under Japanese supervision, and the nature of Ainu communities, as a hierarchical leadership structure emerged to mediate relations with the Japanese.

Despite their small numbers and the remoteness of their homeland, **the Ainu were important** to the formation of a Japanese national identity during the Tokugawa and Meiji periods. **The Tokugawa shogunate** was **the first** regime in Japanese history to draw clear physical borders for itself. **But rather than** establish a dichotomy between Japan and the rest of the world, it surrounded itself with peripheral areas that were neither fully part of the polity nor completely independent of it. **The resultant contrast** between the dependent yet non-Japanese peripheral peoples, including the Ainu, and the inhabitants of the core **spurred the formation of a Japanese identity even before** the emergence of a modern nation-state in the mid-nineteenth century. **The remainder of this article will examine** the relationship between state formation and ethnicity in Tokugawa Japan **in general**, and the nature of the ethnic boundary between the Ainu and the Japanese **in particular. An introductory discussion** of Ainu ethnicity in the broader context of early modern Japanese history **will be followed by** an explication of the ties of mutual dependency that bound the Ainu and Japanese peoples. **The discussion will then turn to** a more detailed examination of, **first**, the ritual relationship between the two peoples and, **secondly**, the incorporation of Ainu ethnicity into the early modern Japanese social-status system. **Finally, a brief conclusion** will relate the issues of ethnicity raised in the article to the formation of a homogeneous Japanese national identity in the modern period.①

① David L. Howell, "Ainu Ethnicity and the Boundaries of the Early Modern Japanese State," *Past & Present*, no. 142 (Feb., 1994), pp. 69-71.

第 1 段：第一行便点出了文章通篇要讨论的主题，即“种族和文化的同一性以及这种同一性促成的强烈的民族感”（ethnic and cultural homogeneity, and the strong sense of nation it has presumably fostered）。作者仅用两句话便清晰地说明了自己的研究与既往认知的不同：与此前的研究均将这种民族感的形成视为“给定的事实”（a given）相对，作者认为：日本民族的同一性在很大程度上是历史和政治建构的产物。紧接着，作者阐明了其研究对象，即德川、明治时期阿伊努民族认同的演变。作者的论点由四部分组成。论点的前两部分很大程度上是对 Fredrik Barth 有关“种族边界”理论在阿伊努案例的证实，尤其是种族差异不是社会接纳的缺失，而是恰恰相反，种族差异是包容的社会体系建立的基石。论点的第三部分是阿伊努案例反映出的种族边界问题是德川时期不同于之前和之后的时代特征。第四部分则是有关阿伊努案例研究对理解当代日本种族问题的意义。

第 2 段：对这篇文章的研究对象阿依努的简要介绍。段落最后两句：理论上，整个北海道岛是阿伊努人的世居地；但实际上，日本的渔民和商人在沿海地区到处建立据点，19 世纪 40 年代就已经在这里永久定居了。这在一定程度上为后文展开关于阿伊努与日本的政治经济互动做了背景上的铺垫。

第 3～4 段：作者对既往人类学家的一个观点的挑战。这个流行的观点是：有关阿伊努文化纯正性的论述倾向于低估近代以前日本对阿伊努文化的影响。第四段则批驳了这一观点。作者在第四段开头便指出，既往人类学的研究忽视了前近代时期阿伊努发展的两个面相：一个是在酋长领导下的阿伊努人具有更广阔的地域性联合，另一个是 18～19 世纪日本人在这一地区建立的渔业殖民据点的影响。第四段最后两句特别说明了后者，也就是日本在这一地区殖民的详情。

第 5 段：作者阐述了这项研究的意义，同时回应了读者一个可能的质疑，即阿伊努人口少、地域偏僻，似乎无足重轻。作者指出，阿伊努虽小，却对德川、明治时期日本民族认同的形成起到了至为重要的作用。

第 6 段：说明文章结构。加黑的是逻辑关联词，类似的功能性表达尤其值得学习、模仿。

2.如何读结论

并不是每一篇史学论文都有“结论”（conclusion）部分，但这一部分的存在显然对读者准确、快速理解文章大有裨益。对于有结论部分的文章来说，结论的重要性不亚于引言。通常结合"引言",我们可以对文章整体形成一个基本的认识。

1) 结论的结构

虽然没有固定模式,但常见的论文结论的结构如下:

①总结主要发现或结果。

②回顾题目中的问题,表明其已经得到了回答。

③说明作品的限制。

④为未来可能的相关研究提出建议。

⑤评价研究的影响。①

2)如何读结论示例

下面是"如何读引言"选文的"结论"部分。阅读这两篇选文的"结论"部分,目的有二。第一,学习"结论"部分的写作范式。第二,结合其"引言",思考如何确定文章中间部分的阅读策略。

(1)选文(一)

Conclusion

The preceding analysis provides the basis for the following **four hypotheses**:

*The **various elements** of the seventeenth-century crisis are not autonomous causal factors, but aspects of **an integrated, multifaceted process**.* **Historians have long debated** whether the seventeenth-century crisis should be characterized as arising from primarily political, or social, or religious cleavages. **It should be apparent that such distinctions are illusory**. Political cleavage, social conflict, and religious heterodoxy intertwined with political factionalism were related aspects of a deeper underlying pattern. Rapid population growth in the context of relatively stable agricultural productivity manifested itself through inflation, heightened competition for status, and deterioration of popular living standards. These in turn undermined state finances, gave birth to intraelite factionalism and to elite adherence to religious heterodoxy, and provided the raw recruits for urban,

① [英] 斯蒂芬·贝利:《学术写作指南》(第5版),唐奇译,中国人民大学出版社2020年版,第86页。

provincial, and sectarian disorders. In each society, the mid-seventeenth-century crisis was rooted in the **simultaneous** decline of traditional systems of taxation, of elite training and recruitment, and popular living standards under the pressure of ecological change.

The English Revolution of 1640 was ***not due to a uniquely Western crisis of capitalism or absolutism.*** It shared its basic causes with profoundly **similar** crises in the Eastern states of Ottoman Turkey and Ming China. The contemporaneity of political crises among varied states across seventeenth-century Eurasia poses a paradox, but one that can be resolved by appreciating the diverse impacts of **rapid population growth on agrarian societies predicated on land taxes and landed elites.** Insofar as a reduction in mortality from the high levels of the fourteenth and fifteenth centuries produced a population boom across Eurasia in the sixteenth century, a changing ecological balance came at roughly the same time to otherwise widely separated states. In the late sixteenth and early seventeenth centuries, therefore, all these states display the characteristic, increasing strains of that imbalance on their social, economic, and administrative institutions, culminating in the mid-seventeenth-century breakdowns of state power.

The divergence of Eastern and Western civilizations after the mid-seventeenth century ***cannot be attributed to a structural difference between Western "revolutions" and Eastern "peasant rebellions" or "dynastic crises."*** In terms of institutional changes, particularly those in the local class structure, more extensive changes followed the crises in Ottoman Turkey and Ming China than followed the English revolution. Considerations of space permit only a brief mention of these changes: In China, large landed estates worked by bonded labor virtually disappeared, replaced by medium-sized holdings worked by free tenants. As R. Marks comments, "a new class structure had emerged, quite different from that of Ming times, that created new patterns of rural life." In Turkey, the prebendal *tumar* system of military landholding and local authority was replaced by the rise of commercial estates whose holders dominated local government. This was "a structural change [that] altered the relationship between the central authority and the provinces. In England, by contrast, the local landlord class remained entrenched, while relations between king and Parliament were largely returned in the Restoration to their Tudor balance. The entire question of the divergence of Eastern and Western economic and political development, of Western dynamism and Eastern stagnation in the early modern period, **thus needs re-examination.** In particular, the manner in which Western Europe forged ahead of the advanced Eastern civilizations of Islam and China needs to be explained in a way that encounters the **similarity** of the seventeenth-century crises in each.

Ideological differences *governing state reconstruction after the seventeenth-century crises profoundly influenced the later divergence of East and West*. I can only suggest here a point I have developed at greater length elsewhere. **Given that the structural causes of state breakdown were similar in all three cases, and that institutional change was arguably greater in the Eastern states, we need to look closely at what differentiated their succeeding state reconstructions.** A major difference appears in the area of ideology. Puritan ideology was ***apocalyptic***; political change was to create a new, Protestant, world. Though the Puritans faded after the revolution, a part of their view of England remained in the notion of England as an imperial Protestant power. State reconstruction, particularly after 1688-89, embodied this concept and was open to novelties in government and finance designed to protect and expand England's international role.

By contrast, Ottoman and Ming revolts were governed by an ideology that was ***cyclical.*** What appears in contemporary diagnoses of their ills was not the idea that the state should be redesigned for new challenges; instead, all that was needed was a purging of corruption, a return to the institutions as they had operated at the height of empire. Thus, after 1650, the Ottoman and Chinese empires became more rigidly orthodox and conservative than they had been earlier; they turned inward and eschewed novelty, while rewarding conformity to past habits. State reconstruction on these terms was successful in restoring a measure of prosperity and prolonging the life of these states, but they entered the late-seventeenth and eighteenth centuries without the dynamism of England. Studies of ideology or culture that contrast East and West have frequently focused on how culture constrains the **attitudes of individuals. Yet** the preceding arguments suggest that more attention needs to be paid to the role of culture in constraining **state structure**, particularly during reconstruction after a crisis.

Clearly, "class conflict" or "peasant rebellion" fails to capture the complex dynamics of these events. The framework sketched here highlights their *multi-causal* nature, with state fiscal decay, elite alienation and factional conflict, and popular distress all playing a role. Understanding how these causes were activated by worldwide ecological pressures further helps to explain certain parallel features, and why these crises occurred at nearly the same time. Differences in state reconstruction call for further explanation. But historians of Stuart England, Ottoman Turkey, and Ming China, though working in different regions, need not lack a shared theoretical framework. They are examining parallel processes of state breakdown and reconstruction. The questions they ask may be quite similar, and their answers may be enlivened by a realization of common patterns and problems.①

这是一篇规范的“结论”：在归纳全文要点之后，进而对这项比较研究的意义进行了言简意赅的阐发。作者将文章要点归纳为四个假设。

第一个假设回应了“引言”部分的第二条，即既往研究往往将17世纪普遍危

① Jack A. Goldstone, "East and West in the Seventeenth Century: Political Crises in Stuart England, Ottoman Turkey, and Ming China," *Comparative Studies in Society and History*, vol. 30, no. 1 (Jan., 1988), pp. 131-134.

机的各个促成因素孤立来看。作者在这里指出：这些促成因素并不是彼此孤立存在，而是“一个完整统一，要从多方面考虑的过程的不同方面”(but aspects of an integrated, multifaceted process)。这个各部分密切相联的过程，指的是“传统税收、精英教育和选拔体系不约而同地走向衰落，以及生态变迁条件下民众生活水平的下滑”(the **simultaneous** decline of traditional systems of taxation, of elite training and recruitment, and popular living standards under the pressure of ecological change)。

第二、第三个假设共同回应了“引言”中的第一条，即多数有关“17世纪普遍危机”的讨论都陷入了“欧洲中心论”(Eurocentric)的窠臼。第二个假设指出：英国1640年革命爆发的原因，并不是资本主义或绝对主义王权下的西欧所独有；相反，是农业社会共有的人口快速增长带来的土地和环境失衡。第三个假设则指出：17世纪中叶以后，东西方文明的大分流并非源自西方“革命”和东方“农民运动”的结构差异。相反，在17世纪的危机中，奥斯曼帝国和明朝社会经历了相较于英国更为深远的结构性制度变革。

第四个假设由三个段落构成，在逻辑上紧承上面三个假设，即既然三个案例中，17世纪政治危机的结构性原因相近，那么，是什么造成了东西方17世纪中叶以后的巨大分野？作者给出的答案是：东西方意识形态的不同(ideological differences)。这一点体现在：清教徒的意识形态是启示的世界观(apocalyptic)，对政府和财政变革的态度更为开放；而奥斯曼和明朝的意识形态是循环的(cyclical)，其崇尚的是回到辉煌的古代，尤其是在17世纪危机之后，其意识形态更加趋向于正统和保守。这一结论也更新了既往研究对意识形态的认识：既往研究强调文化限定了个体的观念，这项研究则揭示出文化在国家建构过程中所发挥的作用。

最后一段是对前面四个假设的进一步提炼，指出：从前用西方“阶级冲突”和东方“农民起义”概括17世纪普遍危机中的东西方差异，有失偏颇。作者强调这场危机的“多诱因”(multi-causal)性质，以及生态环境变迁在危机的全球“共时性”上所发挥的作用。选文的最后两句对这项研究在比较史框架下的意义进行了阐发，因为比较视角可以揭示那些相近发展过程背后共有的模式和问题。

(2)选文(二)

Conclusion

A major aim of this article has been to highlight the role of state institutions in, on the one hand, giving meaning to ethnic identity and, on the other hand, locating that identity within the political structure of the state. Ethnic boundaries drawn in the seventeenth century between the Japanese and the peoples on their geographical and social peripheries — and the institutional structure established on the basis of those boundaries — bracketed the identity of the Japanese and held it in place. With the physical and cultural boundaries of "Japan" established, it became possible to develop a national discourse that applied unequivocally to all those deemed to be "Japanese". Those excluded from the polity were not simply ignored, however; deliberate policies of dissimilation effectively incorporated their ethnicity into the early modern social-status hierarchy, with the result that the Ainu and other peripheral peoples acquired the "status" of lacking status. This in turn laid the foundation for the Meiji state's aggressive assimilation programme.

The Meiji Restoration rendered the Tokugawa world order defunct, and the new regime had to redefine Japan's political boundaries in terms of Western notions of international law. The state asserted full sovereignty over both Hokkaido in the north and the Ryukyu islands in the south for the first time. At the same time, it formally redefined members of outside groups as ethnic Japanese and thus brought them within the purview of the Japanese state. Hence the outcastes were called "new commoners", the Ainu were renamed "former aborigines" and Ryukyuans simply became residents of Okinawa prefecture. While the process of redefinition was immediately motivated by practical considerations — if Hokkaido and Ryukyu were to be recognized internationally as part of Japan, their inhabitants had better be

Japanese, after all — it is also true that the newly centralized state could not tolerate the persistence of mediating identities between itself and its subjects. This helps to explain the need to reclassify outcastes as well as Ainu and Ryukyuans as ordinary commoners. It is, however, important to remember that their formal acquisition of citizenship notwithstanding, all three groups have been subjected to considerable discrimination and mistreatment.

In sum, the Restoration rendered the ethnic boundaries between the Tokugawa state and the Ainu, Ryukyuans and outcastes obsolete. The old boundaries that had located the Tokugawa polity within the Japanese archipelago were replaced by new ones that situated Meiji Japan within a broader international order, governed by Western conceptions of sovereignty. This led to the absorption of peripheral peoples and the homogenization of ethnicity that characterizes Japanese society today. Ironically, then, homogeneity is so central to the contemporary political order precisely because the juxtaposition of Japanese and non-Japanese ethnicities was so important to the pre-modern order.

第 1 段:由概括到具体,总结了德川时期国家制度与种族认同间的互动关系。一方面,在日本人和边缘地区族群间做出区分,促成了“日本人”身份认同的形成。而被排除在“日本人”之外包括阿伊努人在内的边缘地区族群并没有被忽视,而是被置于族群等级的底端,获得了没有身份的“身份”(the“status”of lacking status)。

第 2 段:受到西方国际法观念的影响,明治维新一改德川时期的民族异化政策,竭力将边缘族群纳入日本的直接统治之中。在民族政策上,这一点反映在对曾经位于民族等级底端的边缘族群进行再分类,赋予其公民权。

第 3 段:作者将德川、明治两个时期的少数族群政策连成一线,进行了更为提纲挈领的总结。尤其是在段尾,作者巧妙地用一个带有反讽意味的句子总结了德川和明治时期少数族群政策之间既相反又相承的辩证关系:同一性对日本现代政治秩序的维持如此重要,恰恰是因为“日本人”和“非日本人”的分立曾是维系前近代政治秩序的核心。

3.如何读正文

在读过引言和结论后,一般情况下,我们便对文章的主旨、论点、所参与的学术讨论、重要概念的定义、研究意义等宏观问题有了一定认识,而正文部分便是为这些宏观问题提供史料细节和分析性的支撑。但这并不意味着正文可以全部略过。史学家阅读研究文献通常关注以下三个问题:论点对既有研究的贡献;史料是什么;史料是否相关,是否充分。引言和结论足以回答第一个问题,而第二、第三个问题,则需要通过阅读正文来回答。

对于如何读正文,我们可以遵行以下三个步骤:快速扫描(scan),为仍存的疑惑寻找答案;读小节标题;读每个段落的首句。

1)快速扫描

我们常听到的一个快速阅读技巧是快速扫描文本。然而问题是:如何扫描?扫描什么?简单说,如果能够正确理解一篇史学文章的引言和结语,那么对正文部分的理解,我们就握有了主动权,因为我们已经知道作者的论点、论证思路、回应的学术讨论是什么。阅读正文时我们便有了更为清晰的目的:为仍存的疑惑寻找答案,验证、评估作者的材料和论证。更为具体地说,快速扫描正文,我们需要两个“路标”:一个是小节标题,一个是每个段落的首句。称它们为“路标”,是因为它们能够帮助我们提炼更为精确的问题点、信息点,为“扫描正文”提供指引。

2)读小节标题

还是以上面两篇选文为例。第一篇选文,即戈德斯通有关17世纪普遍危机中的英国、明朝、奥斯曼帝国的比较研究一文,其小节标题分别为:“The Common Causal Framework”“The Ecological Change”“The Price Revolution”“Fiscal Decay”“Elite Competition and Conflict”“Popular Uprisings”“Ideological Change: Religious Heterodoxy and Radicalism”。

前面,通过阅读引言和结论我们已经得知:17世纪普遍危机的背景下,三个地区呈现出一些结构上的共性,由此驳斥了此前带有“欧洲中心论”倾向的研究。正文第一部分正是试图为三个不同地区危机几乎同时发生这一事实寻找共通的阐释框架。环境变化是诱因,价格革命、财政危机、愈演愈烈的精英之间的竞争和冲突、民众反叛是三个地区危机的共同表现形式。最后作者讨论了意识形态。由结论可知:前面五个部分讨论的是共性,有关意识形态的讨论则意在为东西方最终走向“大分流”提供一个解释。

浏览标题可以帮助我们从宏观层面把握文章的逻辑结构,进而制定文章中间部分的阅读策略。

第二篇选文,即豪威尔有关阿伊努民族性和近代日本国家建构的研究,其小节标题分别为:“State Formation and Ethnicity in Early Modern Japan”“The

Formation of Mutual Dependency in Hokkaido""The Ritual Framework of Ainu-Japanese Relations""The Incorporation of Ainu Ethnicity into the Japanese Social-Status Hierarchy"。

从阅读引言和结论得知:文章讨论了从德川到明治时期,日本政府对阿伊努人治理方式的转变。因此,从标题看,第一部分讨论的应该是德川时期,我们需要重点理解的是这一时期,阿伊努人的民族认同以及德川幕府针对包括阿伊努人在内的边疆地区少数族裔所采取的民族政策。

第二部分标题的关键词是 mutual dependency,即阿伊努人与日本人之间的相互依赖性。那么,mutual dependency 的含义,将是我们阅读正文时需要着意锁定的信息。

结论中,作者曾论及阿伊努人在"日本人"民族认同形成中所发挥的作用。绝对人数并不多的阿伊努人何以能够对"日本人"民族认同的形成发挥至关重要的作用?

第三部分的标题提示作者打算以"仪式"作为观察阿伊努—日本关系的一个着眼点。那么,这个仪式是什么?从德川到明治,日本政府调整与阿伊努人关系的过程中,仪式经历了怎样的变迁?寻找这些问题的答案,是阅读这一部分时的重点。

第四部分的标题提示这一部分讨论的是日本政府将阿伊努人纳入近代国家公民体系的过程,是日本与阿伊努关系的一个新阶段。结合结论部分的内容,我们自然希望读到有关西方国际法的引入对日本民族政策的影响,尤其是这一时期日本政府将阿伊努人纳入国家的举措在变革阿伊努人认同的同时,对日本民族认同、近代国家的形成发挥了怎样的作用。

在文章的引言和结论中未能充分展开的细节和论述在正文中得到了细化、明晰化。如果读完引言和结论后我们对一些问题仍存有疑问,那么正文中的分节标题便是锁定答案的"路线图"。此外,正文中的分节标题还提示了逻辑结构,有助于制定合理、高效的正文阅读策略。因此,如果能够精确理解引文和结论,并能够透过标题把握文章的行文逻辑,那么便为"主动"阅读正文做好了准备。

3)读段落首句

学术英文写作中,各个段落的主旨句一般是段落首句。对一些段落而言,把握段意,还需要结合段落末句。阅读段落首句,不但有助于我们快速定位所需的信息,而且还有助于我们更宏观地把握文章的行文逻辑,形成更为积极主动的阅读策略。

以戈德斯通的选文为例。

“The Common Causal Framework”标题下，第一段共有两句话，首句是：“The political crises of the seventeenth century are usually either described as unique events reflecting varying conditions in each country, or, if given a common cause, are wrapped in a Marxist view that stresses the growing impact of capitalism.”这句话介绍的是既往研究的一个观点。作者的反驳出现在第二句：“I suggest that an alternative explanation better fits the historical evidence, and will briefly outline this explanation before presenting the evidence for each case.”即作者并没有直陈观点，而是提出了这一小节的“逻辑路线图”。

这一小节的第二段写道：

> **Large states of the early modern period, whether monarchies or empires, faced certain common constraints.** They needed to raise sufficient revenue to support their armies and reward their retainers. They needed sufficient allegiance from the elites to provide loyal officials for government service and, perhaps more important, to provide loyal local authority in an era when centrally appointed officialdom rarely penetrated below the county level. And they needed to provide sufficient stability and sustenance for the working and cultivating population that these groups could pay their taxes and other obligations and yet be uninclined to rush to support rebellions. **Thus, any train of events that simultaneously led to fiscal deterioration, elite factionalism and disloyalty, and a major decline in popular living standards or the overturning of traditional popular rights threatened the ability of states to maintain their authority.**

第一句中的关键词是 common constraints，强调东西方这一时期面临一些相似的制约。这实际上是对“欧洲中心论”的反驳，因为如作者在引言中所说，无论是马克思还是韦伯，都强调这一时期西欧资本主义的特殊性，即危机所带来的社会变革在西欧更具有整体性、结构性。因此，强调东西方所面临制约的共通性，实则是对欧洲特殊论的反驳。

那么，common constraints 指的是什么？段末一句话对段落中间的内容做出了总结，包括财政崩坏、精英的派系斗争、生活水准的下降以及传统民众权利的倾覆。这些显然是近代早期国家，无论东方还是西方，在危机条件下所面临的共同困境。

以段首和段末为基础，段落中间的内容便可以快速扫过。特别是，作者用三个 they needed 开头的句子，详述传统国家所面临的制约的共性，在逻辑结构上，完美对应了段末的三个短语，更是为速读段落中间部分提供了便利。

这一小节的第三段首句是："In the sixteenth century such a train of events **did begin**, on a world-wide scale."强调式表达 did begin 是对上一段结论的确认，提示即将开始的这一段是为上一段提供例证。这一段后面的内容可以整体跳过。

这一小节的第四段话，既是对这一小节的总结，也是对一个可能的质疑的回应：

> **Naturally**, these trends showed national and regional variations. **Yet**, as I shall try to demonstrate, the evidence for these trends is strong even in diverse settings. This framework thus offers a way to understand the incidence across Eurasia of political crises in the early and mid-seventeenth century, and to explain their common features, without resort to Eurocentric notions of capitalist growth or a rising tide of absolutism.

这段话的段首是对既往研究的概括：naturally 和后面一句中的 yet 提示了作者先概括既往研究，紧接着提出自己的反驳的逻辑结构。这段话说的是：之前的研究强调不同地区间的差异，而作者强调横跨欧亚大陆不同地区的政治危机表现出的共同特征。

从对这一小节的分析可以看出，即便对以说理、分析为主的小节来说，着重阅读每个段落的首句也有助于我们精准、快速地把握小节整体。这篇文章后面六个小节，多达 25 页的内容，基本可以通过阅读段落首句的方式进行快速浏览。对于掌握了泛读技巧的读者来说，这篇事实上并不简单的文章，真正需要细读的内容大致可以压缩到 6 页。对于这篇长达 39 页的文章来说，泛读可以节省近 85％的阅读工作量。

豪威尔选文的正文部分按照时间顺序，在概述近代早期阿伊努与日本间的关系、二者相互依赖的关系特征之后，进而以仪式为观察点考察了从德川到明治时期阿伊努与日本关系的变化。

阅读了引言和结论后，读者不免有以下疑问。宏观的问题包括：是什么激发了德川幕府对包括阿伊努人在内的边缘少数族群进行民族分类？是什么激发了明治政府对边缘少数族群进行了再分类？两个时期的分类方式有什么区别？细节性的问题包括：结论提到，德川幕府将阿伊努人置于次等于日本人的位置，阿伊努人获得的是“没有身份的‘身份’”(“status” of lacking status)。这个短语是什么意思？再比如，如何理解文章结尾处的：Ironically, then, homogeneity is so central to the contemporary political order precisely because the juxtaposition of Japanese and non-Japanese ethnicities was so important to the pre-modern order。这其中的反讽意味(ironically)何在？

仅阅读引言和结论，很难对这些问题得到确切、具体的理解，那么便需要从正文中寻找这些问题的答案。此时，可以借助标题和段落首句来定位信息。

关于德川时期对阿伊努人的政策问题，原文第 73 页第 3 段的首句是：“This articulation of the shogunate's political authority occurred within a rapidly changing international environment.”。此后三段，作者都详细谈论了德川时期民族政策的国际环境背景。西方的扩张迫使幕府采取了“锁国”政策，将注意力转向内在。

作者对明治时期的讨论集中在第四部分，尤其是原文第 89 页第 2 段首句是：“Ironically, by incorporating the Ainu's alien identity into the social-status hierarchy of the Tokugawa state, Matsumae **paved the way for** the shogunate and its successor, **the Meiji regime**, to negate the validity of Ainu ethnicity entirely.”。这句话加黑的部分提示随后作者将讨论德川时期的政策如何为明治政府的少数族群政策做了铺垫。此外，原文第 91 页第 1 段的前两句是：“After the Meiji state came to power it immediately launched a vigorous programme of agricultural and industrial development in Hokkaido. The assimilation of the Ainu was an integral aspect of that policy.”。此后两段皆是对明治政府在北方少数族群聚居地区的殖民举措的讨论。

第四部分原文第 88 页末尾段落的首句是：“The Ainu's “status” of lacking status resembled the position of the outcastes within Tokugawa society.”。resembled 这个词提示了其前后的互文关系，即“the position of the outcaste within Tokugawa society”是对“the Ainus ‘status’ of lacking status”的释读。后面两段正是集中解释了德川时期 outcastes 的含义、社会属性。

原文最后一句话极为巧妙，因为作者用一个具有反讽意味的句子极好地整合了德川、明治时期看上去相反民族政策背后存在的相互承续的关系。对这层反讽意味的直接注脚，仍然出现在段落的首句。原文第 89 页第 2 段首句："**Ironically**, by incorporating the Ainu's alien identity into the social-status hierarchy of the Tokugawa state, Matsumae **paved the way for** the shogunate and its successor, **the Meiji regime**, to negate the validity of Ainu ethnicity entirely."。不仅 ironically 与结尾处呼应，而且 paved the way for 也提示了尽管明治时期对阿伊努的一些政策看上去与德川时期相反，但德川时期所为实则是为明治时期统一的日本民族性的形成奠基。

2.2 精读方法概论

本章第一节集中讨论了泛读的技巧。在研究初期，泛读对于确定题目、搜罗相关文献、撰写学术史综述都有极大的助益。这一节将讨论史学英文文献阅读的另一个重要技能——精读。精读对于学术英语水平提高之必不可少，主要表现在以下两点。

首先，精读是学术写作进阶的必要步骤。正如斯坦利·费什所说："句子写作技巧＝句子理解能力＝句子鉴赏能力。"然而，这里所说的精读绝不是逐字逐句、被动的阅读，而是有明确目标的"积极阅读"。这种"积极性"源自于对英文选词、句法、修辞、逻辑的欣赏能力，这种欣赏能力的养成需要有关英文修辞、句法的知识。所谓"以阅读促进写作"，首先要具备的是理解、鉴赏好的作品的知识。

其次，对一些文献的理解离不开对关键长难句的准确分析。一些对于理解文献至关重要的句子本身就是语法结构复杂的长难句，非用力分析无以读通。这就特别需要"慢"读的功夫。

针对史学文献的特征，下面将着重谈谈精读能力提高的两个方面。

第一个方面是修辞。历史系的学生固然不必如英语系学生那样做到对英语修辞的精研，但了解一些修辞知识，对于欣赏、理解进而模仿好的句子至为重要。对于研究欧美史的学生来说，对文献进行修辞分析更是史料分析的有机组成部分。本节囿于篇幅，将仅以史学写作中 10 个常见的修辞为例，以起到启发读者自修、抛砖引玉的作用。

第二个方面是语法。一直以来英语教育界都倾向于认为中国学生长于英语语法的记诵、学习，而弱于口语表达、写作。不过，笔者在自己的课堂上发现，不少学生对于语法的认识还肤浅地停留于词类定义、时态、单复数等基本概念上，尚没有完全具备分析句法逻辑的自觉意识，尚不具备识别指代关系、理解复杂从句等的知识和在实践中应用语法知识进行语句分析的技能。英语语法方面的研究文献、为学习者撰写的参考书汗牛充栋。本节将着重讨论史学文献中常见而学生又极易出错的五个语法点。它们是：定语从句，倒装，省略，垂悬修饰语，短语、分词的误置。

2.2.1 修辞

笔者挑选了史学写作中常见的10种修辞手法，先释义后举例。释义部分主要参考了范家材教授所著《英语修辞赏析》(上海交通大学出版社1992年版)，例句部分综合参考了上书和冯翠华教授所著《英语修辞大全》(修订版)(外语教学与研究出版社2018年版)。两书中不少例句出自英美文学名著。一方面史学写作中较少采用类似文风，另一方面，文学性较强的修辞对历史系学生来说难度较大。故而，以下摘录的例句多具有意思直白、更接近史学文献写作风格的特点。对英语修辞感兴趣、打算系统研修的学生，可以详细参考以上两本书，这里对英语修辞进行极简介绍，目的在于抛砖引玉。

1.隐喻

隐喻(metaphor)无需借助比喻词，直接将甲事物当作乙事物来描写。对隐喻的理解需要读者具备对语义间隐性联系，所隐含的人、事、观点的洞察能力。

例句：

> The *tree* of liberty must be refreshed from time to time with the blood of patriots and tyrants. It is its natural *manure*. (Thomas Jefferson)

这句话将“自由”比作“树”，将“爱国者”和“专制者”的“血”比作滋养“树”的“肥料”。字面义为爱国者和专制者的血是自由实现和捍卫过程中必不可少的部分，暗含实现和维系自由过程中，捍卫自由的勇士和践踏自由的专制者间的残酷斗争。

> All of the world's a *stage*,
> And all the men and women merely *players*;
> They have their *exits* and their *entrances*,
> And one man in his time *plays many parts*,

His *acts* being seven ages ... (W. Shakespeare, *As You Like It*)

这句话中一个基本的隐喻是世界就像一个舞台,所有人都是这个舞台上的演员,他们登台、谢幕,一生扮演许多角色。

2.隽语

隽语(paradox)指表面上看自行矛盾,实则蕴含表层含义与深层含义的背离。运用隽语不仅能增添文采,而且还能迫使读者进行违反常规的思考、探索深层的理解。

例句:

American civilization is characterized by *conservative liberalism* of our political life, the *pragmatic idealism* of our cerebral life, the *emotional rationalism* of our spiritual life and the *godly materialism* of our acquisitive life.

(美国文明的特征是我们政治生活中的保守自由主义、文化生活中的实际理想主义、精神生活中重感情的理性主义、物质生活中敬神的实利主义。)

这段话用四个隽语概括了美国生活中既矛盾又统一的四个侧面,隽语的使用增添了对美国生活观察的深度和辩证性。

再如:

In fact, it appears that the teachers of English *teach English so poorly* largely because they *teach grammar so well*. (Wendell Johnson, in S.I. Hayakawa ed., *Language, Meaning and Maturity*)(事实上,英语教师教得如此糟糕,在很大程度上是因为他们语法教得如此之好)。

语法本是英语学习中极为重要的一个环节。但矫枉过正,过度重视语法而忽视了英语学习的其他方面,对于英语学习来说得适得其反。对于隽语修辞的使用极为深刻地揭示了:英语学习过度倚重语法将适得其反的道理。

3.讽刺

讽刺(irony)是辞面和辞里的背反,语言意义和思维内容的悖逆。用含蓄的褒义词表示批判性的评价,用反意进行强调。影射(innuendo)和挖苦(sarcasm)也属于讽刺修辞。

例句:

Like all the other officers at Group Headquarters except Major

Danby, Colonel Catchcart was infused with the *democratic* spirit: he believed that all men were created *equal*, and he therefore spurned all men outside Group Headquarters with *equal* fervor.(像集团军指挥部除丹比少校之外其他指挥官一样,卡区卡特上校深受民主精神的熏陶:他相信人都是生而平等的,所以他把所有人从指挥部一脚踢开的火爆劲头也是一视同仁的。)

这句话中的 democratic spirit 含有讽刺意味,卡区卡特上校的民主精神表现在他的“平等观”、他的火爆脾气上,的确是不分贵贱,对所有人都一视同仁。

再如:

(Senators Gramm, Rudman and Hollings:) Blessed are the young, for they shall inherit the national debt.(参议员格拉姆、拉德曼和霍林斯:年轻人有福了,因为他们将继承国债。)

这句话中极具讽刺意味的是 blessed 这个词。年轻人继承了国债,并不是什么好事。这句话用 blessed 讽刺现政策只顾当下,不对未来负责。

4.双关语

双关语(pun),指同形异义词或同音异义词的巧妙使用。语言学家认为一语双关通常需满足三个条件:双重情境(double context)、多义词或同音异义词(hinge)、触机(trigger)。因此,双关语包含“谐音双关”和“词义双关”。

“谐音双关”例句:

The *purest* audio for the audio *purist*. (Ad. for SHARP, 2002)

这则夏普的广告巧妙地运用了 purest(最为纯粹地)和 purist(正统主义者)两个谐音双关词,形象地传递出夏普音响的高端品质。

What's increasingly lucrative, however, is selling naming rights. It may not *make sense*, but it *makes some cents*. Americans care about money. (21st Century, Jun. 27, 2002)

这则评论则巧妙运用了 make sense (有道理)和 make cents(赚一些钱)。“赚钱”一般用 make/ earn money 来表达。make cents 因与前文形成谐音双关,而分外生动、谐趣。

“词义双关”例句:

I finally figured out how government works. The Senate gets the *bill* from the House. The President gets the *bill* from the Senate. And we get the *bill* for everything. (*Reader's Digest*, Feb. 1991)

这句话中的 bill 一词是词义双关。前两个 bill 指的是“法案”,最后一个 bill 指的是“账单”,意指美国政府的运作不过是法案在参众两院和总统间传递,而纳税人则为这一切买单。

5.平行

平行(parallelism)使词与词之间、句与句之间、段落与段落之间,在外部形态和构成上有一种均衡、协调的美感,起到了层层推进、加强语气的修辞效果。

例句:

It is rather for us to be here dedicated to the great task remaining before us that from these honored dead we take increased devotion to that cause for which they gave the last full measure of devotion; that we here highly resolve that these dead shall not have died in vain; that this nation under God shall have a new birth of freedom; and that government *of the people*, *by the people*, *for the people* shall not perish from the earth. (Abraham Lincoln, "Gettysburg Address")

这段话取自林肯著名的《盖底斯堡演说》。of the people、by the people、for the people 形式相近,通过变换介词展现了自由的政府的三个不同面相,即民有、民治、民享。

英文写作指南《英语写作手册:风格的要素》一书中专辟出一个章节讨论了“以相似的形式表达并列的意思”这一原则。该书的作者威廉·斯托克(Williasm Strunk)教授这样解释这一原则:“此平行结构原则,要求以相似的外在形式组织内容和功能相似的句子。相似的结构能使读者更为容易地辨认出内容和功能上的相似性。”①作者以《圣经·马太福音》中的“八福词”为例说明了平行结构的优点:

Blessed are the poor in spirit for theirs is the kingdom of heaven.

Blessed are they that mourn for they shall be comforted.

---

① [美] William Strunk:《英语写作手册:风格的要素》,外语教学与研究出版社 2019 年版,第 51 页。

Blessed are the meek for they shall inherit the earth.

Blessed are they which do hunger and thirst after righteousness for they shall be filled.

虚心的人有福了，因为天国是他们的。

哀恸的人有福了，因为他们必得安慰。

温柔的人有福了，因为他们必承受地土。

饥渴慕义的人有福了，因为他们必得饱足。[①]

6.对照

对照(antithesis)指并列两组在内涵上迥然不同的词，强调其差异，突出其矛盾。通过鲜明的对照，有力揭示出它们是一个整体中两个相反相成的侧面。

例句：

It was the *best* of times, it was the *worst* of times, it was the age of *wisdom*, it was the age of *foolishness*, it was the epoch of *belief*, it was the era of *incredulity*, it was the season of *Light*, it was the season of *Darkness*, it was the spring of *Hope*, it was the winter of *Despair*, we had *everything* before us, we had *nothing* before us. (Charles Dickens, *A Tale of Two Cities*)

这句名言是查尔斯·狄更斯《双城记》的开篇词。用六对意思相反的词辩证表达了那个时代的矛盾性，为对照结构的经典范例。

Terms like liberal and conservative do more *to muddle* than *to clarify*.(像自由派与保守派这类术语，与其说是澄清，倒不如说是让人感到糊涂。)

这句话中形成对照的是 to muddle 和 to clarify，意指一些术语与其说是澄清，倒不如说是混淆了事实。

Not that I loved Caesar *less*, but that I loved Rome *more*.(W. Shakespeare: *Julius Caesar*)

这句话中 less 和 more 形成对照，表达了谋杀凯撒者对自己刺杀行为的辩

---

① ［美］William Strunk:《英语写作手册：风格的要素》，外语教学与研究出版社 2019 年版，第 51 页。

解，即对公共利益的爱大于对于个人的效忠。

7.回环与交错配列

交错配列（chiasmus）指的是在两个句法上平行并列的短语或句子中，后项以相反的顺序重复前项的词语。

He was *an angel on the surface*, but *at heart a knave*.

这句话的交错配列体现在逗号前"名词＋状语"与逗号后"状语＋名词"顺序的颠倒。

We must, therefore, acquiesce in the necessity, which denounces our Separation, and hold them, as we hold the rest of mankind, *Enemies in War, in Peace Friends*.

这句话取自美国《独立宣言》，也是"名词＋状语"与"状语＋名词"顺序的颠倒。

回环（antimetabole）指的是把相同的词或句子，在下文中调换位置或颠倒过来，形成首尾回环。

Forty is the old age of youth; fifty is the youth of old age. (Victor Hugo)

回环不仅有前后词语位置的调换，而且还产生了首尾回环的效果。比如这句话中，old age of youth 和 youth of old age 便是这种首尾回环的结构，这种修辞的运用极大增添了这一原本枯燥的事实陈述句子的趣味感。

Government has to do *what works* — not just *what works for government*. (*U.S. News & World Report*, Jun. 28, 1993)

这句话用 government 和 what works 的回环，略带讽刺地指出了政府应当做对社会有效的事，而不是对政府来说有效的事。

8.叠言

叠言（rhetorical repetition）包括词或词组的叠用以及句法结构的叠用。

例句：

Americans expect those seeking *higher* office to hold themselves to a *higher* code of ethics. (Keith Albow)

此处作为叠言的两个 higher,有不同的含义。第一个指的是位高权重,第二个则用来形容更高的道德水准。

Democrats *cannot say no to* social programs; Republicans *cannot say no to* military spending. The result is a tripled national debt and high interest rates. (M. Zuckerman)

这句话中 cannot say no to 出现了两次,但前后的主语和宾语都不同。指的是民主党人和共和党人都有基于自己党派意识形态的主张,他们无法对那些代表党派利益的方案说不,但要兼顾两党利益,就会导致高国债和高利率的经济后果。

With this faith we will be able to hew out of the mountain of despair a stone of hope. *With this faith we will be able to* transform the jangling discords of our nation into a beautiful symphony of brotherhood. *With this faith we will be able to* work together, to pray together, to struggle together, to go to jail together, to stand up for freedom together, knowing that we will be free one day. (Martin Luther King, "I Have a Dream")

重复使用 with this faith we will be able to 这个句首,起到了突出信仰重要性的作用。尤其在演说中,这种重复很容易调动起听众的激情和同感。

9.层进法

层进性(climax)是按照词义的轻重深浅逐层依次递进,最后达到顶点的修辞手段。作用在于逐步加深印象,迅速达到高潮,最后揭出题旨。

例句:

I came, I saw, I conquered. (Veni, Vidi, Vici)

这是凯撒的格言。简单的三个动词,展现了凯撒作为征服者的豪情。

Some books are to be *tasted*, others to be *swallowed*, and some few to be *chewed* and *digested*. Reading maketh a *full man*; conference a *ready man*; and writing an *exact man*. (Francis Bacon: "Of Studies")

这段话包含两句,其中第一句运用了层进法。一些书只需要浅尝,另一些书可以囫囵吞枣地读完,只有少数书是需要咀嚼和消化的。前两个短句是为第三个短句做铺垫。

We *shall* go on to the end, we *shall* fight in France, we *shall* fight on the seas and oceans, we *shall* fight with growing confidence and growing strength in the air, we *shall* defend our Island, whatever the cost may be, we *shall* fight on the beaches, we *shall* fight on the landing grounds, we *shall* fight in the fields and in the streets, we *shall* fight in the hills; *we shall never surrender*, and even if, which I do not for a moment believe, this Island or a large part of it were subjugated and starving, then our Empire beyond the seas, armed and guarded by the British Fleet, would carry on the struggle, until, in God's good time, the New World, with all its power and might steps forth to the rescue and to the liberation of the old. (Winston Churchill: "Speech to the House of Commons on the Dunkirk Evacuation, 1941")

这段话取自敦刻尔克大撤退前丘吉尔向议会所做的著名演说。丘吉尔一口气连用十个 shall，最后一个 shall 则以否定加强语气——we shall never surrender，表达了即便在极端困难的条件下，仍打算与德国纳粹血战到底的决心。

10.头韵

头韵(alliteration)指两个或两个以上临近的词或音节中，起首辅音重复。头韵的运用往往可以使表达更生动，起到渲染对比、加深印象、突出重点的作用。

例句：

China's cities, after decades of *b*olted doors and *b*arred windows, are suddenly being opened to sweeping changes.

美国《时代周刊》曾用这句话描绘改革开放为中国带来的巨变。其中，bolted 与 barred 两个词的词首均为 b，用"闩上的门和封住的窗"来形容改革开放前中国的封闭状态。

With the election only weeks away, both sides are *c*laiming victory and *c*rying foul. (David Lawday)

这句话中 claiming 和 crying 首字母 c 形成头韵，表达了竞选临近，两党都在宣称自己的胜利，都在高呼对手舞弊。

Predictably the winter will be *s*nowy, *s*leety and *s*lushy.

这句话中 snowy、sleety、slushy 中的 s 形成头韵，用三个 s 开头的形容词描绘了冬天的极寒天气状态。

2.2.2 语法

1.定语从句

顾名思义，用作定语的从句叫作定语从句。[①] 单纯关系代词或关系副词引导的定语从句，都比较容易理解。比如"The tall man who is standing over there is my brother."（关系代词 who 引导定语从句，作为修饰主语 the tall man 的定语。）"The book is on the table where you left it."（关系副词 where 引导定语从句，作为修饰状语 the table 的定语。）但定语从句有很多更为复杂的形态，这尤其考验学生对定语从句这一语法点是否有扎实的掌握。以下仅以阅读中学生常出错的三个定语从句形式为例进行解析。

1)"介词＋关系代词"的定语从句 [②]

"介词＋关系代词"结构中，介词可以是 in、on、about、from、for、through、with、to、at、against、during、without、by means of、because of、by virtue of 等，关系代词可用 whom 或 which。"介词＋关系代词"结构中介词的选用要根据上下文表达的具体意思。比如：

There are few things *of which* he stands in more awe than the starry sky overhead.（of which 指的是比头顶的星空更令他敬畏的事。）

This is an enormous field *of which* I can here touch only the fringe.（of which 中的 of 的选用依据是 the fringe of the field。）

A friend is someone who draws out your best qualities, *with whom* you sparkle and become more knowledgeable.（with whom 中的介词 with 的选用依据是 with someone。）

---

① 薄冰主编：《薄冰高级英语语法》，商务印书馆 2019 年版，第 579 页。

② 以下关于"介词＋关系代词"结构的解释和例句，均取自徐广联主编：《大学英语语法：讲座与测试》，华东理工大学出版社 2020 年版，第 811～812 页；例句后的语法分析为笔者所加。

另外一种情况是根据先行词的习惯搭配。比如：

This is the ring *on which* she spent 1,000 dollars.（on 的选用是根据 spend on 这个习惯搭配确定的。）

The economist *with whom* all of us are familiar will visit our company.（with 的选用是根据 be familiar with 这个搭配。）

I can't remember the age *at which* he won the prize.（固定搭配为 at the age。）

Ten years of hard work changed her greatly, *for which* he could hardly recognize her at first sight.（for which 是 for the reason [of which]的省略。）

2)非限制性定语从句

非限制性定语从句与限制性定语从句最大的区别是："前者仅作补充或说明，若省略掉，原句句意也是完整的。"[①]比如：

I don't like people *who* lose their temper easily.（限制性）

The manuscript was written in Latin, *which* I did not understand.（非限制性）

由于非限制性定语从句既可以修饰先行词，也可以修饰整个主句，因此，确定非限制性定语从句修饰的是谁便格外重要，需要结合上下文、动词形式，甚至常识来判断。

比如下面这句话的定语从句修饰的是离它最近的一个名词，因为从句的动词形式提示了这一点。

> The artistic charm of the play lies in the complicated images and the simple language *which* <u>conveys</u> the most profound philosophy. [②]

这句话中 which 引导的定语从句修饰的是 the simple language。如果从语义上很难判断定语从句修饰的是 the complicated images and the simple language 还是 the simple language，那么定语从句中的动词 conveys 则提示了这个定语从句修饰的是后者。

往往，非限制性定语从句修饰对象的确定需要结合句意和上下文。比如：

> Now, workers can report their problems and suggestions to their

---

① 徐广联主编：《大学英语语法：讲座与测试》，华东理工大学出版社 2020 年版，第 826 页。

② 薄冰主编：《薄冰高级英语语法》，商务印书馆 2019 年版，第 582 页。

representatives, *who* will then convey them to the plant management. ①

这个 who 引导的定语从句修饰的显然是 their representatives，即工人代表。这样不仅符合最近原则，而且符合语义。

3)定语从句同先行词的隔裂

有时出于平衡句子结构的需要，谓语动词可能会被放在作为主语或宾语的先行词和定语从句之间。在长难句分析中，不少学生被这种隔裂迷惑，故而这是一个值得回顾的语法要点。以下是几个例句②。

Such a book will sell well, *as is written in blood and tears*.

这句话的正常顺序应该是：Such a book as is written in blood and tears will sell well。这样写虽然 such ... as ... 的结构更为清晰，但难免有头重脚轻即主语过长的嫌疑，故而使句子的主干在前，定语从句置后。

She considered the dictionary valuable *which was compiled by first-rate scholars from different countries*.

这句话中 which 引导的定语从句修饰的是 dictionary。这句话的主干是：She considered the dictionary valuable. 如果让定语从句紧随 dictionary 之后，那么 valuable 这个主干词就落在了句尾，主干各部分过于分散。

2.倒装

英语最基本的结构是主谓结构，倒装就是将这种比较固定的词序加以颠倒。③ 倒装或是出于句子结构的需要或是出于强调某一句子成分的需要。以下是学生在阅读中不易辨识的四种倒装形式。④

1)虚拟条件句中的倒装

如果虚拟条件句中的谓语部分含有 were、had 或 should，可以把它们放在句首，省去连词 if，变成倒装句。比如："Had I known it earlier, I wouldn't have lent him the money.""Should he act like that again, he would be punished."。

① 薄冰主编：《薄冰高级英语语法》，商务印书馆 2019 年版，第 588 页。

② 以下例句均摘自徐广联主编：《大学英语语法：讲座与测试》，华东理工大学出版社 2020 年版，第 828～829 页。

③ 薄冰主编：《薄冰高级英语语法》，商务印书馆 2019 年版，第 686 页。

④ 以下四种倒装的例句均摘自徐广联主编：《大学英语语法：讲座与测试》，华东理工大学出版社 2020 年版，第 888、894～897 页。

2)否定词居句首时的倒装

例如:“Not until I had read the report did I understand the true state of affairs. ”“As for what will happen to them, I can not foretell, much less can I guarantee.”。

3)as、though、be 引导的让步状语从句的倒装

Young as she is, she has seen much of the world.

Much as I'd like to visit the town, I'm afraid it's inconvenient to go there in this hot weather.

Be you familiar with her or not, you should go to her for more advice.

Be it true or not, I will see myself.

4)用于强调的宾语倒装

表语、状语倒装比较容易识别,比较难识别的是宾语倒装。比如:

This I'll never forget.

将作为宾语的 this 提前,作为对永远不会忘记的对象的强调。

What man has done man can do.

这句话正常顺序是:Man can do what man has done. 前人能做的,后人也能做。

What he gave his mind to he mastered.

他用心学什么,就能精通什么。

Many good suggestions did the guests make to better the service here.

这句话常规的顺序是:The guests made many good suggestions to better the service here.

3.省略

省略是为了避免与前文的重复。然而,由于省略后句子本身结构变得不完整了,许多学生被其迷惑。因此,在一些长难句中,省略占了相当大的比重。除了理解上的难度(复原被省略部分难度较大),句子一些部分被省略后,替代词、介词有时却不能省略,因此省略又是写作中的一个语法难点。下面着重分析省略中难度较大的一种情况:比较状语从句中主语的省略。① 由于比较状语从句

① 以下例句摘自徐广联主编:《大学英语语法:讲座与测试》,华东理工大学出版社 2020 年版,第 924 页。

中省略主语，乍一看从句的结构不完整，于是易出现以下两种错误：在阅读中无法识读，在写作中连同从句中的表语一起省略。

The situation there was not so bad as (it) *had been* reported. 那里的形势并不像报道的那样严重。（had been 不能省略）

The profit was not so handsome as (it) was expected. 利润并不像原先期望的那样丰厚。（was 不能省略）

Don't take more money than (it) was absolutely necessary. 除非绝对需要，钱不必多带。（was 不能省略）

You have given him more than (what) is required. 你给的超出了他需要的。（is 不能省略）

另一种情况是省略重复的谓语或表语。

省略谓语：He plays with her as a cat (plays) with mouse.

省略表语：She is fonder of country music than (is fond) of pop music.

4.悬垂修饰语

悬垂修饰语(dangling modifiers)定义为："一般来讲，分词短语相当于状语从句，其逻辑主语通常就是主句的主语。……如果分词短语的逻辑主语不是主句的主语，这样的分词短语就是悬垂结构。"①

以下是两个句首悬垂结构的例子②及修订。

①原句：Using either military or peaceful means, most of the remaining enemy forces were put out of action.

改为：*Using either military or peaceful means*, *we* put most of the remaining enemy forces out of action.

原句中 use 的主语是"we"，而不是"most of the remaining enemy forces"，因此原句中分词短语与主句的主语不一致。换言之，当读到 using either military or peaceful means 时，我们自然预期在这句话的后半段读到这个动作的施动者，但主句中主语却缺失了。

②原句：Conveniently situated, traffic from Jin Hui Tower to Beijing

① 徐广联主编：《大学英语语法：讲座与测试》，华东理工大学出版社 2020 年版，第 700 页。

② 以下两个例子摘自［美］Joan Pinkham 编著：《中式英语之鉴》，姜桂华校，外语教学与研究出版社 2019 年版，第 286～289 页。

International Airport takes only 1/2 hour via the Third Ring Road.

改为：*The Jin Hui Tower is conveniently situated*，only 1/2 hour from Beijing International Airport via the Third Ring Road.

Conveniently situated 的主语显然不是 traffic，而是 Jin Hui Tower。因此，原句中分词短语和主句的主语不一致。

有时，悬垂修饰语的问题并不能简单通过主语提前来解决。比如下面这个句子。

原句：In recent years，China has introduced much technology and equipment from abroad，playing an important role in improving its petrochemical technology.

改为：In recent years，China has introduced much technology and equipment from abroad，*and these imports have played* an important role in upgrading its petrochemical industry.

原句中 playing an important role 的施动者显然不是 China，而是 much technology and equipment from abroad。修改后的句子用 these imports 指代"海外引进的技术和设备"，避免了重复。

《英语写作手册：风格的要素》一书将如何避免悬垂修饰语的问题归结为"位于句首的分词短语所修饰的必须是该句的主语"这一原则。以下是该书中举的几个例子[①]。

①病句：On arriving in Chicago，his friends met him at the station.

改为：On arriving in Chicago，he was met at the station by his friends.

②病句：A soldier of proved valor，they entrusted him with the defense of the city.

改为：A soldier of proved valor，he was entrusted with the defense of the city.

③病句：Young and inexperienced，the task seems easy to me.

改为：Young and inexperienced，I thought the task easy.

④病句：Without a friend to counsel，the temptation proved irresistible.

改为：Without a friend to counsel，he found the temptation irresistible.

5.短语、分句的误置

一些修饰短语的位置，尽管从语法角度来说是无误的，但极容易引起误解。除了使自己在写作中引以为戒之外，了解常见的短语误置，还可以提供一些从短语位置分析长、难句的思路。以下是几个短语误置和修正的例子①。

①原句：Inside the grand Dacheng Palace in the middle of the Confucius Temple, musicians will play tunes allegedly refined by Confucius, using antique instruments including the stringed *guqin*.

改为：Inside the grand Dacheng Palace in the middle of the Confucius Temple, musicians *using antique instruments*, including the stringed *guqin*, will play tunes allegedly refined by Confucius.

原句中的 using antique instruments 修饰的显然是 musicians。但置于 Confucius 之后，造成了修饰 Confucius 的误解。

②原句：We should also review our experience frequently and make adjustments in light of the actual conditions when we find problems.

改为：We should also review our experience frequently and, *when we find problems*, make adjustments in light of the actual conditions.

原句中的 when we find problems 旨在修饰 make adjustments，却放在了 conditions 后面。尽管这个误置并不足以造成太大的误解，但将其置于修饰词前，无论从清晰度还是从句子的韵律来看，都好得多。

有时，短语或分句的位置还需要结合前后文来确定。

③原句：Self-practice is important for all of them [students of foreign languages], no matter whether they will take up the career of teachers or serve as foreign relations personnel. Don't interfere with them when they manage to find time for self-practice.

改为：*Whether they are going to go into teaching or work in foreign relations*, it is important for all of them to practice by themselves. Don't interfere with them when they manage to find time to do it.

原句中 whether 引导的分句将联系更为紧密的 Self-practice is important for all of them 和下一句 Don't interfere with them when they manage to find time for self-practice 隔开了，给读者的理解增加了难度。修改后，虽然 whether 引导的分句提前，但是在语法上居于从属地位，而且两句间联系密切的信息在位置上也离得更近了。

① 以下几个例子摘自[美]Joan Pinkham 编著：《中式英语之鉴》，姜桂华校，外语教学与研究出版社 2019 年版，第 247～260 页。

④原句：We are going through a period of war and enemy blockade. Nationwide victory, however, is now a foregone conclusion — and it will not be long in coming .... Of course, we should not close our eyes to the present situation, just as we should not lose sight of the future. At present, we have yet to wipe out the remaining enemy forces.

改为：We are going through a period of war and enemy blockade. Nationwide victory, however, is now a foregone conclusion — and it will not be long in coming .... Of course, *although we should not lose sight of the future*, we should not close our eyes to the present situation either. We still have to wipe out the remaining enemy forces.

原文最后一句强调的是 at present，但离得最近的信息却是 the future，人为地增加了读者理解的难度。修改后的句子不仅使与 present situation 相关的两句话离得更近了，而且通过将 should not lost sight of the future 改为让步状语从句，更加强调了 present situation 的核心信息地位，而这正是原句中作者意图表达却未表达清楚的。

第3章　泛读训练

这一章将以八篇研究、写作均属上乘的文章为例，从易到难地介绍泛读过程中可以采用的技巧。这些技巧包括：跳读、段落间的关系、以语义群为单位的理解、把握文章结构和行文逻辑、识别要点和细节、积极阅读。八篇文章取自全球史、英国史、中国史、法国史、比较史、经济史、性别史、后殖民研究等不同领域，涵盖实证型和理论型等不同文类，在示范阅读方法的同时，有助于开阔学生的学术视野。

这些文章中，有的是期刊论文，有的是专著的前言部分。其中三篇期刊论文均可从数据库 JSTOR 下载。其余五本书可以借助所在高校提供的馆际互借服务，比如中国高等教育文献保障系统（CALIS）、中国高校人文社会科学文献中心（CASHL）、大学数字图书馆国际合作计划（CADAL）获取。阅读本章前，请读者自行下载阅读材料。本章节阅读材料的篇目信息如下。

①Geoffrey Parker, "Crisis and Catastrophe: The Global Crisis of the Seventeenth Century Reconsidered," *The American Historical Review*, vol. 113, no, 4 (Oct., 2008), pp. 1053-1079.

②Christopher Hill, *The World Turned Upside Down: Radical Ideas During the English Revolution*, London: Penguin Books, 1991, pp. 13-18.

③Philip Kuhn, *Rebellion and Its Enemies in Late Imperial China: Militarization and Social Structure, 1796-1864*, Cambridge, MA: Harvard University Press, 1971, pp. 1-10.

④Lynn A. Hunt, *The Family Romance of the French Revolution*, Berkeley: University of California Press, 1992, pp. 1-15.

⑤ Wenkai He, "Credit Crises in the Rise of Modern Fiscal State," in *Paths Toward the Modern Fiscal State: England, Japan, and China*, Cambridge, MA: Harvard University Press, 2013, pp. 24-50.

⑥ Robert Brenner, "The Social Basis of English Commercial Expansion, 1550-1650," *The Journal of Economic History*, vol.32, no.1 (Mar., 1972), pp. 361-384.

⑦ Joan Scott, "Gender: A Useful Category of Analytical Analysis," *The American Historical Review*, vol. 91, no. 5 (Dec., 1986), pp. 1053-1075.

⑧ Dipesh Chakrabarty, *Provincializing Europe: Postcolonial Thought and Historical Difference*, Princeton: Princeton University Press, 2000, pp. 3-23.

每节包含以下内容:阅读文献简介、作者简介、该节阅读材料涉及的阅读技巧、学生就阅读材料撰写的摘要及笔者的评析、笔者撰写的英文摘要示例,以及拓展阅读书单。

就所读文献撰写篇幅在一页以内的摘要,是行之有效的阅读、写作训练。这类摘要(response or reflection paper)的撰写是美国历史学研究生阶段课程作业的主要形式。就所读文献撰写摘要既可以训练学生"读"的功夫,即梳理、归纳、转述文献的能力,又是学术写作训练的有效手段。撰写摘要非常考验学生写作表达的严谨性和精确性。因此,在这一章中,每篇阅读材料的训练部分都包含一篇学生习作和笔者的评析。评析不仅涉及学生的理解是否有误,而且尤其注重学生写作表达的清晰性、精确性。换言之,表达是否有歧义;是否含混,令人不知所云;是否有未定义的概念;是否存在上下文逻辑不清,前言不搭后语等情况。

除了通过评析学生习作的方式示范学术摘要的写作方法,笔者还就每篇文章撰写了英文摘要,为打算自修学术英文写作的学生提供参考。

3.1 跳读

> 阅读材料：Geoffrey Parker，"Crisis and Catastrophe：The Global Crisis of the Seventeenth Century Reconsidered，" *The American Historical Review*，vol.113，no.4 (Oct.，2008)，pp. 1053-1079。

3.1.1 阅读文献简介

早在20世纪50年代，欧洲史学家便注意到17世纪中叶西欧各地不约而同地经历了社会经济危机、革命和动乱。由于这一时期危机所具有的共时性和发生区域的广泛性，欧洲史学家称之为"17世纪普遍危机"。尽管危机主要表现为民众反叛和政权更迭，但其根源很大程度上在于人口与粮食之间的供需矛盾，即危机之前人口的剧增和恶劣气候引起的粮食减产双重因素的叠加。20世纪80年代，这场原本起于欧洲史研究的讨论，其影响延伸到了东亚史领域。有东亚研究者指出，17世纪中叶不仅适逢中国历史上充满了屠戮和灾难的明清鼎革，而且还与日本、朝鲜历史上大范围的政治动荡、经济危机相重合。

本文作者杰弗里·帕克(Geoffrey Parker)从气候这一全新角度重新审视了"17世纪普遍危机"这个学界已经激烈讨论了40余年的话题。更难能可贵的是，作者在强调气候因素的同时，并未落入"环境决定论"的窠臼。文末，作者以具体事例展示了历史当事人的主观能动性、偶然性等因素对危机进程的影响。

本文发表在历史学国际顶级刊物《美国历史评论》(*The American Historical Review*)上。作为美国历史学会(American Historical Association)的官方会刊，这份刊物以审稿严格、发表难度大为国际历史学界所高度认可。

选择这篇文章作为泛读训练的第一课，主要是因为该文论点明确、逻辑清晰、以描述和实证为主，非常适合初学者从中体悟跳读这一英文文献阅读方法。此外，这篇结构比较简单的文章包含大量本书第二部分第2章论及的识别作者的论点、支撑性细节、段落间的逻辑关系，"回应质疑"(responding to anticipated objections)，区分文章的要点和细节等史学英文论文阅读的核心技能，是为在

"实战"中学习、运用这些技巧的入门范例。从写作的角度来说,学习这篇文章的结构、风格、表达,有助于学生体悟优秀论文的特点,并加以模仿、进而徐图超越。

3.1.2 作者简介

杰弗里·帕克,美国俄亥俄州立大学历史系杰出教授。1943 年生于英国诺丁汉。1968 年获得剑桥大学历史学博士学位。1997 年加入俄亥俄州立大学之前,先后在苏格兰圣安德鲁斯大学、加拿大不列颠哥伦比亚大学、美国伊利诺伊大学香槟分校及耶鲁大学任教。主要研究 1500～1650 年欧洲政治史、军事史。在这一领域,他的主要学术著作包括:*The Army of Flanders and the Spanish Road, 1567-1659: The Logistics of Spanish Victory and Defeat in the Low Countries' War* (1972)、*The Grand Strategy of Philip II* (1998)。有关近代早期欧洲研究的其他著作包括:*Europe in Crisis, 1598-1648* (1979)、*The Dutch Revolt* (1977)。最著名的则是 *The Military Revolution: Military Innovation and the Rise of the West, 1500-1800* (1988)。最近出版了 *The Global Crisis: War, Climate, and Catastrophe in the Seventeenth Century* (2013)。该书考察了 17 世纪气候诱发的全球范围内的政治、经济危机以及思想、社会领域的动荡。该书荣获 2014 年军事史学会最佳图书奖。

3.1.3 本节涉及的阅读技巧

1.识别作者的论点

对论点的识别取决于对一篇文章的整体性把握。以这篇文章为例,作者的论述通过小节与小节间的空行清晰地分为以下五个部分。

①17 世纪普遍危机的表征(原文第 1053～1060 页);

②当时的人对危机发生原因的理解(原文第 1060～1064 页);

③20 世纪 60 年代以来自然科学对危机发生原因的解释(原文第 1065～1073 页);

④回应质疑:澄清与"环境决定论"的分野(第 1073～1077 页);

⑤阐述研究的必要性以及现实意义(第 1077～1079 页)。

从文章的宏观结构可以看出,作者的用意在于从气候异常这一新的角度对危机进行“解释”，而文章前面对危机表征的大篇幅“描述”则是为“解释”做出铺垫。因此从论证逻辑来看，第四部分尤为重要，因为对气候这一单一因素的强调很容易引起对作者是不是“环境决定论”者的质疑。在第四部分，作者恰恰回应了这一质疑，在肯定气候因素重要性的同时，提出人的能动性、历史的偶然性等均影响了危机的进程。

2.识别支撑性细节

文章第1～3部分以“描述”为主，因此含有大量支撑性细节。理清支撑性细节所要支撑的“要点”后，便可以尝试对这些部分进行跳读。对前三部分的跳读，可以尝试以下步骤。

①读每段的第一句话(对于段首是转折关系的段落，需要读两句)。

②如果能够理解，便跳读到下一段；如果不能，则再读一下段落的末句；如果首尾两句仍不能够理解，则“扫”一下段中，通过分析段落内部的逻辑关系锁定需要精读的句子。

准确识别支撑性细节，可以帮助我们定位要点、更为准确地把握作者的行文逻辑，实为下面识别段落间逻辑关系的基石。

3.识别段落间的逻辑关系

段落间逻辑关系的清晰有赖于逻辑关联词的恰当使用。以第三部分(原文第1065～1069页)为例，以下是这一部分每段的首句。

① So far, all historians of the general crisis have included “government and religion” in their analysis, but few have considered the impact of the climate.

②In 1967, such pessimism was justified; but over the past forty years, an avalanche of new data has transformed our knowledge of early modern weather and thus the links between climate and catastrophe.

③The size of this “human archive” for the mid-seventeenth century is overwhelming.

④ Combining the two “archives” has enabled climatologists to re-create detailed weather maps for western Europe back to 1659 by month, and back to 1500 by season.

⑤Unfortunately, no similar survey has yet appeared for the 1640s, the decade at the center of the General Crisis, but the natural and human "archives" are both abundant, and they reveal both extreme cold and prolonged drought around the globe.

⑥Europe, too, experienced winters of extreme severity — from Scandinavia to Macedonia.

⑦The 1640s also saw prolonged drought in many areas.

第1～2句指出尽管长久以来气候在17世纪普遍危机的讨论中没有受到应有重视,但1967年新史料的出现恰好在危机和气候间搭建起了联系。第3～5句特别强调了人文材料对于理解气候和危机的重要性,其中第5句是"回应质疑":尽管17世纪40年代的材料大量缺失,但丰富的自然和人文材料足以弥补这个缺陷。第6～7句提供了对于第5句的支撑性证据。因此,从对这一部分段首句子的分析可见,七个段落间的逻辑关系非常紧凑,即虽然危机中关键十年的材料有缺失,但得益于其他材料的补充,足以搭建起气候与危机之间的联系。

4.回应质疑

跳出自己的论述框架,站在读者的角度思考读者可能提出的挑战或疑问,"回应质疑"是使自己的论点更为缜密的重要步骤。下面重点分析这篇文章中一处"回应质疑"的例子。一般来说,作者"回应质疑"的部分值得特别关注,因为在逻辑上,"回应质疑"不仅包含作者对自己论点的澄清或条件限定,而且还内在含有与既有研究进行对话的内容,而这些正是学术综述的核心内容。这个例子出现在原文第1073页。

How, PRECISELY, CAN HISTORIANS LINK the harsh winters, cool summers, droughts, and floods of the 1640s — to say nothing of the sunspot minimum, the volcanic maximum, and the more frequent El Niños — with individual cases of state breakdown such as the revolts of Scotland, Ireland, and England against Charles I, or the collapse of Ming rule in China? We must not paint bull's-eyes around bullet holes and argue that since climatic aberrations seem to be the only factor capable of causing simultaneous upheavals around the globe, therefore those aberrations "must" have caused the upheavals. In several cases, however, the human and natural climatic archives show exactly how extreme weather anomalies triggered or fatally exacerbated major political upheavals.

上述引文中"回应质疑"的表述比较隐蔽。识别其中所隐含的"回应质疑",一方面可以联系上下文,因为这段话之前作者一直在强调气候的重要性,难免会引起作者是不是"环境决定论"者的嫌疑。另一方面引文第2～3句恰形成一个对话。第2句中,作者用一个隐喻说明了自己对"环境决定论"的否定态度。第3句中,作者进一步澄清了自己对环境与政治动乱之间关系的理解:极端气候引发或加剧了政治动荡,而非"环境决定论"所说的单一因素决定论。

3.1.4 学生习作及评析

作者试图对发生在17世纪的世界性危机做出解释。[①]在这百年间[②],全球范围内,出现了大规模民众起义、战争和人口减少[③]。这些灾难、失序和死亡给当时的人造成了强烈的刺激,包括霍布斯在内,当时的人的记述中保存着对这些灾难的印记。[④]然而,这些灾难发生前不久,全球范围内是"人口过剩"的、总体富庶的时代。[⑤]

危机为何突然发生?一些亲历者试图将星象的异常或其他神明的惩罚与这场灾难联系起来。[⑥]只有少数的当时人注意到气候的异常。霜冻和其他异常气候杀死了粮食。极寒天气的出现使人开始怀疑全球性的气温下降。[⑦]

后来的学者证明,气候异常引起灾难的解释是合理的。1967年,新的数据得到整理和总结,研究者将这些数据分为人文和自然两类。包括书面文本、当时人记录的数字、图像信息、考古学和人口学记录四个面向。[⑧]这些资料都证实,不论是因为太阳黑子的活动、火山的爆发还是兼而有之,在17世纪确实存在"小冰期"。[⑨]人类的群体性活动和自然的异常显示出明显的相关性:苏格兰的例子更详细地展示了气候变化加剧宗教、政权与普通民众之间的紧张关系。[⑩]

在本文最后,作者回顾了年鉴史家勒华·拉杜里和马克·布洛赫的观点和这一研究路径的研究史。[⑪]作者提出:研究气候变化与人类历史间的联系,绝不是强行建立"后见之明"的解释。而是为了"快进"——预测可能发生的事情,或者倒退——反思人类在面对灾难时的所做所为。[12]

评析：

①表达太过笼统。在这篇文章发表前，对17世纪普遍危机的研究已经很多了。这篇文章的独特贡献不是“对发生在17世纪的世界性危机做出解释”，而是提供一个从气候出发的新解释。

②此处存在误译。原文第1053页第一句话为“The mid-seventeenth century saw more cases of simultaneous state breakdown around the globe than any previous or subsequent age”。作者所说的17世纪普遍危机发生在17世纪中叶，而非“在这百年间”。

③表述不够精确。原文第1053～1056页，分别谈及政权崩坏（state breakdown）、民众反叛（popular revolts）、战争（wars），但强调的不是笼统的“大规模”，而是频次、数量的空前。比如，第1053页有“*The frequency* of popular revolts around the world also *peaked* during the mid-seventeenth century”。第1056页为“*more wars* took place around the world than in any other era until the 1940s”。第1056页为“throughout the Northern Hemisphere, the mid-seventeenth century witnessed almost unprecedented human mortality”。可见，尽管习作中“全球范围内，出现了大规模民众起义、战争和人口减少”罗列了文章这一部分谈及的危机的几个方面，但转述缺乏精确性。

④这一句对应的原文出现在第1057～1058页。这两页内容的用意在于举出几个亲历者观感的例子来说明17世纪普遍危机的严重性。这两页在全文中的主要作用是“支撑性细节”。因此，在转述时，如果一定要包含某个“支撑性细节”的话，那么就必须说明这个细节用于说明了什么“要点”。

⑤逻辑关系有误。这句和上文的逻辑关系不是转折关系，而是解释关系。对灾难的一种解释是：之前人口过剩，造成需求大于供给。

⑥此处对应的是原文第1060～1062页。在这一部分，作者讨论了17世纪普遍危机的亲历者是如何理解这场危机的发生的，举出的几个解释包括超自然的神力、巫术和外星球现象等。因此，在转述这些内容时，需要特别明确说明这些是历史当事人的理解，而不是后世史家。

⑦此处对应的是原文第1063～1064页，这部分主要讨论17世纪普遍危机中极端天气的表现。这里的不足是：只摘录了原文的只言片语，没有厘清这些

“细节”与全文的逻辑关系。

⑧此处对应原文第1065～1066页。这部分是在说进入20世纪，两类新的数据为从自然变迁的角度理解17世纪普遍危机提供了条件。然而，“书面文本、当时人记录的数目字、图像信息、考古学和人口学记录四个面向”只是作者所说的“人文档案”(human archive)。在第1066页，作者还列举了“自然档案”(natural archive)，包括冰盖、冰川学、孢粉学、树木年代学。

⑨这句的表述非常混乱。“太阳黑子的活动”表述不够精确。太阳黑子怎样的活动？在原文第1070页，作者写道，“solar activity reached the lowest level in two millennia”。因此，应该是太阳活动水平的降低。火山的爆发应该进一步精确到作者所提的“尘罩”现象(dust veils)。这两方面都试图说明17世纪普遍危机爆发的气候原因，这些现象的叠加所造成的极端天气现象，在气象史上被称作“小冰期”(the Little Ice age)。

⑩尽管注意到了苏格兰革命这个案例在文章论证中的重要地位，但这个例子是在说明什么观点？是如何说明的？这些问题需要在摘要中有所体现。

⑪本句表达太过笼统。对应的原文参见第1077页。作者在文章的最后提到勒华·拉杜里是为了说明拉杜里的史学分析虽然非常重视气候这一要素对人类历史发展的影响，但即便有拉杜里的大名，整个北美学界对这一倡议仍回应不足。所以，作者在这里提到拉杜里，实则是在说明学界对气候这一历史的重要影响因素的重视程度不足。

⑫此处对应的原文在第1078页。原句是“We have only two ways to anticipate the impact of a future catastrophic climate change, neither of them particularly precise or entirely reliable. Either we ‘fast-forward’ the tape of history and predict what might happen on the basis of current trends; or we ‘rewind the tape’ and learn from what happened during global catastrophes in the past”。作者的意思是，预测未来可能发生的灾害所带来的影响，有“倒带”和“快进”两种方法，即从过去吸取教训，抑或通过科学手段对未来进行预测。但相比后者，前者也就是从社会科学的角度分析历史上的灾害研究作用还非常有限。因此，此处作者的原意与“后见之明”没有丝毫关系，习作中的转述为误读。

3.1.5 英文摘要示例

The mid-seventeenth century saw simultaneous state breakdown, popular revolts, more wars, and human mortality that were unseen in any other period. The age was so featured by more cases of simultaneous state breakdown around the globe that historians have called it "the general crisis." Parker's essay reignites the old debate by adding the new factor of climate to the established list of explanations.

Parker unfolds the discussion by demonstrating that the general crisis was not only the living experience of the people who went through it but also buttressed by scientific climate studies today. Beyond what the eyewitness accounts of the people at that time could tell, Parker demonstrates that the climate anomalies in the mid-seventeenth century were associated with the abnormal solar activity, El Niño episodes, and other extreme celestial conditions, all of which played a role in dropping the temperatures down to unprecedented low levels. Parker argues that although extreme cold weather is by no means the single contributing factor to individual cases of state breakdown, extreme weather anomalies did indeed trigger or fatally exacerbate major political upheavals (1073). Taking the factor of human agency into full account, Parker demonstrates that contingency, imitation, and intransigence all played a role in shaping the general crisis in Scotland (1075). Last but not the least, Parker calls for serious attention of historians to the role played by climate in shaping the human history, because this "not only sheds new light on an old problem but also offers a rare opportunity for historians to engage with scholars in other disciplines who are concerned with the fate of our planet" (1079).

3.1.6 拓展阅读

1.本节涉及阅读技巧的参考书目

Wayne C. Booth et al., *The Craft of Research*, Chicago: University of Chicago Press, 2008.

[美] John Langan:《大学英语阅读进阶》(第四版),兰翠竹译注,外语教学与研究出版社 2019 年版,第 51~130、175~294 页。

[美] Richard Paul、[美] Linda Elder:《如何进行思辨性阅读》,外语教学与研究出版社 2019 年版。

2. 有关 17 世纪普遍危机的研究文献

H.R. Trevor-Roper, "The General Crisis of the 17th Century," *Past & Present*, no. 16 (Nov., 1959).

William S. Atwell, "A Seventeenth-century 'General Crisis' in East Asia?," *Modern Asian Studies*, vol.24, no.4 (Oct., 1990).

Jack A. Goldstone, "East and West in the Seventeenth Century: Political Crises in Stuart England, Ottoman Turkey, and Ming China," *Comparative Studies in Society and History*, vol.30, no.1 (Jan., 1988).

3.2 泛读中的宏观思维—— 段落间的关系(一)

阅读材料:Christopher Hill, *The World Turned Upside Down: Radical Ideas During the English Revolution*, London: Penguin Books, 1991, pp. 13-18。

3.2.1 阅读文献简介

本节阅读材料是英国著名马克思主义史学家克里斯托弗·希尔(Christopher Hill)的名著 *The World Turned Upside Down: Radical Ideas During the English Revolution* 一书的前言部分。该书揭示,17 世纪中叶的英国革命在孕育了新教伦理,即资产阶级意识形态的同时,威胁到了另一种与之截然不同的激进思想的存在。后者虽然在英国革命和此后的历史过程中被逐渐边缘化，其倡导的共有财产、政治上更为广泛的民主，却有着颠覆新教伦理、建立另一种与资本主义世界截然不同的世界秩序的潜力。书中，作者探讨了17世纪对这一激进思想潮流的兴起产生了重要影响的多个思想派别，尤其关注了资产阶级和无产阶级之间的关系，以及所谓"游手好闲者"在这一思潮中所扮演的角色。该书是20世纪七八十年代英国马克思主义史学写作中从下层民众角度审视社会变迁的代表作。选文逻辑清晰、文笔隽永，用词极简却表述精确、达意，是学习英文修辞、写作的范文。

3.2.2 作者简介

克里斯托弗·希尔(Christopher Hill)，英国著名历史学家。他对英国内战史(1642～1651年)的马克思主义解读深刻影响了几代史学家对于17世纪英国史的理解。希尔毕业于牛津大学，且其职业生涯的绝大多数时间都任教于牛津大学。从20世纪30年代中期一直到50年代中期，他一直是英国共产党党员，此后仍是一名坚定不移的马克思主义者。希尔撰写了20余部著作，在这些著作中，他试图证明17世纪中期英国发生的是一场为资本主义建立开辟了道路的、意义深远的革命。希尔的代表著作包括：*The English Revolution 1640* (1940), *Society and Puritanism in Pre-Revolutionary England* (1964), *The World Turned Upside Down:Radical Ideas During the English Revolution* (1972), *A Nation of Change and Novelty* (1990)。

3.2.3 本节涉及的阅读技巧

在对英文学术文献的理解上，字词、语句等语言层面的理解只是一方面，更为重要的是理解语句与段落间的逻辑关系。从语言层面来说，本节的阅读材料难度并不大。学生在转述过程中常出现的问题包括：遗漏要点；止步于对文章要点的逐条概括，不能做到对选文的融会贯通。要做到对文献的宏观把握，一个重要的途径就是分析段落间的逻辑关系。下面以这篇选文中的几个段落为例说明如何通过段落首句分析段落间的逻辑关系。

以下是从原文第15页最后一段到第17页第二段每段的首句(或段首几句)。

The historical narrative, the main outline of events, is given. .... But the interpretation will vary with our attitudes, with our lives in the present.（第 1 段）

Each generation, to put it another way, rescues a new area from what its predecessors arrogantly and snobbishly dismissed as "the lunatic fringe".（第 2 段）

Historians, in fact, would be well-advised to avoid the loaded phrase, "lunatic fringe". Lunacy, like beauty, may be in the eye of the beholder.（第 3 段）

Moreover, foolery had had a social function in medieval society.（第 4 段）

During the brief years of extensive liberty of the press in England it may have been easier for eccentrics to get into print than ever before or since.（第 5 段）

总体来看,第 1 段说明对历史的解释会随着不同时代的人的观察视角的变化而变化。第 2～4 段则是以该书着重讨论的英国革命中的例子来说明这一点。更具体地说,作者在这三段中举了两个例子:lunatics 和 foolery。尤其是第 4 段中,moreover 提示了 lunatics 和 foolery 在逻辑上的并列关系。第 5 段则从出版审查的角度解释了这一时期激进思想大量涌现的社会背景。因此,这 5 个段落构成了一个完整的意群。读者不应满足于对每个段落孤立的理解,而是应该注意分析段落间的逻辑关系,因为厘清段落间的逻辑关系是以更宏观的"意群"为单位理解全文的基础。

3.2.4 学生习作及评析

作者在第一章"简介"中阐明了自己的观点,即撰写本书的目的是,通过重新论述 17 世纪中期英国资产阶级革命及其激发的大量激进思想,加深学界对英国社会的了解。①

首先,尽管在 17 世纪 40 年代,议会获得了相当多的民众支持,但从革命的长期影响来看,真正从革命中获利的是贵族和商人,而非作者关注的社会另一半普通群体，但这部分人针对时代问题不断提出了自己的解决方案并做出尝试，所以对这一群体加以分析是很有必要的。[②]

后人总是在无意识的情况下倾向于为英国教派的早期历史加上过于清晰固定的轮廓，但事实是，1645～1653年是一个急剧变化的时期，许多旧事物受到质疑，人们很容易在各个不同团体中来回转换，这难以进行简单的概括。[③]我们将17世纪中叶英国的两次革命[④]看得过于简单，这种革命可能已经催生了公共财产，这代表政治和法律机构中更广泛的民主，还可能已经破坏了国教并重新建立了新教徒的道德规范。每代人都在对历史提出新的问题，随着社会的发展，我们得以从全新的视角去看待掘土派和其他叛逆者，以及17世纪其他许多敢于拒绝向权威屈服的思想家。[⑤]对历史的解释会随着我们的态度和我们现在的生活而变化，所以重新解读历史不仅是可能的，而且是必要的。对历史学家来说，最好不要在17世纪的人们认真对待的所有思想中都试图寻求理性意义，如果我们因为这些想法对我们而言不合理而将其驳回，那么我们可能失去对社会的宝贵见解。[⑥]比如那些在历史上被判定为异端的“疯子”，可能比拒绝他的社会更加理智，愚人的存在也具有其社会功能等。

最重要的是，1641～1660年，宽松的审查制度和新闻自由导致了大量包含激进思想的出版物的出现。[⑦]研究这一独特时期呈现出的信息，即通过研究英国大革命期间出现的一些较不常规的想法，可能会发现那些并不起眼的人能够更加直接地向我们讲述历史的真相。[⑧]

评析：

①这句话太过笼统。从什么方面加深对英国社会的了解？为什么这个选定的方面可以加深对英国社会的了解？类似“阐明了自己的观点”的表达实为空词无物。

②这段话是对原文第13页一个句子的机械翻译。“Although there was considerable popular support for Parliament in the 1640s, the long-term consequences of the Revolution were all to the advantage of the gentry and merchants, not of the lower fifty percent of the population on whom I try to focus attention.”这句话的目的是自别于英国革命史的既往研究，即既往研究侧重的是革命中的重大政治事件，而作者的研究则打算专注于小人物，这层意思在转述中应该着重突出。

③这句话是对原文第 14 页第一段的误读。首先，在这一段中作者并不是仅仅在谈教派的界限不能划得过分清楚，原文为"Indeed it is perhaps misleading to differentiate too sharply between politics, religion, and general scepticism"，即包括政治、宗教和怀疑主义在内的各种思想流派。其次，这句话仍然落入了"机械翻译"的窠臼，基本上是对以下这句话的直译：

> We know, as a result of hindsight, that some groups — Baptists, Quakers — will survive as religious sects and that most of the others will disappear. In consequence we unconsciously tend to impose too clear outlines on the early history of English sects, to read back later beliefs into the 1640s and 50s.

这句话不是结论，而是作者的分析过程。因此，对这段话的转述需要意译。这段话实际在说：由于历史的后见之明，我们极有可能根据已知的结果倒推，过滤掉那些后来证明是"失败"的可能性，忽视了在历史的语境中，每一种可能性都有被实现的可能。

④本句反映了学生对第 15 页第一段的理解不够充分。这里没有解释何为 17 世纪中叶"英国的两次革命"。所谓 two revolutions，并不是说 17 世纪中叶的英国真的发生过两次革命，而是说这场革命可以采取"自上"和"自下"两种角度来理解。一种是常见的角度，即以私有财产权、新教伦理等的建立为标志。另一种则是既往研究所忽略的，即以公社财产和更广泛民主的建立为标志，这些恰恰是后来成为主流的意识形态的反面。

⑤ 这里段落安排不妥当。以本句为界，后面另起一段。

⑥ 本句不仅没有澄清文义，还打乱了原本顺畅的前后文关系。在逻辑上，这句话应该解释上一句，即为什么"重新解读历史不仅是可能的，而且是必要的"。而最好的解释应该是原文第 16 页的两个例子，即对 lunacy 和 foolery 的解读。因此，这句话应该删掉，相应的，后面一句应当进一步扩充。

⑦ 本句表述不够精确。宽松的新闻审查制度并没有"导致了"大量包含激进思想的出版物的出现，而是前者为后者创造了条件。文中谈新闻审查制度的目的在于指出这一时期的政治、社会环境为激进思想的出现创造了条件，为学者研究激进思想留存了大量材料。

⑧ 表述含混不清。这一时期为何"独特"？"独特"指的是什么？什么叫"一些较不常规的想法"？"常规"指的又是什么？"并不起眼的人"为什么能够"更加直接地向我们讲述历史的真相"？

3.2.5 英文摘要示例

In this article, Hill examines the radical ideas in mid-seventeenth century England, and through it tries to answer the ways in which common people reshaped the English society according to their own expectations. Hill argues that in the mid-seventeenth century, there were in fact two revolutions in England. Thanks to mainstream narratives on English revolution that highlight the role of dominating capitalist class, we have known quite well the one characterized by the establishment of the rights of property, the propertied gaining political power, and the triumph of the ideology of the men of property. The other revolution, although never happened, had the potential to turn the world upside down in the sense that its unrealized propositions of "communal property, a far wider democracy in political and legal institutions, might have disestablished the state church and rejected the protestant ethic" (15). Hill adds that the reinterpretation of history is not only possible but necessary, because even though what happened in the past is given, the interpretation of it "will vary with our attitudes, with our lives in the present" (15). For example, lunacy and foolery were as such only "in the eye of the beholder" (16). In other words, the lunacy may be "a form of protest against social norms," and foolery may function as "a safety valve" to release social tensions (16). Hill's Marxist view is especially reflected in his insight on the relationship between ideas and society that while ideas "influence societies," "they reveal the societies which give rise to them" (17). The "from-below" research approach, as Hill writes, provides "deeper insight into English society than the evidence permits either before 1640 or after 1660," because the two decades in between was a special period with unique liberty for circulating subversive ideas (18).

3.2.6 拓展阅读书单

E.P. Thompson, *Customs in Common: Studies in Traditional Popular Culture*, New York: The New Press, 1993.

E.P. Thompson, *The Making of the English Working Class*, London: Vintage, 1966.

Peter Linebaugh, *The London Hanged: Crime and Civil Society in the Eighteenth Century*, London and New York: Verso, 2006.

3.3 泛读中的宏观思维——段落间的关系(二)

阅读材料：Philip Kuhn, *Rebellion and Its Enemies in Late Imperial China: Militarization and Social Structure, 1796-1864*, Cambridge, MA: Harvard University Press, 1971, pp. 1-10。

3.3.1 本单元阅读文献介绍：

本节阅读材料为孔飞力(Philip A. Kuhn)的成名作《中华帝国晚期的叛乱及其敌人:1796-1864年的军事化与社会结构》的前言部分。围绕太平天国时期湘军、淮军等基于保甲、里甲的地方武装组织,作者挑战了当时颇为盛行的“西方冲击,中国回应”、以“外因”为近代中国形成的根本动力的观点。作者指出,鸦片战争远不是近代中国的起点,因为鸦片战争没有从根本上动摇中国地方社会中以科举制为纽带、士绅与国家相连结的基本社会结构。这一着眼于传统中国社会韧性和延续性的研究,极大推进了有关中国传统社会向近代转型问题的探究,即将侧重点由“短时段”的西方入侵转到“长时段”的基层社会变迁这一深层因素上来。因此,不仅近代中国起始点不应局限于鸦片战争这样的外来冲击,而且传统社会的终点也未必是中国最后一个帝制王朝清朝的灭亡。因此,孔飞力对中华帝制晚期的研究,尤其侧重对传统中国社会结构以及这一结构与国家间关系的演变历程的分析。这一研究路径也深刻影响了他的学生杜赞奇(Prasenjit Duara)。杜赞奇的代表作《文化、权力与国家:1900—1942年的华北农村》(*Culture, Power, and the State: Rural North China, 1900-1942*)一书提出的“权力的文化网络”体现的正是对清末民初中国乡村运作模式的深入探索，其侧重探究传统中国在强大社会变革面前表现出的韧性，与孔飞力的研究可谓一脉相承。

3.3.2 作者简介

Philip A. Kuhn (1933～2018)，生于英国伦敦。1954 年在哈佛大学获学士学位。在伦敦大学亚非学院学习一年后，他参军服役，在此期间开始学习汉语。在乔治城大学获得硕士学位后，他投入哈佛费正清(John King Fairbank)、史华慈(Benjamin Schwartz)门下研究中国历史。1978 年开始任教于芝加哥大学。本节阅读材料取自孔飞力根据其博士论文修改而成的第一部专著：*Rebellion and Its Enemies in Late Imperial China: Militarization and Social Structure, 1796-1864*。孔飞力还是新中国成立以后最早利用北京故宫档案进行研究的美国学者之一。孔飞力的著作还包括：*Soulstealers: The Chinese Sorcery Scare of 1768* (1990)，基于他在法兰西学院演讲而成的 *Origins of the Modern Chinese State* (2003)，以及 *Chinese Among Others: Emigration in Modern Times* (2008)。

3.3.3 本节涉及的阅读技巧

1.行文逻辑

不少学生习惯于按照段落的先后顺序阅读，更有甚者，逐字逐句地从第一个词读到最后一个词。这是一种“被动”阅读法，不仅阅读速度慢，而且采用这种方法阅读的学生常常陷入文中的细节，无法对文章形成融会贯通的宏观理解。在对历史学英文论著的理解中，宏观逻辑的重要性往往大于细节。对本节阅读材料的分析可以很好地说明宏观理解文献的行文逻辑的重要性。下面以选文第 1～5 页为例。

以下要分析的是本节所选专著前言的第一部分，前言的标题为：“Local Militia and the Traditional State”，第一部分的标题为：“The Boundaries of Modern History”。首先需要思考：既然作者要讨论的是地方团练组织和中国传统国家，那么，为什么要首先讨论近代史的边界问题。

原文第1～2页，作者分析了“外因说”的合理性。更具体地说，除非在未受任何外来冲击的条件下，中国传统社会仍然能够自主地向现代转型，否则西方的外来冲击必然在中国走向现代的进程中起到了至关重要的作用。如果将“外因”作为中国社会由传统向近代转型的主要动力，那么近代的起点便应该是鸦片战争。此外，传统中国转向近代还有一个本质特征，即传统社会和国家无法继续沿着旧的模式重建自己，这一点并不因演变动力是“外因”还是“内源”而有本质区别。

原文第3～5页，作者笔锋一转开始讨论中国历史朝代的周期性更迭，由此引出对士绅这一阶层的讨论。这四段话涉及的内容为中国史学生所熟知，并不难理解。简言之，科举制度将士绅与传统国家联系在了一起：一方面，士绅阶层为传统国家源源不断地提供官吏；另一方面，士绅参与地方治理，成为国家与社会联结的纽带。

从整体上理解这一部分的关键是第5页的第二段。这一段的首句是：“The stability of China's political institutions, then, had deep roots in her social system; and it is this that leads us to doubt that the ‘modern’ period of China's history can be demarcated by largely external events.”。这句话很鲜明地揭示了作者的立场是反对“外因”说。传统中国政治制度奠基于社会组织这一事实说明，尽管西方外来冲击加速了传统国家的崩坏，但传统国家解体的原动力在于传统中国社会制度的瓦解。

将第1～5页的内容作为一个完整的意群来理解，可以更清晰地看出，第1～2页对于“外因”说的讨论是分析反对方的合理性，有一种“姑且说”的逻辑在里面。作者真实的立场是“内因”说。宏观理解能够帮助我们正确识别作者的观点、立场，识别要点和细节。

2.理解作者的意图

阅读史学研究文献，不能仅仅满足于看懂作者说了什么，还应理解作者为什么这样说，换言之，还需分析作者这样说的用意是什么。这样一种超越文本的字面义、探究文本意图的阅读意识，正是正确区分要点和细节的题中应有之义。下面以原文第3～4页中作者对gentry和elite的术语定义为例，分析这三段细节性讨论所服务的论述意图。

围绕士绅这一概念，第3～4页两个段落中出现了大量加引号的术语。比如第 3 页，作者提到了张仲礼认为士绅包含科举考试中所有取得功名的人；还提到了鉴于生员偏低的品位，何炳棣将这个群体排除在了士绅这个概念范畴之外。第 4 页，作者将 elite 分为三类——national elite、provincial elite、local elite；此外，作者还提到了 gentry 这个概念。不少学生注意到了以上概念的分类，却很少思考以下问题：作者为什么将 elite 分成这三类？在使用了 elite 这个概念后，为什么后文又提到 gentry？gentry 这个概念的出现，用意何在？

第 3 页末尾，作者解释了为什么无论是张仲礼的定义还是何炳棣的，都未能做到与历史的实际语境相契合。他写道：

> To my purposes neither of these views is entirely applicable: neither is quite successful in relating status to the context in which it is recognized, or power to the context in which it is wielded. I shall therefore work toward a broad functional definition of an "elite" segmented according to its power and prestige on various scales of organization.

由这句话可知，作者之所以将 elite 按照科举考试中取得功名的等级进行分类，是因为不同等级的精英对社会施加影响力的范围不同。

第 4 页，作者进一步解释了使用 elite 这个概念对于 gentry 这个范畴具有补充作用：

> Thus I shall occasionally use the borrowed tag "gentry" to refer to degree holders in general; but my working analysis of the "elite" will distinguish the scales of organization at which such persons enjoyed status and wielded influence, and will also recognize that, at the local level, commoners might exercise powers that were in some cases hardly distinguishable from those of degree holders.

换言之，gentry 泛指所有获取功名者；elite 则不仅包含了功名等级较高而获取官位者，而且还囊括了虽然功名等级不高，但在地方社会治理中发挥了重要作用的精英阶层（正是这个阶层发挥了连结国家与社会的关键纽带作用）。

简而言之，作者引入 elite 这个概念，意在将功名偏低的士绅囊括进自己的讨论，这个群体是既往研究中 gentry 这个概念所无法涵盖的。

3.3.4 学生习作及评析

以往学者倾向于认为,中国社会[①]发生决定性变革的决定性原因是外在因素,即西方的入侵,因此鸦片战争被视为中国近代史的开端。但作者认为,中国近代史应该以中国历史发展脱离王朝循环的老路,发生了社会、思想的基本变化为开始标志。因此其开端应不早于太平天国结束的1864年。

中国政治制度的长期稳定与地方社会的长期稳定是相关的,士绅是这种稳定性的重要原因。[②]按照影响力的大小,士绅可以被分为全国性的、省级的和地方性的。[③]他们既是社会领袖,又是官吏的来源,因此可以协调社会和官僚的利益。[④]长期以来,它使中国政治制度得以经受住各种挑战。[⑤]从18世纪中叶以来,这一情况已经受到了挑战。[⑥]但是最为严重的挑战还是19世纪以来国内的叛乱。[⑦]尤其是太平天国起义,暴露了清朝军队的"虚弱"。为此清廷不得不向地方求援,依靠地方军事力量平定叛乱。这一方面说明了地方精英仍有力量;但另一方面,当地方精英自身的弊病暴露出来时,传统的政治社会体制就再也无法延续,中国因此才算进入了近代。

作者试图考察19世纪中国社会逐渐军事化情况下将精英和国家利益相连的机制。[⑧]他指出,长期以来满清统治者极力把军事力量全盘置于自己的控制之下,并限制其势力。然而清朝中后期的社会变革催生了众多不受中央控制的地方军事力量,作者想说明,这些力量依据当时的政治社会组织形式而形成,同时成了1864年之后中国衰落的原因。[⑨]

评析:

①此处转述有误。这一部分的标题是"the traditional state",即传统国家。原文第1页首句中出现的对应词是traditional Chinese society。因此,"中国社会"转述不确。作者论述的要点不是中国社会的转型,而是传统中国社会向近代的转型。

②这句话虽然对原文有一些意会,但表述极不精确。"中国政治制度的长期稳定"和"地方社会的长期稳定"表述有歧义。事实上,并没有所谓的政治制度或地方社会的"长期稳定",相反,中国历史上充满了周期性的动乱和战争。要做到对这层"意会"的精确转述,需要参考原文中以下两句话:

> Despite our best efforts to liberate ourselves from dynastic cycle historiography, certain of its assumptions seem to remain with us: particularly that which relates the long-term stability of Chinese political institutions to factors of continuity in local society. (第 3 页)
>
> The stability of China's political institutions, then, had deep roots in her social system. (第 5 页)

由此可见,不是"中国政治制度"或"地方社会"的长期稳定,而是通过科举制度将中国传统国家与传统地方社会相连结的政治—社会结构的长期稳定性。

③本句对应原文第 3～4 页,作者对中国传统地方社会通过科举选拔进入官僚政府的身份阶层做出了定义和分类。梳理这两页内容的重中之重是,分析作者不同意费孝通和何柄棣的定义的原因,以及作者所提出的分类法与全书中心论点之间的联系。第 4 页,作者详述了他对"精英"(elite)的定义是功能性的(functional definition),将"精英"进一步分为全国、省、地方三级,尤其可以充分涵盖那些没有获得进入中央政府任职资格,但在地方上仍然发挥重要组织、领导作用的"精英"群体。

④这句话的最大问题是:在转述原文的时候,没有认真核对原文。这句话对应的原文是第 5 页:

> The interconnections between the two segments of the gentry meant that serious clashes of interest between bureaucrats and local communities could be resolved with a minimum of conflict; and that the bureaucratic system as a whole, socially and intellectually embedded in the elite, could ride out periods of storminess on the upper levels of state affairs.

因此,这里强调的不是全部的"精英"群体,或是习作中模糊表述的"他们",而是上层"精英"和下层"精英"间的联系,这种联系可以减少官僚与地方社会之间的冲突。正是由于官僚体系厚植于传统地方社会组织,政权才可以安然渡过上层政治的动荡时期。

⑤本句表述有歧义或与事实不符。首先,"它"具体指的是什么?其次,传统的国家—社会结构并没有使中国政治制度经受住各种挑战,事实上,漫长的传统社会时期,政治、经济、战争、自然灾害等挑战不断。或许习作者的意思是:

传统中国政治制度的韧性极强，在各种挑战的冲击下，具有了极强的自我调节能力。

⑥表述不清。具体什么情况？受到了什么挑战？

⑦此处的转述对应的是原文第5～6页。习作所说"但是最为严重的挑战还是19世纪以来国内的叛乱"存在很多问题。比如，这里所说的"挑战"的严重程度如何界定？为什么19世纪以来国内的叛乱是最大的挑战？这个表述本身不仅充满歧义，而且作为一个含有"最"的句子，该句没有揭示"最"的界定标准和理由。

⑧这句话有诸多歧义。首先，什么是"军事化"？如何定义文中的"militarization"？其次，对于"将精英和国家利益相连的机制"，他们通过什么相连？如何相连？

⑨此处两句话的表述太过随意，缺乏必要的组织。比如，长久以来地方精英并非中央政府的敌人，而是恰恰相反，是中央政府与地方社会的纽带。因此，中央政府不是竭力"控制"地方精英，而是通过科举制巧妙地将精英包容进政权。再比如，地方精英的影响并非1864年之后中国衰落的原因，作者只是说，从这种传统国家—社会结构的稳定性来看，传统社会的崩坏不应早于太平天国结束的1864年。

3.3.5 英文摘要示例

The way that we understand how the boundary of modern Chinese history is drawn, as Kuhn claims, reflects not only "our characterization of the period we are dealing with" but also " our identification of historical motive forces" (1). Kuhn believes that adopting the opening of the opium war in 1840 as the beginning of modern history is flawed, because it cannot explain if China's modern period indeed starts from forces solely exogenous to Chinese society, and why the Chinese state thereafter failed to rebuild itself along traditional lines (5). Kuhn argues that the long-term stability of Chinese traditional state was closely associated with the remarkable stability of the constitution of the local society. Situated between the state and the local community, and conciliating between the two was the elite. Gaining status through the civil service exam and making active presence in all levels of administration, the elite played a vital role to resolve conflicts between the state and the society, making possible the long-term stability of Chinese traditional political institutions. Kuhn argues that the elite's identification with the state and their own cohesion were crucial to the maintenance of the Qing rule during the Taiping civil war. However, as Kuhn also argues, although having played a crucial role to help suppress the court's formidable enemies, the elite-led militia had grown so influential in the local governance that the court was alarmed by its threat. As it turned out, the Qing court survived the challenge at the price of the rise of provincialism and the waning of the centralized state power. Thus, as Kuhn suggests, the traditional state-society structure is one cause of both the Qing government's victory of 1864 and its "irretrievable decline thereafter" (10).

3.3.6 拓展阅读书单

Philip A. Kuhn, *Soulstealers: The Chinese Sorcery Scare of 1768*, Cambridge,MA: Harvard University Press, 1990.

Philip A. Kuhn, *Origins of the Modern Chinese State*, Stanford: Stanford University Press, 2003.

Philip A. Kuhn, *Chinese Among Others: Emigration in Modern Times*, Rowman & Littlefield Publishers, 2008.

Prasenjit Duara, *Culture, Power, and the State: Rural North China, 1900-1942*, Stanford: Stanford University Press, 1991.

3.4 泛读中的宏观思维——以语义群为单位的理解

阅读材料：Lynn A. Hunt, *The Family Romance of the French Revolution*, Berkeley: University of California Press, 1992, pp. 1-15.

3.4.1 阅读文献简介

本节选文为林·亨特(Lynn Hunt)的代表作《法国大革命时期的家庭罗曼史》(*The Family Romance of the French Revolution*)的前言部分。本节选文以法国大革命中处决路易十六这一标志性的政治事件为入手点,探究了旧政治威权被打破后政治合法性缺失带来的社会焦虑,从社会集体心理的角度深入剖析了大革命后新秩序建设的长期性和复杂性。该书最为突出的特点是在描述大革命的材料中探寻其中所隐含的包括父权、男权在内的家庭关系话语,并通过这些话语所反映的家庭威权关系的变化探究大革命后政治秩序建设的变迁进程。正是得益于这一独到的理论框架,作者创造性地使用了既往法国大革命史研究并未充分使用的版画、小说、绘画,乃至色情文学作品等新史料,并对这些史料蕴涵的权力关系进行了"话语分析"。该书被广泛推崇为"新文化史"的典范之作。

本节选文阅读难度较大,理解本节选文的难点主要集中在以下三个方面。首先,对作者行文逻辑的整体把握,即理解作者如何从对一个问题的讨论过渡到另一个,要点和要点间的关系是什么。比如,不少学生即便能够准确概括出弗洛伊德和勒内·吉拉德(Rehé Girard)的观点,却分析不出这两个观点之间的联系。其次,对原文第14~16页史料运用和史料分析方法的概述。很多学生能够概括出作者对非常规史料的运用是该研究的特色之一,但看不出作者的方法论是如何与作者的论点契合在一起的。最后,毫无疑问"family romance"这一概念是这篇选文的要点。然而,非对选文整体有一个精确、全面的把握,无以精准地为这一概念给出定义。不少学生只是简单将其译为"家庭罗曼史",并没有解释这个概念的由来和含义。

3.4.2 作者简介

林·亨特生于1946年,是当代美国最富盛名的历史学家之一、杰出的法国大革命史和史学理论研究学者,加州大学洛杉矶分校历史系 Eugene Weber 讲席教授。1967年获卡尔顿学院(Carleton College)学士学位,1968年和1973年分别获斯坦福大学硕士和博士学位。先后任教于加州大学伯克利分校(1974~1987)、宾夕法尼亚大学(1987~1998)、加州大学洛杉矶分校(1998~至今)。其研究专长为法国大革命、社会性别史、文化史与史学史。其主要著作有：*Revolution and Urban Politics in Provincial France：Troyes and Reims，1786-1790*（1978）；*Politics，Culture，and Class in the French Revolution*（1984）；*The New Cultural History*（1989）；*Eroticism and the Body Politic*（1991）；*The Invention of Pornography：Obscenity and the Origins of Modernity，1500-1800*（1996）；*Inventing Human Rights：A History*（2007）；*Measuring Time，Making History*（2008）；*Writing History in the Global Era*（2014）。

3.4.3 本节涉及的阅读技巧

宏观理解这篇选文主要有两个难点。首先，如何理解标题"The Family Model of Politics"？其次，文中提到了埃德蒙·伯克、弗洛伊德、勒内·吉拉德，他们的观点之间存在怎样的联系？作者引用这些观点的用意何在？对第一个问题的解答又取决于第二个问题的理解。

理解这篇文章的要点在于注重段落之间、观点之间的逻辑关联。从这个意义上来说，本节与前两节讲述的技巧具有连贯性。然而与前两节不同的是，本节将侧重于"语义群"这一更大的意义单元，着重探讨"语义群"之间的逻辑关联对于准确理解文献的重要性。"语义群"之所以重要，是因为一些段落围绕一个主题展开，作为一个整体服务于文章的论述目标。这就要求学生除了要做到前两节所讲述的理解段落之间的逻辑关系之外，还要设法识别"语义群"，理解"语义群"之间的逻辑关联。

具体到这篇选文，尽管不少学生能够理解伯克、弗洛伊德、吉拉德部分分别说了什么，但难点在于理解作者引用这些观点的用意，尤其是理解这些观点之间的关系。

作者关于伯克观点的讨论出现在原文第3～4页。第3页，作者用下面这个句子引出了对于伯克观点的讨论：

> No one understood better than the English critic of the Revolution，Edmund Burke，the connection between filial devotion and the willingness of a subject to obey.

在这个句子之前，作者提到19世纪的文献中可见这样的论述：孩子对父母天然的敬重与臣民对君主的服从密切相联。伯克的贡献正是从个人情感(private sentiments)的角度解释法国大革命中的弑君举动对于传统政治服从(political obedience)的家庭情感基础的冲击。从这个意义上来说，大革命后新政权社会秩序的重建注定是一个漫长、充满挑战的过程。

作者对弗洛伊德观点的讨论集中出现在第5～9页。第5页，作者引出弗洛伊德的语境是她对"契约理论"(contract theory)的批判。作者指出，"契约理论"将家庭、男女关系视作公共领域之外的私领域问题，而弗洛伊德在《图腾与禁忌》一书中则搭建起了家庭中父子、男女之间的不平等关系与社会、政治权威之间的联系。在这一点上，弗洛伊德与前文讨论的埃德蒙·伯克有异曲同工之妙。在第8页的这段话中，作者直白地说明了自己引入弗洛伊德观点的用意：

> I find Freud's analysis in *Totem and Taboo* suggestive because it sees a set of relationships as being critical to the founding of social and political authority: relationships between fathers and sons, between men, and between men and women. In addition, Freud's own need to write a myth of human origins demonstrates the centrality of narratives about the family to the constitution of all forms of authority, even though Freud's account cannot fruitfully be read as an analysis of an actual event in prehistory or as a rigid model for social and political relationships.

第8页随后一段中，作者对一个将弗洛伊德用于史学分析的质疑进行了澄清。这一段不仅是逻辑上的"回应质疑"，而且是作者对引入弗洛伊德讨论的用意的进一步说明：

> I am interested rather in the ways that people collectively imagine — that is, think unconsciously about — the operation of power, and the ways in which this imagination shapes and is in turn shaped by political and social processes. Central to this collective imagination are the relations between parents and children and between men and women.

把上面两处放在一起可见：在作者的分析中，弗洛伊德观点的意义在于搭建起了家庭中的父权、男权与政治权威形成之间的潜意识层面的联系，前者正是后者政治集体想象的一个基础。

作者对于吉拉德观点的讨论出现在第10～12页。吉拉德观点的贡献在于指出，"仪式性牺牲"（ritual sacrifice），从根本上说，并不是关于弑父和乱伦，而是群体掩盖自身暴力的一种方式。因此，大革命中处死路易十六可以视作暴力的仪式化，后者的作用在于在群体中重新建立边界、秩序，尤其是男女性别间的边界，目的是维系以男权为主导的社会秩序（第10页）。在这个意义上，路易十六被解读成了法国社会摆脱自身罪恶感（guilt）的替罪羊。因为只有具备崇高地位的替罪羊才能实现群体救赎，于是国王成为替罪羊的合适人选（第11页）。

在理解了吉拉德的观点后，学生还需要进一步思考作者为何讨论吉拉德的观点，以及这部分讨论如何服务于文章的整体论述。作者在第11页末尾这样写道：

> It is not enough, however, to replace Freud with Girard. In the French Revolution, the king was victimized for several reasons; he may have been a great culprit and hence a monstrous double of the community, but he was also the father. So, in a sense, I want to have it both (Freudian and Girardian) ways. The French Revolution is a drama about conflict between father and sons *and* about the threat of violence to the community.

可见在作者的论述中，吉拉德和弗洛伊德的观点是平行并列关系，这一点清晰地表现在 have it both ways 和其后加斜体的 and 上。

作者对吉拉德观点的采纳也并非无条件的，而是有所保留。这一点体现在第12页作者对于女性地位的讨论。在吉拉德那里，女性是被动的，仍然不过是男性欲望的对象，处于从属地位。而在第12页作者指出：

> It is one of my aims here to redress that balance, to insist that women were viewed as threats because they could act and not just because they were convenient figments of the male imagination.

在集体的政治想象中，作者认为无论是弗洛伊德还是吉拉德都忽视了女性的能动性。因此,当读到吉拉德部分作者对女性的讨论时,需要结合第7页作者在弗洛伊德部分对女性的讨论,以期对文章获得一个前后贯通的宏观认识。

在厘清了几个主要"语义群"之间的逻辑关系后,标题"The Family Model of Politics"的含义问题也就迎刃而解了。首先,政治权威原本就以家庭中的父权为样板,这使得在集体政治想象中从家庭隐喻透视政治变迁的分析方法成为可能。其次,选文特别关注了大革命中处死路易十六这一政治行动,弗洛伊德的理论为读者理解这一政治行动尤其是这一行动背后的社会心理提供了一种解读。换言之,围绕大革命中的弑君举动,"family model"被进一步具化为俄狄浦斯情结中的父子冲突。这种家庭与政治间的关联从社会心理重建的角度深刻揭示了伯克所说的大革命后新的政治合法性、公民政治服从重建的长期性和艰巨性。吉拉德的观点则为理解大革命中的弑君举动提供了一个弗洛伊德理论无法解释的方面。

尽管文章通常出于通顺、连贯的考虑,不会在"语义"之间做进一步的结构上的区分,但"语义群"现象普遍存在,这就意味着读者在把握段落间逻辑关系的基础上,应该进一步分析哪些段落可以视作一个"语义群","语义群"之间又存在怎样的联系。真正读懂一篇文献,不仅在于读懂"语义",更在于读懂"用意",即作者提到某个观点、某个信息的用意何在,服务于怎样的论述目的。

3.4.4 学生习作及评析

处死路易十六是法国大革命期间最为重要的政治事件,因为国王是旧秩序的核心,处死国王象征着社会秩序的更迭。① 在新旧秩序的更迭中,私人情感与公共政治之间的连接是保证新秩序稳定的重要因素,却被大部分革命者忽视,他们认为男女之间的家庭关系应当从公共领域中分离,并试图确保女性继续从属于男性。② 作者从人际关系与社会和政治权威的角度出发,探讨父母与儿童、男女之间的集体想象与权力运行的关系。③ 作者吸取了弗洛伊德父权至上的理论和吉拉德人民消除罪恶感的理论,认为法国大革命兼具父与子及社群对暴力的恐惧两方面特性,同时试图矫正这两位心理学家对女性作用的忽视,认为女性不仅能够影响男性之间的关系,而且具有主动参与的能力。④ 法国革命者曾主动提及的博爱(fraternity),在革命中有各种各样的关于性心理(psychosexual)的象征,可以从中对家庭浪漫进行解读。⑤ 由于资料来源繁杂,包括小说、戏剧、画作，且作品不会直观展示权力形象，加上技术限制，这些为精神研究角度带来了一定难度。⑥作者将在家庭和政治之间不断转换视角，因为它们相互连接。⑦

评析：

①本句转述较为准确，但并不完全精确。此处对应的是原文第2页：

> Revolutionaries and royalists alike considered the king the head of the entire social order, even though the political position of Louis XVI had been undermined in some respects before 1793, perhaps even before 1789.

以及第3页：处决国王，事实上造成了一个“sacred void”。作者的本意是：处决国王的象征意义在于，旧权威的崩坏造成了政治合法性的真空，并非习作中所说的“社会秩序的更迭”。

②这句话不仅内部逻辑混乱，而且存在对于原文的诸多误读。首先，习作中的“在新旧秩序的更迭中，私人情感与公共政治之间的连接是保证新秩序稳定的重要因素”对应的是原文第4页的“My analysis in the following pages is much influenced by Burke's fundamental insight into the interweaving of private sentiments and public politics”。这句话中，作者介绍了她的分析方法，即通过分析“私人情感”尤其是法国大革命中有关“家庭罗曼史”的隐喻，为研究政治提供新的见解。换言之，作者在此处试图说明自己的分析方法，而不是在情感和政治之间做出选择。其次，习作中的“却被大部分革命者忽视，他们认为男女之间的家庭关系应当从公共领域中分离，并试图确保女性继续从属于男性”，存在误读：不是被大革命时期的人忽视，而是当时人的无意识、参与者的潜意识；不是将家庭关系从“公共领域中分离”，而是在旧秩序的家庭想象崩坏后，建构新的对家庭秩序的想象。

③这句话虽然把握住了集体想象和权力之间的关系这一要点，然而表述仍然不够清楚。什么叫“从人际关系与社会和政治权威的角度出发”？这句话没有解释为什么有关父母与儿女之间、男人与女人之间等权力关系的想象，可以成为研究法国大革命时期社会心理的一个切入点。

④表述过于含混。“弗洛伊德父权至上的理论”和“吉拉德人民消除罪恶感的理论”分别是什么？作者引用这两个理论的目的又是什么？

⑤这句话不仅本身是一个病句，而且表述非常含混。首先，这句话的主语

不清。其次，作者对博爱(fraternity)这个概念的讨论，用意何在？“各种各样的关于性心理(psychosexual)的象征”具体指的是什么？怎样定义“家庭浪漫”这个概念？为什么“博爱”和其他性心理的象征是对“家庭浪漫”的解读？

⑥本句对应的原文出现在第13～15页，作者在此处介绍了进行这一研究使用的材料，以及采用的分析方法。这里进行概括的要点不是作者进行这一研究的难度所在，而是作者如何解决了这些史料层面的难题。这一部分中尤其重要的是作者提出的“革命话语”(revolutionary discourse)分析。

⑦这句话翻译得过于机械。这里对应的是选文第15～16页：

> I will be moving constantly between the familial and the political, on the grounds that they are interconnected; and I will be shifting back and forth through a variety of sources, on the grounds that they tell a set of interrelated stories about the founding of a new political and social order.

这句话出现在前言最后一段，本身便是作者对自己研究方法的一个极好总结。对这句话的转述不能止步于“家庭”和“政治”材料参互这个层面，还应结合前文点明这种研究方法何以可能。

3.4.5 英文摘要示例

In this introduction, Lynn Hunt argues that the French revolution of 1789 created a period of great social anxiety not only because it relinquished the old political authority without instantly establishing a new one but also because the very act of killing the king threatened to dismantle the patriarchal authority which in collective imagination was the ideological foundation of French kingship. Hunt suggests that a thorough understanding of the French revolution requires not only a literal reading of materials but also a discursive one, because the latter in particular can unveil the far more enduring and complex process of building new polotical legitimacy, although sociopsychological parts of which were often unconscious to participants.

By “family romance” Hunt means seeing the familial and the political as interconnected, the authority in the state as modeled on authority in the family, and the public imagination of how power operates shapes and is shaped by political and social processes (3, 8). More specifically, Hunt argues that the killing of the Louis XVI symbolizes killing the father in collective imagination and the subsequent popular ritualization of violence by victimizing the king thus served as ways to disguise the community's sense of guilt and to restore social boundaries that were lost in bloody storminess of the radical revolution (11).

Although drawing heavily from Freud's insight to link family romance to real social politics, Hunt departures company with Freud and other political theorists on the issue of the role of women. Hunt suggests that the missing of women in previous models of family romance is flawed, because abundant materials suggest that women were also "viewed as threats because they could act," not just static objects of sexual desire or silently subordinating to male conflicts (12).

This new perspective on French revolution surely opens a new ground for writing politics. As the list of Hunt's materials suggest, non-traditional sources for political history such as painting, literature, and engraving illustrative of emotions, gestures, and rituals, all offer clues (13).

3.4.6 拓展阅读书单

Lynn Hunt, *Politics, Culture, and Class in the French Revolution*, Berkeley: University of California Press, 1984.

Lynn Hunt, *The New Cultural History*, Berkeley: University of California Press, 1989.

Afsaneh Najmabadi, *Women with Mustaches and Men without Beards: Gender and Sexual Anxieties of Iranian Modernity*, Berkeley: University of California Press, 2005.

3.5 泛读中的宏观思维——理解行文逻辑

阅读材料：He Wenkai, "Credit Crises in the Rise of Modern Fiscal State," in *Paths toward the Modern Fiscal State: England, Japan, and China*, Cambridge, MA: Harvard University Press, 2013, pp. 24-50。

3.5.1 本单元阅读文献简介

本节的阅读材料是和文凯教授根据其博士论文修改而成的专著《通向现代财政国家的路径：英国、日本和中国》(*Paths toward the Modern Fiscal State: England, Japan, and China*)的前言部分。通过对比 17 世纪末的英国、明治时期的日本向现代财政国家转型的成功与太平天国时期中国向现代财政国家转型的失败，该书指出：现代财政国家的兴起是信贷危机和特定社会经济条件相结合的产物。有利于现代财政国家兴起的社会经济条件指的是活跃的市场经济货币流通和消费部门的集中。而国家面临的信贷危机之所以可以产生变革制度的全局性影响，是因为清偿债券的压力直接威胁到政府的信用，这使得既往利益经常存在冲突的中央与地方、不同党派在应对信贷危机这一问题上达成了共识、形成了共同应对危机的合力。故而，信贷危机所带来的压力开启了制度的筛选过程，有效的制度、有能力的官员得以保留下来，在这一过程中原本充满不确定性、存在多种可能性的制度发展进程渐渐走上现代财政国家这一单一、明晰的路径。作者认为，英国现代财政国家兴起于 18 世纪 20 年代，日本现代财政国家崛起于 19 世纪 80 年代，而中国在 19 世纪未能实现向现代财政国家的转变，是因为太平天国后的中国虽然也经历了类似于英国和日本的信贷危机，但没有适宜的社会经济条件；相反，太平天国运动极大阻滞了商业经济的正常运转，消灭了现代财政国家赖以生长的社会经济条件。

3.5.2 作者简介

和文凯，香港科技大学社会科学部副教授。2007 年在美国麻省理工学院政治学系获得博士学位。2007～2008 年在哈佛大学费正清研究中心进行博士后研究。2013年由哈佛大学出版社出版的著作 *Paths toward the Modern Fiscal State: England, Japan, and China* 获美国社会学学会2014年度比较与历史社会学 Barrington Moore 图书奖。

3.5.3 本节涉及的阅读技巧

本文理解的难点在第36～45页。在前一部分讨论了英、日、中三国的财政制度背景之后，这一部分讨论的是在遭遇空前的挑战后三国财政制度走向崩坏的过程，旨在强调旧有制度衰亡后掌权者在制度选择面前面临的极大不确定性。这一部分的讨论既呈现了作者强调的"深描"的比较历史分析方法（"deep" comparative historical analysis），即尽可能地还原历史当事人在设计制度时面临的局限、不确定因素，又为下一部分引出信贷危机作为现代财政国家兴起的关键因素做了铺垫。

这9页内容，如标题"Collapse and Uncertainty"标示的那样，又分为两部分。第一部分，即第36～38页的内容，是关于旧财政制度的崩坏。空前的危机迫使这三个国家纷纷开启了财政改革的进程。然而，新制度的选择中充满了不确定性。这就自然引向一个问题：究竟什么才是现代财政国家兴起的原动力？第39～45页正是作者对既往解释的逐一批判。

不少学生感到这部分难读，原因无外乎两点。其一，这部分的分析涉及不同的角度，不少学生陷入了细节，没有从宏观上读懂这些细节所服务的论证目的。其二，具体到每个自然段，作者的一些局部分析展现了缜密的分析逻辑，不少学生对这种逻辑感到陌生、不适应。

比如，在第39页，作者指出，作为危机中国家有效筹集资金的重要手段，间接税有三种征收形式。尽管"后见之明"告诉我们，集中征收间接税是走向现代财政国家的"正确答案"，但站在当事人的立场来看，集中征收间接税是可能性最低的选择，因为中央很难精确掌握地方税收状况，在这种情况下，掌权者更有可能选择包税制或政府与收税人之间按比例分配的征税法。在第40页，作者更进一步指出：即使国家采取中央集权的方式征收间接税，现代财政国家也未必出现。因此在短短的一页半的篇幅中，作者的分析逻辑是：集中征收间接税对于历史当事人来说是吸引力最小的选项，即便采取了集中征税，也不能将现代国家的出现视作必然。

在第40～41页的四个连续段落中，作者先后指出了“因”和“果”的时间间隔因素对寻找现代财政国家兴起的原动力的干扰，依次排除了执政者的能动性、新的思想、政治权力的运用等因素。在第41页最后一段开始部分，作者集中批判了演化理论（evolutionary theory）和路径依赖理论（path dependence），因为二者均试图解释最终的选择何以在极度不确定的条件下胜出。在第41～42页作者指出，前者的问题在于其强调的试错、在做中学的路径没有解释既然最先创新意味着失败的风险，为什么仍然有人愿意去尝试；后者则没有解释变革的原动力何以在那个时间点发生。

在第42～44页，作者以英国向现代财政国家转型为例说明路径依赖理论的局限性。比如，运用了路径依赖理论的道格拉斯·诺斯便曾将1688年光荣革命及私有财产权保护制度的建立作为英国政府发行长期债券获得成功的关键。然而，作者举出了若干“时间间隔”的反例。比如，1689年和1697年英国政府还曾在战争期间进行短期借款。事实上直到1714年，长期债券的重要性才真正显现出来。那么，如何解释1688～1714年的时间间隔？诺斯的解释是，随着人们渐渐了解议会君主制在保护私有财产上的承诺和可预测性，借钱给政府的风险逐渐降低。作者进而列举了针对诺斯的解释的若干反例。比如，直到1697年，英国以市场体系为基础的长期借贷还远未显现出成功的迹象。

随后（第43页），作者进一步指出了路径依赖理论的第二个问题——时机问题（timing）。更具体地说，长期债券与债权人信用之间相互增进的机制为什么没有更早地出现？在第44页，作者分别驳斥了既往研究中用“地缘斗争”（geographical struggle）和“反复的问题解决机制”（reiterted problem solving）来解释现代财政制度创新的原动力。在第44页末尾，作者概括性地指出，路径依赖理论的问题根源在于其解释路径是回溯性的，而制度变迁的早期阶段中存在多种可能性，后来证明是最有效的制度创新，在初期或许恰恰是对历史当事人吸引力最小的选项。

阅读长论文时不少学生存在速度慢、效率低的问题，在很大程度上是因为陷入了细节，未能把握文章的行文逻辑。以上分析的9页内容，首先，以collapse和uncertainty为界可以分成两个部分。其次，在uncertainty部分中，作者逐一排除了既往研究提供的种种解释。最后，具体到一些微观分析的逻辑，比如集中征收间接税，作者指出：对于历史当事人来说，中央集权式的间接税征收方式是吸引力最小的选项；即便采取了中央集权式的间接税征收方式，现代财政国家的兴起也远不是必然。

3.5.4 学生习作及评析

在本文中，作者通过对英国、日本和中国进行比较研究，阐述了现代财政国家的诞生。[①]作者希望以此为一个例子，展现如何研究一个新制度的确立和完善。[②]作者指出，现有制度研究理论不适用于研究一个新制度的诞生，原因在于：新制度的特点在于其初期的不确定性，由此可能导致多种结果。每当新时期开始时，现行旧制度还存在黏性，而当足以摧毁旧制度的重大事件发生后，届时形势具有高度不确定性，政治行为体在经过认真考虑后也可能做出多重制度安排，然而这些因素都是现有制度发展研究理论无法很好涵盖到的。

作者首先分析了英国、日本和中国发生财政困难的制度背景。作者认为，三国制度虽然不同（英国为领地国家，日本为不完全的财政国家，中国为财政国家），但三国都经历了相同的财政困难时期，这个时期对社会和国家财政都产生了重要影响。作者指出，导致三国陷入财政危机的原因都在于，现行旧的财政制度不再适应新情况，同时新制度没有被开发出来，必要的开支又不能减少，由此导致了严重的财政危机。[③]严重的财政危机导致了三国旧财政制度的崩溃，作者认为从出现财政困难开始，导致这一系列过程的原因是制度问题。[④]央地财政分权导致的制度黏性使得新制度没有被积极开发出来，而现行旧制度的自我调节能力又有限，因此旧制度最终必然崩溃。[⑤]不过，作者同时强调这一过程的不确定性，即这一过程的最终结果具有不确定性和多样性，由此导致在探寻在这一过程的因果解释时会遇到困难。[⑥]作者认为，在这一过程的历史时间间隔中，需要逐个排除其他选项，找出导致最终结果的“因”，以此完成对这一历史过程的因果解释，但作者同时也指出，现有的解释理论和方法并不能很好地完成这项任务，即降低不确定性。[⑦]鉴于此，作者进行了比较历史分析。[⑧]作者指出，催生现代财政国家的因素有两个，即适当的社会经济条件和过度使用信贷工具导致的信贷危机，二者相结合发挥作用。[⑨]作者认为，导致政治行为体走上现代财政国家发展路径的原因在于信贷危机的特殊性质，一方面其促进了财政集中化，减弱了原来央地关系导致的制度黏性，另一方面极大缩小了可供选择的解决方案的范围，降低了不确定性。为了解决这种信贷危机，政治行为体不断努力，进行具有针对性的制度创新和人才积累，在降低了其他道路成功可能性的同时，走上了现代财政国家的发展道路。作者还强调了适当的社会经济条件的重要性，这是政治行为体进行制度实验和学习的重要条件，对集中征税和发行长期信贷也有重要影响。⑩总的来讲，信贷危机与适当的社会经济条件结合起来是现代财政国家的充要条件，两个因素的结合解释了为什么英国和日本能够转型成为现代财政国家，也说明了19世纪中叶的中国完全有可能建立相似的制度，尽管中国最后还是由于二者的不完全匹配没有完成这一过程。⑪

评析：

①表述太过含混。为什么作者选择英国、日本和中国进行比较研究？三个案例所对应的时段分别是？

②表述不够清晰。需要首先对"这个例子"的特征进行描述。

③概括不够精确。首先，需要说明英国、日本、中国的财政危机分别发生在什么时候；这一点尤为重要，因为作者所做的并不是一个共时性比较研究。其次，对三国财政危机的概括太过笼统。

④表述含混。这里所说的"制度问题"指的是什么？

⑤首先，"制度黏性"来自原文 stickiness 一词(第45页)，涉及原文术语时，不仅需要加注英文原词，而且必须给出定义。其次，这句转述凭的基本是"印象"，没有认真核对原文。仅凭阅读时的"印象"，不做或者不核对笔记，是不少学生进行学术观点转述、撰写学术述评时的常见问题。

⑥不仅这句话本身让人不知所云，而且看不出这句话与上下文的逻辑关系。

⑦"现有的解释理论和方法"指的是什么？

⑧"鉴于此"的"此"指的是什么？"比较历史分析"指的是什么？

⑨"适当的社会经济条件"指的是什么？为什么信贷危机在特定时期对一个国家的经济会有全局性的影响？二者怎样的结合催生了现代财政国家？

⑩从这句话中，看不出哪种经济社会条件是"适当"的。appropriate socioeconomic conditions 是现代财政国家出现的重要条件，需要结合上下文，或通过定义或通过举例的方式，对其进行说明。

⑪本句所说的"二者的不完全匹配"指的是什么？历史学写作的特殊性在于细节和历史感。因此，在学术转述中，要避免大而化之的概括；虽然不必面面俱到，但对于重要的观点摘引，应当提供至少一个有代表性的例子。

3.5.5 英文摘要示例

In this introduction, He uses the rise of the modern fiscal state, a signal institution of the modern society, as an example to illustrate the perplexing process of the rise of new institutions. By conducting a "deep" comparative historical analysis, that is, to relive the choices, constraints, and uncertainties in the decision making processes that historical actors faced, He argues that it is the combination of "appropriate socioeconomic conditions and a credit crisis caused by the excessive issue of fiduciary credit instruments such as bills of borrowing unfunded by tax revenue or non-convertible paper notes" that gave rise to the modern fiscal state (45).

Putting this argument in context, He point by point excludes the contributing factors that previous studies designated as keys to the rise of the modern fiscal state, such as the character of the ruler (36), the centralized collection of indirect taxes (39), or the perhaps most influential one by then, the establishment of the parliamentary sovereignty (42). He points out that these explanations are flawed either because they contain too many other possible outcomes than the one leading to the modern fiscal state, or they are baffled by unexplainable time intervals (42-43). He also critiques the evolutionary theory that falls short to explain the motivations of policy makers to try riskier new institutions, and the path-dependence theory that fails to explain how the designated initial motive set in motion the path-dependent process (42).

Credit crisis is fundamentally different, because it not only "threatened the creditworthiness of the state" and constituted a problem that must be solved, regardless of who was in charge, but also significantly limited the options for solution, that is, only most effective and reliable measures and personnel would be chosen. The threat from overissuing credit instruments thus provided the ultimate incentive for rulers to reform its institutions, instead of shifting the financial responsibility to the local as the old institutions always did to shun innovations before (25).

By "appropriate socioeconomic conditions," He means to compare the favorable conditions of eighteenth-century England and nineteenth-century Japan in terms of forging fiscal modernity, against those unfavorable in China of the post-Taiping era. More specifically, He argues that the high degree of centralization and the large scale of financial transactions, highly developed financial systems, as well as vibrant domestic economy that preceded the two countries' rise of the modern fiscal state, offset the negative effects of overissued paper notes such as price hike or inflation, and facilitated the circulation of new paper currencies (49).

3.5.6 拓展阅读书单

Avner Greif, *Institutions and the Path to the Modern Economy: Lessons from Medieval Trade*, Cambridge: Cambridge University Press, 2006, pp.3-28.

Rudolf Braun, "Taxation, Sociopolitical Structure, and State-Building: Great Britain and Brandenburg-Prussia," in Charles Tilly ed., *The Formation of National States in Western Europe*, Princeton: Princeton University Press, 1975, pp.243-327.

Douglass C. North and Barry R. Weingast, "Constitutions and Commitment: The Evolution of Institutions Governing Public Choice in Seveteenth-Century England," *The Journal of Economic History*, vol.49, no.4 (Dec., 1989), pp.803-832.

3.6 识别要点和细节

阅读材料:Robert Brenner,"The Social Basis of English Commercial Expansion, 1550-1650," *The Journal of Economic History*, vol.32, no.1 (Mar., 1972), pp. 361-384。

3.6.1 阅读文献简介

本文驳斥了既有研究以市场供需矛盾为中心分析1550～1650年英国商业扩张进程的研究方法,指出既有研究将参与商业扩张的人置于从属、被动回应市场变化的地位,忽略了不同扩张阶段商人所处的社会、政治背景对其商业活动和决策的影响。本文指出伊丽莎白时期英国的商业扩张并非如既有研究所说是对棉布出口贸易危机的被动回应,而是以从东方进口香料、黄金为主要推动力。文章进而指出,凭借进口东方货品而发家的黎凡特商人,在取代商人冒险家公司成为伦敦海外贸易商人翘楚之后,满足于既定商业路线带来的低风险稳定收入,在美洲种植园贸易新机会出现时表现出了极大的保守性,从而使这一代表此后一个时代的商机旁落社会经济地位并不高的"新人"。作者指出,参与商业活动的人的背景和他们此前的经历极大地影响了其此后的经济活动和抉择,并且机会不是给定的,而是在被利用的过程中得到新的塑造。

本文为极好的史学写作学习范本,原因有三。首先,文章的导言部分(第361～362页)极公允、精准地概括了作者将要批驳的观点,在此基础上极清晰地提出了本文与对手方的争执点所在,最后清楚说明了后文的论证结构,逻辑环环相扣,为史学论文写作之典范。其次,本文为"长时段"经济史写作的范文,兼顾了"长时段"叙事结构的清晰性和细节的丰富性,不仅清晰呈现了百年间经济结构变迁的过程,而且其要言不烦的细节还使论证言之有据,没有"长时段"写作通常表现出的大而化之之感。最后,选文虽没有直接引用马克思的原著,但通篇贯穿了马克思"历史唯物主义"的分析方法。学习马克思主义史学写作或历史唯物主义分析方法的学生,可以留心学习该文的结构、表述逻辑和表达句式。

3.6.2 作者简介

罗伯特·布伦纳(1943～),美国加州大学洛杉矶分校(UCLA)历史系荣休教授、社会理论与比较历史研究中心(Center for Social Theory and Comparative History)主任,期刊 *Against the Current* 主编,*New Left Review* 编委会成员。主要从事近代早期欧洲经济社会史、马克思主义社会理论、都铎斯图亚特时期英国史研究。1976 年在 *Past & Present* 上发表长文"Agrarian Class Structure and Economic Development in Pre-Industrial Europe",强调了乡村农业生产转型在西欧国家从封建向资本主义转型的历史进程中发挥的关键作用,挑战了此前将国际贸易视作这一转型过程中的主导力量的观点。此文在欧洲史研究界激起轩然大波,围绕此问题展开的激烈讨论被称作"布伦纳论争"(Brenner Debate)。

布伦纳教授还著有:*Merchants and Revolution: Commercial Change, Political Conflict, and London's Overseas Traders, 1550-1653* (1993)、*The Boom and the Bubble: The US in the World Economy* (2003)、*The Economics of Global Turbulence* (2006)。曾撰文与强调国际贸易在近代早期欧洲崛起过程中起到决定性作用的保罗·斯威齐(Paul Sweezy)和伊曼纽尔·沃勒斯坦(Immanuel Wallerstein)展开论辩。无论是其早期对近代早期欧洲经济史展开的研究,还是近年来有关 1945 年以后美国与世界经济的研究,他的作品都一以贯之地反映了他从马克思原著中有关"历史唯物主义"的论断出发,并将其运用于"长时段"经济史分析的学术理路。

3.6.3 本节涉及的阅读技巧

本文的理解难点主要集中于前两页,尤其是前三个段落。在这三个段落中作者高度凝练地提出了自己对于资本家创新行为和经济发展本质的理解,而后文 20 多页的内容正是围绕这个论点的展开。因此,理解这篇文献的基本策略是:着重理解第 361～362 页提出论点的部分;在牢牢把握这个要点的基础上泛读后文。

文章开篇是亨利·皮雷纳(Henri Pirenne)的一段长引文。皮雷纳说道:我们谈论的每个经济史时代,都有一个独特的、不同的资本家阶级。换句话说,一个特定时代的资本家群体并不是源自前一个时代。经济组织的每一次变革都伴随延续性的打断。就好像这些资本家认识到了自己无法适应时代的变化，进而退出了竞争，成了被动因应时代变化的旧贵族。正是在旧资本家退出的地方，“新人”崛起了。

在正文第一段，作者鲜明地驳斥了皮雷纳的观点。作者认为，1550～1650年英国的商业突破并不全是“新人”的杰作，也并不总是需要具有企业家精神和视野。接下来一段，作者反驳了将商业活动简单视作商人对于客观变化的市场条件的被动、机械回应的“经济决定论”。作者指出，不仅对经济机会的回应方式因商人群体的社会、政治、经济背景的变化而变化，而且经济机会本身也不是给定的、一成不变的，而是在被利用的过程中被定义、被创造。

文章的标题是：“The Social Basis of English Commercial Expansion，1550-1650”。作者在开篇强调了商人群体的社会、经济背景对其商业活动的影响，显然是对 social basis 的一个注脚。而对商人群体社会背景的强调，也正揭示了作者的观点：既往商业活动对新时代商业活动的影响，旧时代和新时代之间并不存在绝对断裂，过去仍以某种方式影响着当下的进程。正是在这个意义上，读者可以看到作者与皮雷纳观点的分野：前者强调当下对过去的延续，后者则强调断裂。二者观点的分歧本质上是对经济发展进程中新与旧、过去与当下之间关系的理解的分歧，是理解“创新”这一现象的分歧。

只有理解了作者的理论框架，后文的跳读、泛读才成为可能。在第 362 页引言部分的最后一段，作者简要介绍了文章主体部分的结构。尤其由第二句可知，文章的主干包括两部分：伊丽莎白时期的东扩和斯图亚特王朝早期“新人”向西的殖民地商业活动。阅读后文正可以参照这个结构线索。

把握了后文的基本结构后，阅读的重点应当放在与作者开篇提出的理论框架相关的内容上。比如第 368 页的这一段话，由于其与作者的论点紧密相联，需要引起读者的特别重视：

> The emergence of a distinct set of eastern traders marked an important new stage of English commercial activity; .... Nevertheless, this fundamental commercial disjuncture was paralleled by no real break in social development. It left the social fabric of the City's merchant

community largely intact. Although the Levant-East India merchants originated outside the circle of Merchant Adventurers, they were in no way the "new men" which Pirenne's theory would lead us to expect. In social background and position they did not differ substantially from other leading City merchants. .... Indeed, it was the previous commercial success of these merchants which to a crucial extent prepared the way for their entrepreneurial initiatives.

这段话穿插于作者对英国东扩进口贸易商的讨论中。其之所以重要，是因为其中对东扩商人社会背景的分析与作者对皮雷纳的驳斥紧密契合，为文章前言所说的旧时代和新时代之间并不存在绝对断裂的一个实例。

再比如第380页的这段话，由于直接回应前言部分的论点，也值得读者特别的重视：

Some of reasons why English commercial expansion can not be viewed in purely economic terms should now be evident. It is clear that the processes by which American commerce was first developed have no simple economic explanation. ... Still, it remains entirely understandable that London's established merchant community would have little to do with it. Why, for example, should Levant Company traders have endured the difficulties of the tobacco trade (in which there were 175 traders active in 1634 and 330 in 1640), when they could make big profits in their lucrative currants commerce (which was confined to thirty-seven and fifty-one traders respectively in the same two years)? Clearly, London's established merchants had little incentive to enter the colonial commerce. Indeed, this field might have proved far less attractive to the "new men" had the company trades been more accessible.

黎凡特商人已经在东扩进口贸易中获取了巨大的既得利益，他们没有理由承担北美殖民地烟草贸易过程中的风险和困难。作者在前言中曾说，从事商业活动的人的社会背景、既往商业活动的经历都会影响其此后的经济行为。这样一段总结性分析正是前言中这一论点的实例。

正如东扩商人因为既得利益而错失新的商业机遇，“新人”的崛起也正是由于他们的社会背景和此前的商业实践。这一点体现在第378～379页作者对“新人”社会背景的分析中，尤其体现在第380页末作者对商业机会(opportunity)的辩证分析中，而后者正是前言部分的第二个要点：

> Nevertheless, it should not be concluded that those who entered the colonial trades did so more readily than did the established elite merely because they had fewer alternatives. The new men were also far better prepared than the old elite to properly develop the existing possibilities. As we have argued, the value or quality of an economic opportunity cannot be viewed statically. Their worth is not objectively given, but to a large extent determined by the manner in which they are developed, and this, in turn, often depends on who develops them. The case of the eastern expansion has already illustrated this point. Thus, the opening of the Levant trade offered to the great City traders an opportunity unavailable to most other London businessmen. Paradoxically, this field was so promising because the men who developed it were able to minimize the need for risk, initiative, "entrepreneurship."

这段话不仅分析了“新人”的社会背景和此前的商业实践对其在北美商业成功的影响，而且还为作者在前言提到的对于商业“机会”的动态理解赋予了实质解释。作者指出：经济机会并不是一成不变的、给定的，而是取决于被发掘的方式以及发掘机会的人——伊丽莎白时期的向东商业扩张正说明了这一点。具有反讽意味的是，东扩商人的成功依靠的不是皮雷纳所说的“创新精神”(entrepreneurship)，恰恰相反，他们靠的是降低风险、墨守陈规的成功模式。

本单元阅读训练的要点在于识别论点和支撑论点的细节。首先，透彻理解开篇作者对于其论点的陈述(thesis statement)；其次，读论点陈述部分时，记录有疑问的地方；最后，阅读正文部分时，紧跟作者的行文逻辑，特别留心正文中紧扣论点陈述部分的内容。这是因为开篇论点陈述囿于篇幅，不免笼统，无论是出于深入理解文献的目的，还是出于转述等写作目的，都需要准确锁定正文中与论点陈述部分紧密相关的内容，以达到全面、精确地理解论点的目的。

3.6.4 学生习作及评析

在这篇文章中，作者试图说明，1550～1650年英国商业扩张的意义，不仅是作为经济进程，而且是作为社会、政治进程。[①]作者借鉴了皮雷纳的观点，从实际进行商业扩张的人入手研究伊丽莎白时代到斯图亚特王朝早期的商业扩张，尤其是对比伊丽莎白时代进行东方扩张的贵族商人和斯图亚特王朝早期具有进取精神的"新人"殖民者。[②]作者希望借这个对比说明皮雷纳持有的每个时代的资本家各不相关、后起者都是"新人"的观点是不恰当的；并且重新评估此前常见的"经济决定论"观点，该观点认为这种商业扩张只是对市场情况变化的回应。他认为商业机遇对于地位、经历、才能、资源不同的人是不同的，不同的商业项目吸引了不同参与者，反过来塑造了不同的商业形式。他相信这能使对那个时期商业扩张的解释更为精确，描述更为清楚。[③]作者首先研究了伊丽莎白时期的贵族商人发展史。以往研究都认为这时的扩张是对布料市场危机的回应，是由寻找新布料市场引起的。[④]但是作者指出，这时的商业扩张并不由掌握布料贸易的商人推动，而是由致力于保护东方贸易的另一股商人推动。[⑤]这些商人希望获取东方的香料、黄金一类的商品，因为布料贸易在东方无利可图，掌握布料贸易的商人（投机商公司的商人）并没有参与其中，而满足于垄断短途贸易的既得利益，形成了一个贵族商人群体。

1550年后，由于东方贸易相互关联，从事东方贸易的商人们联合起来，到了16世纪末，他们的实力足以与以前的投机商公司相抗衡。为了绕过中间人进行直接贸易，他们开辟了若干新商路。这开启了英国商业活动的新阶段，因为向东方扩张是由不同于过去的布料出口贸易推动的。然而值得注意的是，新的推动者并不是皮雷纳意义上的"新人"，因为他们的社会背景都与前者相似，前者的商业成就还为这些新推动者的成功做了准备。这验证了皮雷纳的说法存在不足。另外，这还说明，不能单纯地认为新的商业扩张是对商业困境的回应。事实上，东方贸易使得商人获得了政治地位，反过来影响商业发展的走向，这样的机会是他们自己创造的。这时商业扩张也不能单纯理解为一种经济活动。东方贸易商人借助获得的政治地位获取特许权，严格设定商业准入。到17世纪早期，他们获取了卓越的商业地位。投机商公司在这时衰落，东方贸易商人取而代之成为首要的商业组织，并且拥有首屈一指的政治影响力。[⑥]

不过他们与以前的投机商公司商人一样，只愿在原有领域耕耘，不愿意涉足新的、有风险的领域。涉足美洲后，他们发现这不符合他们已有的商业路径，这一路径被他们放弃。因此从1620年之后，新的扩张由另外一股商人推动。东方贸易商人放弃的美洲殖民业务为以前因地位较低，缺少经历、财力而无法加入东方贸易的商人提供了机遇，他们能自由地做出自己的经济决定，在东方贸易商人撤出后主导了美洲殖民生意。

东方贸易商人在美洲的商业机遇面前退却而由另一批商人接手再次说明不能简单地用经济范畴来解释英国的商业扩张。美洲的殖民商人敢于承担风险，富有企业家精神，早期殖民的经验开阔了他们的眼界，使他们后来的商业活动扩展到全球。他们逐步转向种植园经济，并发展了三角贸易。随着他们经营范围的扩大以及内战引发的旧贵族的失势，殖民商人挑战并逐步取代了贵族商人的地位，掌握了东方贸易公司，实行他们的商业扩张计划。殖民商人的商业胜利不仅是由于企业家精神，而且得益于内战带来的势力消长。他们获得了影响力，用此为自己的商业扩张服务，打击竞争对手。后来的英荷冲突就与他们的商业和政治力量有关。这再次证明，商业扩张不仅是经济事件，还与政治相关联。⑦

评析：

①此句对应原文第362页：

> It is thus the object of this paper to show the value of treating commercial activities as social and political, as well as economic processes, by focusing on the different groups of merchants who undertook the Elizabethan and early Stuart commercial expansion.

尽管这句话非常重要，但作为摘要的第一句并不合适，由于缺少前后文背景，孤立地说“社会的、政治的过程”，非常费解。这再次证明：在学术转述中，只是摘抄一些句子进行机械翻译，很难达到精确、晓畅的效果。

②这句话问题有二。首先，对原文第361页第一段理解有误。作者是在批判皮雷纳的观点，而非“借鉴”。其次，对“新人”的界定不明确。作者是怎样定义“新人”的？对于原文中带有引号的术语，在转述时务必要加以清晰的定义。

③此句对应的原文在第362页：“This discussion could open the way for a

more precise account of the changing dynamic of commercial expansion over the period and thus for a sharper delineation of its stages."。"解释更为精确，描述更为清楚"是什么意思？对这句话的转述不应止步逐字逐句翻译，而是应当充分结合后文。

④此句对应原文第 362 页："It has become an historical commonplace that the Elizabethan commercial expansion was a response to the cloth export crisis of the 1550's and the consequent need for new cloth markets. "。这里的关键词不是布料市场，而是出口贸易，即强调过去的研究认为伊丽莎白时期的商业扩张是由于布料出口贸易危机，而本文作者认为这一时期商业扩张的主要动力来自东方的进口贸易。

⑤"致力于保护东方贸易的另一股商人"太过笼统，没有抓住要点。此处作者所说的东方贸易商人群体实际上指的是从事进口贸易的商人。

⑥这一段是对原文第 366～374 页的全面概括。问题在于：这段话只有叙事，缺少分析，应当更清晰地说明这里讲的"故事"如何回应了作者在前言中提出的论点。

⑦这两个自然段概括得极好。可以进一步提高的是：将这一部分放在文章头两页的阐释框架下，进行裁剪、压缩，使这一部分表述与前文联系得更加紧密。

3.6.5 英文摘要示例

By examining the rise and fall of the different groups of merchants who undertook the Elizabethan and early Stuart commercial expansion, Brenner argues that instead of a passive and automatic response to market conditions, the English commercial expansion during this period was in fact shaped by the varying social, political, and economic character of the mercantile group (362). Thanks to the different social basis of the merchant group, a commercial opportunity that appears promising to one merchant group may be unattractive to others. Brenner argues that a commercial opportunity is not given either, because a merchant group's business success also hinged on their ability to exploit the existing opportunities and created new opportunities that took into shape in the very process of being exploited (380).

Brenner starts by arguing that instead of a response to the cloth export crisis, the Elizabethan commercial expansion was driven by the search for the spices and gold of the East and thus the import trade of oriental commodities (363). The emergent Levant traders succeeded to capture the promising opportunity in the process of the eastward expansion while the predominant Merchant Adventurers failed, because the privileged commercial line provided the latter so steady profits that Adventurers "had little reason to run the risks... required to build a new trade" (365). The story continues by delineating the process in which the Levant eastern traders grew to prominence and finally their established privileges prevented them from capturing the new opportunity arising from the American colonial trade. Finally, it was the "new men," who lacked "assured place, career, or income" that successfully exploited the opportunities, which the new trades in America came to offer. It was the new men who were better prepared to exploit new economic opportunities that eventually rose to the highest circle not only of the London merchant community but also of the government power.

3.6.6 拓展阅读书单

马克思:《路易·波拿巴的雾月十八日》,中共中央马克思恩格斯列宁斯大林著作编译局编译,人民出版社 2015 年版。

Robert Brenner, *Merchants and Revolution: Commercial Change, Political Conflict, and London's Overseas Traders, 1550-1653*, London: Verso, 2003.

Henri Pirenne, "The Stages in the Social History of Capitalism," *The American Historical Review*, vol.19, no.3 (Apr., 1914), pp.494-515.

3.7 理论性文章的阅读——文章结构与行文逻辑

阅读材料：Joan Scott，"Gender：A Useful Category of Historical Analysis，" *The American Historical Review*，vol. 91，no. 5（Dec.，1986），pp. 1053-1075。

3.7.1 阅读文献简介

本文是性别研究中影响最为深远的文献之一，也是西方人文社科学界引用率最高的论文之一。本文在梳理、批判既往三种性别研究理论——从男权、父权角度解释性别关系，从马克思主义的角度分析性别不平等关系形成的经济决定因素，从法国后结构主义精神分析角度分析女性对性别差异的主观认同——的基础上，指出：既往性别研究均预设了"男—女"的二分、二元对立，没有将性别不平等关系的形成视作一个历史的过程。作者指出，"性别"概念并非仅仅关于女人，或者简单的男女关系。相反，性别是表达权力关系的一个重要概念。作者特别指出，在政治史这一既往对性别问题关注较少的领域，深入挖掘政治史材料中有关性别的隐喻，可以为政治史研究提供新的方法和思路。简而言之，本文试图赋予"性别"这一概念与"阶级"和"种族"平等的理论地位："性别"这一概念不应仅局限于其所在的性别研究领域；相反，与同样标示权力不对等关系的"阶级"和"种族"一样，"性别"具有重塑史学研究各个领域的理论潜力。

3.7.2 作者简介

琼·斯科特（Joan Wallach Scott）生于1941年，美国著名历史学家，以研究法国史、女性和性别史、思想史和性别理论而著称。她的研究综合了历史编纂学、哲学和性别理论，其影响已经远远超出了她所在的法国史领域。斯科特于1969年在威斯康星大学麦迪逊分校获得历史学博士学位，她的博士论文研究的是19世纪末技术变革对法国工人阶级政治的影响。她先后任教于伊利诺伊大学芝加哥分校（1970～1972）、西北大学（1972～1974）、北卡罗莱纳大学（1974～1980）、布朗大学（1980～1985）。1985年，她加入普林斯顿大学高等研究院，任社会科学教授,2000 年任 Harold F. Linder 社会科学讲席教授。2010 年,她创办了期刊 *History of the Present* ,致力于探究批判性、理论性的历史编纂学。

作为对美国经验主义史学传统的批评者,斯科特自述她研究的是一种"批判的历史"(critical history)、"差异的历史"(history of difference)、"当下的历史"(history of the present)。她的研究将档案研究与包括解构、精神分析在内的理论相结合。受到法国哲学家米歇尔·福柯的启发,斯科特的思想史研究不是将"当下"视作理所当然,而是强调"当下"使用的一些概念在历史中存在的多种可能性。尽管许多学者赞扬斯科特挑战了历史研究背后隐藏的认识论假设,但也有一些从事经验研究的学者将斯科特的方法斥为后现代相对主义。

3.7.3 本节涉及的阅读技巧

这篇难度极大同时非常重要的理论文献值得仔细阅读、反复阅读。理解这篇文章的难度不仅体现在其内容的思辨性和理论性,而且还在于其论述逻辑的复杂性。在精读一遍的基础上,跳出局部细节,采取一种更为"积极"的跳读法(包括着重读段落首句、留心逻辑关联词等),有助于从宏观上把握作者行文的逻辑、识别局部讨论在整篇文章中的逻辑地位。下面将着重分析如何把握文章的宏观结构。

这篇文章没有小节标题,但节与节之间有隔行,同样清晰地标示了"语义群"的划分。把握文章的宏观结构需要:理解每一节的主要内容;每一节在文章整体论述中的作用。要做到这些,段落首句意义重大。

现摘录文章第一部分的段落首句如下。

①Those who would codify the meanings of words fight a losing battle, for words, like the ideas and things they are meant to signify, have a history. (第 1053 页)

按:词语的含义并不是给定的,词语在历史上经历了复杂的意义变迁过程。

②In its most recent usage, "gender" seems to have first appeared among American feminists who wanted to insist on the fundamentally social quality of distinctions based on sex. (第 1054 页)

按:性别的社会属性通常被理解为是基于两性生理上的差异。这句话中 seems to have first appeared 暗示后文作者对 gender 的解读将与此非常不同。

③In addition, and perhaps most important, "gender" was a term offered by those who claimed that women's scholarship would fundamentally transform disciplinary paradigms.（第 1054 页）

按：perhaps most important 暗示与上一段相比，这一段才是作者的主张，即女性研究的意义不局限于"女性研究"领域本身，而是具有改变学科典范的重要意义。

④The litany of class, race, and gender suggests a parity for each term, but, in fact, that is not at all the case. While "class" most often rests on Marx's elaborate (and since elaborated) theory of economic determination and historical change, "race" and "gender" carry no such associations.（第 1055 页）

按：尽管 gender 与 class、race 应该具有同等的理论地位，但与 class 相比，有关 gender 的理论还远不成体系。

⑤For the most part, the attempts of historians to theorize about gender have remained within traditional social scientific frameworks, using longstanding formulations that provide universal causal explanations.（第 1055 页）

按：这句话紧承上一段指出：多数历史学家分析性别问题时仍陷入了传统社会科学的窠臼，试图寻找普遍性的因果解释，结果常常流于概略或过度简化。

从段落首句，可以清楚地看到这一部分的行文逻辑。作者以对 gender 含义的讨论为切入点，指出其含义在历史上经历了持续的变迁。此外，作者还特别指出 gender 这个概念的意义并不局限于性别研究领域，其内含的权力不对等关系使其潜在地具有与 class、race 对等的理论地位。但已有的研究中 gender 理论的潜力还远未被挖掘出来，故而，下文是对已有研究的局限性的批判。

过度陷入段落内部的细节，难免被纷繁的头绪和海量的信息所淹没。在精读一遍原文后，浏览一下段落首句，对于宏观把握这一部分的主旨大有裨益。

用相同的方式，可以把文章分为以下几个部分。

第二节（第 1056～1066 页）：对已有的 gender 研究的批判。这一节又可以分成两部分，因为作者在第 1056 页写道：

The approaches used by most historians fall into two distinct categories. The first is essentially descriptive; that is, it refers to the existence of phenomena or realities without interpreting, explaining, or attributing causality. The second usage is causal; it theorizes about the nature of phenomena or realities, seeking an understanding of how and why these take the form they do.

换言之,已有的性别研究分为两种,一种是描述性的(第1056～1057页),一种是解释性的(第1057～1066页)。解释性的研究又包括以下三个角度:父权制的起源(第1057～1059页)、马克思主义(第1059～1061页)、从法国后结构主义和英美客体关系理论角度解释主体的性别认同(第1061～1066页)。

第三节(第1066～1070页):作者提出自己对gender的定义,这个定义包含两个预设和四个相互关联的部分。对此,在这一节的最后一段(第1070页第一段),作者举了若干例子进行说明。

第四节(第1070～1075页):以政治史为例说明gender对于变革既有的史学分析方法的意义。作者以政治史这个特定领域为例,这一选择别有深意。正如作者在第1070页所说,gender通常被作为政治的对立面,政治史研究一直抵制将女性、性别问题纳入其讨论范畴。因此,将gender作为政治史的分析范畴,对于说明gender这一概念具备重塑史学研究各个领域的潜力有较大说服力。

全文呈现一个清晰的行文结构:引言→"破"→"立"→举例。只有把握住这条主线,才不会过度陷入细节,影响对文章整体论述的理解。

3.7.4 学生习作及评析

作者首先指出目前女权主义学者面临的问题与挑战,归纳阐述其不同学派的观点和不足,随后阐述自己对性别的定义,并以政治史研究范畴为例点明本文标题,即性别作为一种分析范畴的有用性。一方面因为女性历史案例研究需要一种综合视角,另一方面因为作为整体的女性历史和其持续的边缘地位的限制。[①]但是最初的关于女性参与西方文明重大政治动荡的证明是不够的,大多数非女权主义历史学家的反应都是先承认,然后将其分离或直接摈弃。[②]这就给女权主义历史学家带来挑战——需要分析过去的男性经验和女性经验之间的关系，需要分析过去的历史和当前的历史实践之间的联系。性别如何在人类社会关系中发挥作用？性别如何使历史知识的组织和感知变得不合理？这就取决于作为一个分析范畴的性别。[③]对此[④]，不同学者的观点被归纳为三种：第一种是完全的女性主义立场，试图解释父权制的起源；第二种基于马克思主义传统，寻求其与女权主义的调和；[⑤]第三种可以分为法国后结构主义和英美客体关系理论，利用不同的精神分析方法来解释主体的性别身份的产生。[⑥]对于父权制的解释理论，没有说明性别不平等是如何构成所有其他不平等是其弊端。[⑦]马克思主义女权主义者认为性别概念是经济结构变动的副产品。然而，妇女的从属地位是早于资本主义的，因而其解释也有弊端。[⑧]精神分析理论则将性别概念限制在家庭和家庭经验中而无法将其与其他经济、政治或权力的社会制度联系起来。后结构主义学派的解释主张"男人"和"女人"不是固有的特征，而是主观的，因而在实际术语的使用中总存在冲突。[⑨]

作者将性别的定义分为两部分和四个子集。定义的核心在于两个命题之间的整体联系：性别是社会关系的构成要素，基于两性之间的感知差异，而性别是权力关系的主要表征方式。社会关系组织的变化总是与权力表现形式的变化相对应。性别概念的四个相互关联的要素是：文化中可使用的各种象征，阐释象征意义的概念，分析使性别概念走向固化的政治、社会斗争，主体性别认同。由于作者关于性别的第二个命题是性别是表示权力关系的主要方式，加之性别一直在政治和民族国家领域被视为与真正的政治事务背道而驰，而且政治史一直是反对妇女和性别问题的堡垒，所以接下来作者选择关于政治和权力的例子。[⑩]作者指出性别在政治理论中被用来表现统治者与被统治者的关系，甚至在高级政治、战争和外交主题中性别也经常被使用。因而，二元对立和性别关系的社会变化是权力链的一部分，任何方面的质疑或改变都将威胁到整个系统。

作者认为，如果性别和权力的意义相互建构，则政治进程将决定新旧程序中谁会占上风，不同的行动者和不同的意义表达正是为争夺控制权而竞争。[⑪]在性别范畴中研究问题将有助于当前的女权主义政治战略并为未来留下开放的可能性。

评析：

①误译。这句话对应的原文出现在第 1055 页：

Feminist historians, trained as most historians are to be more comfortable with description than theory, have nonetheless increasingly looked for usable theoretical formulations. They have done so for at least two reasons. First, the proliferation of case studies in women's history seems to call for some synthesizing perspective that can explain continuities and discontinuities and account for persisting inequalities as well as radically different social experiences. Second, the discrepancy between the high quality of recent work in women's history and its continuing marginal status in the field as a whole (as measured by textbooks, syllabi, and monographic work) points up the limits of descriptive approaches that do not address dominant disciplinary concepts, or at least that do not address these concepts in terms that can shake their power and perhaps transform them.

这个选段的意思是:以往的性别史研究以经验性、描述性研究居多,较少有理论性的总结。但近年来理论性的总结越来越多,原因有二。首先,经验性研究的激增,使得对社会中一直存在的不平等关系的综合性研究变得愈加紧迫。其次,当下高质量的女性史研究和女性史仍然边缘的学术地位,揭示了性别理论以及对性别研究进行概念化总结的不足。

②误译。这句话对应的原文紧承第 1055 页上一句:

It has not been enough for historians of women to prove either that women had a history or that women participated in the major political upheavals of Western civilization. In the case of women's participation, the response of most non-feminist historians has been acknowledgement and then separation or dismissal ("women had a history separate from men's, therefore let feminists do women's history, which need not concern us"; or "women's history is about sex and the family and should be done separately from political and economic history").

这句话的意思是:目前的史学研究尚未充分重视女性在重大历史进程中所起的作用;此外,目前的研究仍然片面地将性别史等同于女人的历史,将研究女人的历史视为女性史学家的工作。

③这四句完全是对原文第 1055 页第二段后半部分的“机械翻译”，没有有效地融入前后文。

④“对此”中的“此”指的是什么？使用代词需有清晰的指代，避免含混、误解。

⑤此处对应的是原文第 1057 页的最后一段。习作者所做的是将原文对既往性别研究三个理论立场的提要式概括进行了直译。如果缺少前后文背景，直译原文的某句话一般都不能达到准确转述的效果。因此，在概括对 gender 的三种概念化解读时，务必逐一说透，避免蜻蜓点水式的概括。

⑥表达含混。这里的“马克思主义传统”指的是什么？“与女性主义的调和”指的是什么？

⑦在概括第一种观点时，首先要介绍父权制(patriarchy)理论说了什么，其次要说明在原文作者看来父权制理论问题何在。

⑧对第 1059～1061 页理解有误。对性别的马克思主义的阐释路径，指的是将包括家庭、两性关系等在内的性别问题都归结为变动的生产关系的副产品。

⑨对后结构主义解释所存在的问题表述不明确。这部分对应原文第 1064～1065页。后结构主义解释的问题在于：它预设了男女的二元对立性，使性别沦为了一个没有时间性的概念。

⑩本句对应的是原文第 1070 页第二段：

> Politics is only one of the areas in which gender can be used for historical analysis. I have chosen the following examples relating to politics and power in their most traditionally construed sense, that is, as they pertain to government and the nation-state, for two reasons. First, the territory is virtually uncharted, since gender has been seen as antithetical to the real business of politics. Second, political history — still the dominant mode of historical inquiry — has been the stronghold of resistance to the inclusion of material or even questions about women and gender.

原文作者在这段话中试图解释为什么“性别”可以作为一个分析范畴来研究政

治史。在原文第1070～1075页，作者着重讨论了将“性别”概念引入政治史研究对后者产生的积极影响。作者这样做别有深意，因为性别通常被视作政治的反面。

⑪存在误读。此处对应的是原文第1073页最后一段。作者意在表达：不但政治变迁可以改变性别的表达方式，而且性别文化符号的演变揭示了政治、社会的演变历程。

3.7.5 参考范文

1.学生范文

斯科特在文章开头首先介绍了“社会性别”(gender)一词的新用法，它是对“性别”(sex)、“性别差异”(sex difference)这类词语在使用过程中所隐含的生物决定论的反对。根据这种观点，女人和男人间的关系具有相互性，即要理解其中任何一方，就不能将二者完全分开来进行研究。更重要的是，“社会性别”作为一种新的分析方法，可以推动史学研究各个领域的发展，它和阶级(class)、种族(race)一起成为书写新历史最重要的三个范畴。

至少有两个原因促使女权主义史学家寻找新的可用理论模式：一是妇女史的案例研究不断增加，需要一种综合性观点来解释历史的连续性与间断性；二是近年来妇女史虽然有很多高质量著作，但妇女史在整个史学领域中继续处于边缘地位，这显示了妇女史在研究方法上的局限性。通过将社会性别作为一个分析范畴，可以探究社会性别在人类社会关系中究竟是如何发挥作用，以及它如何赋予了历史知识的认识意义。

斯科特对既有理论进行了回顾并分析了它们的局限性，她将这些理论分为两类。第一类是描述性的，这类理论局限了社会性别概念的应用范围，反而继续巩固了过去将妇女史与其他历史领域相分离的观点，无法挑战现有的历史研究范式。第二类是因果性的，它主要可以归纳为三种。第一种是完全的女权主义，其试图解释父权制的起源。它的问题在于没有说明社会性别的不平等是怎样构成了其他的不平等关系，而且它的分析都是以生理差异为基础，使社会性别的历史性消失了。第二种立足于马克思主义传统，并从中寻求对女权主义的批评，它过于强调经济因素的决定性作用。第三种是精神分析理论，其中又包括英美学派的客体关系理论和法国学派的语言学理论，前者将社会性别概念局限在家庭中，使它无法与其他社会因素产生联系，后者强化了男性与女性之间的对立，否认了历史的发展性。

斯科特对“社会性别”的主要定义是：社会性别是构成以性别差异为基础的社会关系的一种要素（其中包含四个相互关联的要素——可使用的文化象征，规范性的概念，政治概念、对社会制度和组织的分析，主体身份），并且，社会性别是表示权力关系的一种基本方式。她特别指出社会性别概念在政治领域的作用。其被应用于构建社会结构和政治意识形态，对政治发展产生了重要影响，展现了社会性别和权力关系之间的联系。因此，我们必须重新定义、重新建构社会性别，重新考虑男性与女性概念间的对立观念，用新的视角去思考老问题，使妇女角色在历史书写中实现其存在与参与感，并实现一种新的政治平等和社会平等。

点评：这篇摘要极为精准地概括了文章的论点。尤其难能可贵的是，这篇摘要清晰地梳理出了这篇极为复杂的文章的行文逻辑，要言不烦，行文流畅。首先，这篇摘要一个重要的成功之处在于作者准确使用了逻辑提示词，比如“首先”、“根据这种观点”、“更重要的是”等。使用逻辑提示词起到了衔接句子的作用，是文章读起来通顺晓畅的重要原因。其次，段落结构非常合理：不仅段落首句可以概括段落，而且段落末句也极好地总结、回顾了段落内容。

2.英文摘要示例

In this paper, Joan Scott argues that "gender" doest not simply mean women or things related to women or relations between men and women, but is "a constitutive element of social relationships based on perceived differences between the sexes," and thus can serve as "a primary way of signifying relationships of power" (1067). "Gender" has such analytical potentials, because just like class and race, gender implicitly contains inequalities of power, between the oppressor and the oppressed.

Scott criticizes three major gender theories, namely the first to explain the subordination of women in relations to the origins of patriarchy, the second to comprehend, in Marxist terms, social organizations of family and sexuality as "a function of relations of production" (1059), and the last to analyze psychological processes that lead to the construction of an individual's gender identity. Scott argues that all these theories fall short because while the first two fight a losing battle to find a causal origin for gender, a concept with far more complex, interrelated, and changing nature, the last remains stick to the unchanged quality of antagonism between males and females and thus tends to "universalize the categories and relationship of male and female," in which "historical specificity and variability" have no place (1064). In short, in all the three theories, gender had not been recognized with "independent analytic status of its own" (1061).

Scott suggests that although not the only field, gender has been "a persistent and recurrent way of enabling the signification of power" (1069). Even in the field of politics, the most resistant field of historical inquiry to include questions about women and gender, Scott demonstrates that gender not only can be used in analysis but has great potential to change the terrain of the field in a profound way (1070). For example, divorce was perceived in French Revolution as a potential disruption to the social order; middle-class reformers gave working class "masculine" position, which those who opposed to reforms depicted as "feminine." In short, this paper attempts to render the concept of gender an equal analytical status with class and race, and "redefine old questions in new terms" (1075).

3.7.6 拓展阅读书单

杜芳琴、裘昭印、刘文明、李银河、郑永福、吕美颐:《妇女史与社会性别的启示》,《史学理论研究》2004 年第 3 期。

王政、杜芳琴主编:《社会性别研究选译》,生活·读书·新知三联书店 1998 年版。

Gail Hershatter and Zheng Wang, "Chinese History: A Useful Category of Gender Analysis," *The American Historical Review*, vol. 113, no. 5 (Dec., 2008), pp.1404-1421.

3.8 积极阅读

阅读材料：Dipesh Chakrabarty，*Provincializing Europe: Postcolonial Thought and Historical Difference*，Princeton：Princeton University Press，2000，pp. 3-23。

3.8.1 阅读文献简介

本节阅读材料为迪佩什·查卡拉巴提最具影响力的著作《边缘化欧洲》一书的前言部分。该文犀利、雄辩地抨击了在西方人文社科研究领域中占据主导地位的“欧洲中心观”的理论预设，并在此基础上以印度政治现代化的历史进程为例，论述了“边缘化欧洲”方案的必要性和可行性。文章论证缜密，具有极强的思辨性。该文以启蒙时期思想遗产对于社会科学研究来说所具有的“不可或缺性和不充分性”(第6页)为基点，从对“西方中心论”暗含的历时性的线性历史时间观念的批判入手，揭示了这种殖民者所具有的、隐含了线性时间观的现代化进程理论不能充分解释20世纪未接受充分教育的农民在印度现代国家建立过程中所发挥的关键作用。尤其深刻的是，作者将他所批判的代表了殖民者历史观的“历史主义”与他所倡导的“边缘化欧洲”置于西方两大哲学传统框架中，即以马克思为代表的分析的传统和以海德格尔为代表的阐释的传统(第18页)，指出：要充分理解印度政治现代性的兴起，必须促进这两大传统的对话，海德格尔的阐释学为理解人类生活多样性提供了尤其重要的睿见。

该文难度较大，这主要体现在文章以理论分析为导引，其中不少分析含有极强的历史哲学意味。学习本文，应着力于以下四个方面。第一，从对文章最宏观的理解入手，包括：文章的标题是什么意思？如何理解每个部分的标题？标题与标题间的逻辑关系何在？第二，明确什么是“历史主义”(historicism)？“历史主义”与“西方中心论”存在怎样的联系？“历史主义”在理解印度“政治现代性”(political modernity)方面，存在怎样的问题？第三，什么是“庶民研究”(subaltern studies)？作者着墨甚多的Guha的理论贡献何在，局限何在？作者所说的“地方化欧洲”方案包含什么内容？第四，文末(第17页)作者所说的“翻译”(translation)指的是什么？为什么“翻译”是后殖民研究的重要议题？作者为什么讨论马克思和海德格尔(第18页)?马克思与海德格尔所代表的西方哲学传统与“地方化欧洲”方案有何联系?

3.8.2 作者简介

迪佩什·查卡拉巴提(1948~),印度裔美国历史学家,1984年获澳洲国立大学历史学博士学位,现任美国芝加哥大学历史系、南亚语言文明系 Lawrence A. Kimpton 杰出教授。研究领域包括:现代南亚史、庶民研究、少数族裔和土著居民研究、史学理论等。是 *Subaltern Studies* 杂志创始成员之一,在印度后殖民史学和理论研究方面具有深远影响。2014年授予其汤因比奖(Toynbee Prize),以表彰他在全球史研究方面的贡献。著有:*Rethinking Working-Class History: Bengal 1890-1940* (2000); *Provincializing Europe: Postcolonial Thought and Historical Difference* (2000); *Habitations of Modernity: Essays in the Wake of Subaltern Studies* (2002); *The Calling of History: Sir Jadunath Sarkar and His Empire of Truth* (2015)。近期出版的著作包括:*The Crises of Civilization: Exploring Global and Planetary Histories* (2018);与 Ranajit Dasgupta 合著 *Some Aspects of Labour History of Bengal in the Nineteenth Century: Two Views* (2018).

3.8.3 本节涉及的阅读技巧

不少学生认为理解这篇文章难度极大,原因主要包括以下两点。首先,这篇文章具有浓重的理论思辨色彩,读者可以轻松略过的经验事实不多;这种阅读中的紧张感与我们通常阅读史学论文的感受不同。其次,作者对西方思想经典旁征博引、如数家珍,不少学生感到即便能读懂一些局部,也很难对文章形成融会贯通的理解。

作为“泛读训练”的最后一节,本节关注的核心阅读技巧是积极阅读(active reading),在一定程度上,这也是对前面七节所述阅读技巧的综合运用。具体地说,这里所说的“积极阅读”包括:把握文章结构和行文逻辑、识别要点和细节、理解段落之间及语义群之间的关联,以及在可能的地方跳读,或者借助跳读更宏观地把握文章的论述结构和逻辑。针对这篇文章,“积极阅读”意味着:浏览标题,分析文章行进的逻辑;精读引言部分,归纳作者的论点,记下自己的问题;着重读正文每个段落的首句,分析各段落首句间的关系。即便是这篇难度较大的文章，精读过后，重读段落首句仍可以极大帮助读者把握作者的论述逻辑，不至于陷入细节、“只见树木不见森林”。从这个意义上说，“积极阅读”是有意识地紧跟文章的行进逻辑，是一种不断根据已知信息在进一步的阅读中为未知或疑问寻找答案的主动意识。

首先要分析标题。选文的标题是：“The Idea of Provincializing Europe”。那么，什么是“provincializing Europe”？这不仅是阅读这篇文章时需要不断思考的问题，而且是读完这篇文章后应该能够回答的问题。小节的标题依次是：

The Politics of Historicism

Subaltern Studies and the Critique of Historicism

The Plan of This Book

A Note on the Term “Historicism”

通过对以上标题的分析，读者至少可以得到以下三点认识：首先，作者要批判的是“历史主义”(historicism)，因此读者应试图理解什么是“历史主义”，“历史主义”存在怎样的问题；其次，“历史主义”背后存在“政治”(politics)，根据上一节阅读斯科特文章的经验，读者可以猜测这里的“政治”或许指的是一种权力不对等关系中强势一方对弱势一方的压迫；第三，subaltern studies 的一个使命便是批判“历史主义”。

其次是精读引言部分(第 3～6 页)。文章开篇是两段引文。引文第一句是：“第一次世界大战以后，欧洲已经被地方化了。”尽管仅凭这一句话，“地方化”的意思并不清晰，但一战这个背景有提示意义，因为一战的一个影响正是：在目睹了西方人彼此的厮杀之后，殖民地人民开始对西方文明产生质疑。“西方”(the West)这个原本表示地理的概念，已经成了一种“话语”(discourse)，被赋予一种超越其他地区的文化优越性。在这个意义上，“西方”这个词仿佛超越了其自身的地域特殊性，而成为一种“普遍”。结合本文的标题，可以推知：欧洲原本就是一个特定的地理区域，但由于历史上欧洲率先走上现代化，欧洲的发展模式已有意或无意地成为现代化进程的模板。

第 3 页前两段，作者指出这本书要“地方化”的不是地理层面上的欧洲，而是作为“话语”的欧洲。在第 4～5 页，作者进一步指出：尽管“欧洲”这个概念由于西方霸权而获得了超越其地理特殊性的“普遍性”，但该书的意图并非彻底摒弃欧洲的思想遗产，因为没有启蒙遗产，就没有社会科学。在前言的最后一段，作者提出了论点:由于与西方现代化截然不同甚至矛盾的路径,印度政治现代化的过程制造了一种“深层次的反讽意味”(deep irony)。这就促使读者反思现代性概念的两个重要组成部分:一个是“历史主义”(historicism),另一个是“政治的”(the political)。因此,研究像印度这样的非西方国家的政治现代性,欧洲思想既是必要的,也是不充分的。

通过精读前言部分,可以得出以下三点认识。作者要“地方化”的欧洲不是地理意义上的欧洲,而是话语层面的欧洲,即由于霸权而获得了超越其地理特殊性、被标榜为人类文明模板的欧洲。“地方化”欧洲并不意味着彻底摒弃欧洲思想传统;相反,作者系统论述了启蒙思想传统之不可或缺性。欧洲思想的必要不充分性是作者处理如印度一样的非西方国家政治“现代性”问题的态度,印度的政治现代化进程则是作者的观察基点。

最后是精读正文每个段落的首句,以及各段落首句间的关系。

正文第一部分的标题为:“The Politics of Historicism”(第 6～11 页)。第 6～7页两个段落指出了包括福柯在内的西方学者对历史主义的批判的局限性;这种局限性主要表现在忽视了历史主义与从前的欧洲殖民地政治现代性形成之间的深层联系。历史主义之所以可以服务于西方的殖民统治,原因在于:历史主义将现代性或资本主义描绘成了不仅是全球性的,而且是一个由欧洲一地扩散到全球的演进过程。换言之,历史主义将历史时间(historical time)描绘成了一种度量西方与非西方之间文化距离(cultural distance)的标尺。在第 8～10 页,作者呈现了印度政治现代化进程与历史主义之间的矛盾关系。以下是第 8～10 页每段的首句,这些句子放在一起,可以清晰看到这一部分的行文逻辑。

① Historicism — and even the modern, European idea of history — one might say, came to non-European peoples in the nineteenth century as somebody's way of saying “not yet” to somebody else.

② Twentieth-century anticolonial democratic demands for self-rule, on the contrary, harped insistently on a “now” as the temporal horizon of action.

③ A crtitique of historicism therefore goes to the heart of the question of political modernity in non-Western societies.

④ A dramatic example of this nationalist rejection of historicist history is the Indian decision taken immediately afte the attainment of indedipendence to base Indian democracy on universal adult franchise.

⑤ The history and nature of political modernity in an excolonial country such as India thus generates a tension between the two aspects of the subaltern or peasant as citizen.

此处第一、第二段形成对比："not yet" vs. "now" 反映的实则是殖民者与殖民地人民对于在殖民地建立现代国家步骤方面的分歧。此处第三段证明了第 6～7 页的论点，即历史主义与西方现代性存在深层的内在联系，因此，讨论非西方国家政治现代性必然需要对历史主义进行批判。此处第四段举例说明印度普选权的进程就是对启蒙时期约翰·密尔理论的驳斥。此处第五段以印度政治现代化进程中农民作为现代国家建设的重要参与者为着眼点，分析了两种对"农民"截然不同的定义，即西方观念中思想尚停留于"前现代"的农民 vs.充分调动传统资源、以不同于西方的方式参与现代国家建设的农民。

正文第二部分的标题是："Subaltern Studies and the Critique of Historicism"。（第 11～16 页）

以下是这一部分每段的段首句。

① This problem of how to conceputralize the historical and the political in a context where the peasant was already part of the political was indeed one of the key questions that drove the historiographic project of *Subaltern Studies*.

② Hobsbawm's category "prepolitical" revealed the limits of how far historicist Marxist thought could go in responding to the challenge posed to European political thought by the entry of the peasant into the modern sphere of politics.

③ The analytical impulse of Hobsbawm's study belongs to a variety of historicism that Western Marxism has cultivated since its inception.

④ By explicitly critiquing the idea of peasant consciousness as "prepolitical," Guha was prepared to suggest that the nature of collective action by peasants in modern India was such that it effectively stretched the category of the "political" far beyond the boundaries assigned to it in European political thought.

⑤ Of course, this was not all said at once and with anything like the clarity one can achieve with hindsight.

⑥ What I build on here, however, is the opposite tendency of thought that is signaled by Guha's unease with the category "prepolitical."

⑦ South Asian political modernity, Guha argued, brings together two noncommensurable logics of power, both modern.

⑧ Guha's critique of the category "prepolitical," I suggest, fundamentally pluralizes the history of power in global modernity and separates it from any universalist narratives of capital.

⑨ The pressure of this observation introduces into the *Subaltern Studies* project a necessary — though sometimes incipient — critique of both historicism and the idea of the political.

⑩ One cannot think of this plural history of power and provide accounts of the modern political subject in India without at the same time radically questioning the nature of historical time.

如果前一部分是"破",即批判历史主义中隐含的政治,那么这一部分就是"立"。换言之,作者试图建构一套论证体系,以证明未受过充分教育的农民在政治现代化进程中发挥了"公民"的作用。此处第二段对文章这一部分做了一个提纲挈领的介绍。第二、第三段指出马克思主义在思考第三世界国家政治现代性方面的局限性。具体地说,其局限性是包括霍布斯鲍姆在内的马克思主义学者将农民的意识视作"前政治的"(pre-political),或有意或无意地在其论述中预设了一种历史主义的时间观。此处第四至第七段引出 Guha 对将农民视作"前政治的"观点的批判。尤其是在此处第六段中,作者鲜明地表达了自己赞同 Guha 的观点。第八至第十段表明 Guha 的观点对于历史主义的批判价值,也可被视为对作者所说的"地方化欧洲"的一个注脚。

正文第三部分的标题是:"The Plan of This Book"。(第 16～22 页)。

第 18～22 页是对该书章节的简介。以下是第 16～18 页各段首句(对于首句是否定或提示性表达的段落,摘录了段首两句)。

①As should be clear by now, provincializing Europe is not a project of rejecting or discarding European thought.

②But, of course, the margins are as plural and diverse as the centers. Europe appears different when seen from within the experiences of colonization or inferiorization in specific parts of the world.

③A key question in the world of postcolonial scholarship will be the following. The problem of capitalist modernity cannot any longer be seen simply as a sociological problem of historical transition (as in the famous "transition debates" in European history) but as a problem of translation, as well.

④The English-language monograph in area studies, for example, was a classic embodiment of this presupposition.

⑤My project therefore turns toward the horizon that many gifted scholars working on the politics of translation have pointed to. They have demonstrated that what translation produces out of seeming "incommensurabilities" is neither an absence of relationship between dominant and dominating forms of knowledge nor equivalents that successfully mediate between differences, but precisely the partly opaque relationship we call "difference."

⑥This book necessarily turns around — and, if I may say so, seeks to take advantage of — a fault line central to modern European social thought. This is the divide between analytic and hermeneutic traditions in the social sciences.

⑦The book tries to bring these two important representatives of European thought, Marx and Heidegger, into some kind of conversation with each other in the context of making sense of South Asian political modernity.

将此处第一、第二段的首句放在一起，可以看出两段之间存在一个 not ... but ... 的逻辑结构，即"地方化欧洲"不是彻底扬弃欧洲思想，而是从"边缘"重审"中心"，在这一过程中也得以对"边缘"形成新的认识。这即是这篇文章引言部分所说的欧洲思想同时具有的必要不充分性（the simultaneous indispensability and inadequacy）。

此处第三至第五段是一个论述整体。在点明"翻译"作为后殖民研究的核心问题后，作者先是以区域研究中的“术语表”(glossary)为例解释何为“粗译”(rough translation)，随后引出了该书处理“翻译”问题的方法，即视翻译的政治为殖民者语言中被殖民者与殖民地现实之间存在的“差异”(difference)。在“翻译”过程中，被殖民者的普遍性所简化掉的“特殊性”“多样性”的过程，是一个殖民者对殖民地进行权力运作的过程。

第六、第七段作为一个论述整体，表面上引入了对马克思与海德格尔的讨论，实际上是从西方两大哲学传统的辩证关系的角度提出了一种处理普遍性与多样性的方案。

3.8.4 学生习作及评析

思考“政治现代性”现象时离不开19世纪欧洲的两个概念性遗产。一是历史主义，即视观察对象为内在统一的、随时间推移而发展的整体；[①]二是政治的观念。[②]但作者以印度为例，指出这两个概念对非西方国家政治现代性现象的解释是不够充分的。本书的任务就是从理论和实践角度探索社会科学的不可或缺性和不充分性。[③]

首先，作者指出对历史主义的批判触及了非西方社会政治现代性问题的核心。主张历史主义的殖民者向被殖民者灌输“等待”的观念，而历史主义并非不合理。[④]但第三世界政治现代性的实现与欧洲社会和政治思想之间又是矛盾关系。追求民主的大众运动以“当下”反对“等待”，并将第三世界缺乏公民教育的从属阶级引入政治领域。[⑤]其次，作者探讨了当农民或从属阶级已进入现代政治领域时，我们又该如何思考政治的问题，这是从属群体研究史学项目的中心问题之一。[⑥]作者在此引入了古哈对“前政治”范畴的批判。霍布斯鲍姆认为借超自然力量行事的农民是“前政治的人”，古哈则指出，南亚的政治现代性汇集了两种不可通约的权力逻辑。[⑦]一是欧洲统治引入的准自由主义的法律和制度框架，它是世俗化的；二是无权者与更有权力者之间的从属关系逻辑，它没有必然的世俗性，并持续地将神与灵引入政治领域。[⑧]作者认为，古哈的批判从根本上使全球现代性中的权力多元化了，并将其与关于资本的普遍论述分开。[⑨]

此外，我们在思考殖民和后殖民时期印度政治现代性时应摆脱两种本体论的假设。一是人类存在于单一且永恒的历史时间框架中，而历史时间又包含其他类型的时间；二是人是实在的个体，社会先于神与灵的存在而存在。作者认为历史时间并非完整的，它与自身是脱节的，且神与灵和人是同时存在的。

最后，作者指出，后殖民研究中的一个关键问题是：资本主义现代性不能只被简单视为关于历史过渡的社会学问题，它还是一个翻译问题。[10] 此外，作者意图打破人为的对分析和解释传统之间的区分，并在书中让这两种重要欧洲思想的代表——马克思与海德格尔——进行某种对话，从而更好地解释南亚的政治现代性。[11] 本书第一部分围绕马克思展开，作者称其为“历史主义与现代性叙述”，这部分更关注从属群体的历史；第二部分围绕海德格尔展开，作者称其为“归属的历史”，这部分更关注受过教育的孟加拉人的历史。作者意图通过对以印度为代表的非欧洲生活世界的观察，揭示欧洲某些社会和政治范畴在表达非欧洲国家政治现代性时的能力和局限性。

评析：

①此处对“历史主义”这一概念的翻译太过机械。“历史主义”是这篇引言的核心概念，在文中多次出现。因此，对这一概念进行定义，需要结合对文章的宏观理解以及这个概念出现的不同语境。仅摘录出现这个概念的一两个句子，显然无法达到对其清晰定义的效果。结合第 6、第 23 页相关内容，“历史主义”有两层含义。首先是历史时间的同质性，即认为所有文明都在一条共同的线性时间轴上，也就是原文第 23 页所说的：internally unified。其次，与历史时间同质性相伴随的是不同文明发展的先后次序，即先进文明是后进文明的明天，后进文明是先进文明的昨天。

②此处缺少对关键概念的明确定义。什么是“政治的观念”？为什么“政治的观念”对于作者“地方化欧洲”的研究方案分外重要？

③这里说的“社会科学”指的是什么？“必要不充分”指的是什么？为什么“必要”？为什么“不充分”？

④此句内部逻辑混乱。原文第 8～9 页的确讨论了殖民者向被殖民者灌输的“等待”概念，而且这一讨论对于理解选文极为重要。但是，作者所说的“等待”是什么意思？批判殖民者向被殖民者灌输“等待”观念与批判历史主义之间存在怎样的联系？

⑤本句缺少对关键术语的定义。作者说的“当下”指的是什么？农民“即刻”投身建立现代国家的政治斗争这一事实，如何支撑了这篇文章的论点？

⑥“the political”无疑是文章中的一个关键概念。要清晰转述这个概念，不能仅凭直译，而是需要将这个概念放在全文语境中进行总结、提炼。“the political”，指的是诸如印度这样的非西方国家的政治现代化。文中的“the political"与"pre-political"相对,"pre-"揭示了"pre-political"中的历史主义预设。与西方启蒙思想所主张的建立民主制度必须经过漫长的公民教育等准备期相反,20世纪中叶,成功建立印度现代国家恰恰取决于被西方斥为"前政治"(pre-political)、尚未准备充分的农民的力量。农民将自己的信仰和生活世界带入印度民族独立斗争中,他们并非西方标准所说的"前现代"(pre-modern),而是用"即刻"的政治行动使印度以一种迥异于西方国家的方式实现了政治现代化。

⑦什么叫"不可通约的权力逻辑"?"不可通约"对应的原文是什么?

⑧这句话是对相关原文的"机械翻译"。在转述这句话时,应该特别突出"世俗化"与"神与灵"的对立,因为在作者看来,"神与灵"等农民信仰恰是印度政治现代化运动的有机组成部分。

⑨这句话是对原文第14页最后一段第一句的翻译。原文是:"Guha's critique of the category 'prepolitical,' I suggest, fundamentally pluralizes the history of power in global modernity and separates it from any universalist narratives of capital"。这句话的意思是:古哈的"前政治"(prepolitical)概念极大拓展了政治现代性的内涵,因为之前以西方政治现代化为范本的研究根本性地排斥了非西方国家与西方国家不同但行之有效的为建立现代国家而做出的诸多努力。

⑩此处是对这句话的摘译:"The problem of capitalist modernity cannot any longer be seen simply as a sociological problem of historical transition (as in the famous 'transition debates' in European history) but as a problem of translation, as well."。尽管这句话在原文中非常重要,但不加解释的摘译由于缺少前后文背景让人不知所云。这句话的意思是:资本主义现代性不应仅仅被视作一个有关从封建向资本主义社会转型的社会学问题,而是应当同时被理解为一个翻译问题。这里需要特别解释作者所说的"翻译问题"指的是什么。

⑪文章最后讨论了西方哲学史上的两大传统:以马克思为代表的分析传统和以海德格尔为代表的阐释学传统,这是文章的要点之一。尽管习作注意到了这部分内容的重要性,但止步于蜻蜓点水式的摘译,没有深入分析作者在文末讨论两大传统的用意,以及这部分讨论与文章中心论点间存在怎样的联系。

3.8.5 参考范文

1.学生范文

“地方化欧洲”(provincializing Europe)指的并不是地域上的欧洲,而是观念上的欧洲传统知识和意识形态。这些政治现代化概念作为启蒙运动和人文精神的一种遗产,不仅影响了全球的政治现代性(political modernity),而且作为实用概念在欧洲以外的地方存在,并未随时间流逝而被质疑或被淘汰。(第3～5页)这就引发了我们对——历史主义(historicism)和政治概念(the idea of political)——19 世纪现代性思想的两个产物的反思(第 6 页)。

这里的历史主义是指:用历史的眼光看待事物作为一个整体随着时间的发展而发展(第 23 页)。它提出的“先在欧洲,然后扩展到其他地方”的时间结构,绕开了对第三世界政治现代性发展历史的探究,认为现代性随着时间推移从欧洲扩散到第三世界国家,并把时间作为衡量文化距离的标尺(第 7 页)。在这种观点下,第三世界国家被认定为尚未达到发展民主自治(self-government)的条件,进入了历史主义想象中的历史候车室(waiting room of history)。20 世纪以来,第三世界国家的民族主义者拒绝这种阶级的简单进化理论——农民(peasant)通过受教育成为能够自治的市民,用“现在”(now)的概念把被认为还没有准备好的底层阶级(subaltern classes)接纳进政治领域,以实现不同于欧洲的民主自治(第 8～9 页)。这里的底层阶级和农民指的是所有欧洲意义上的非资产阶级(not bourgeois)(第 11 页)。

历史主义将农民集体活动参与到政治现代化中的历史发展看作向资本主义过渡的“不完全性”(incompleteness),将其归因于落后的历史进程,称其为“前政治”(prepolitical)(第 12～13 页)。但对于底层阶级的研究正是想说明农民的参与是政治现代性的一部分,是同时代的产物,而非落后的历史发展。这种批判建立在历史的多元化发展理论中,脱离了普适的资本主义叙事视角(第 13～14 页)。在对南亚政治现代性的构建中存在两种权力逻辑(logics of power):一种是引自欧洲的自由主义法律体系和制度体系;另一种是建立在本土文化生活中直接明确的从属关系(第 14 页),它指导着沿着血缘、宗教和种姓轴线建立起来的包含神、灵魂和超自然元素的农民集体行动(第 11 页)。这种理论既批判了单一的、普适的历史时间框架,也强调了世界启蒙下“迷信”(superstition)是长期存在的(第 16 页)。

这本书一方面利用马克思关于抽象的全人类资本扩张的理论来分析东南亚的政治现代化，一方面通过海德格尔对特定地区人民特定生活方式多样性的诠释来理解东南亚政治现代化无法用欧洲话语体系“翻译”(translation)的部分(第17～20页)。作者既使用了底层阶级生活实践的资料，也使用了一部分更容易受到启蒙思想影响的中产阶级(middle-class)的生活资料，但作者并非要书写中产阶级的历史(第20页)。同时作者也并非致力于“发现”印度历史研究中常常被忽视的穆斯林教徒(第21页)。这本书的目的是在承认欧洲政治思想对第三世界国家政治现代化过程不可或缺的影响的同时，发现历史的多样性和去欧洲中心化(decenter)(第4页)，即所谓的“地方化欧洲”(第22页)。

点评：

对于这样一篇难度极大的文章来说，这篇摘要对文献的转述不仅做到了准确、全面，而且要点的选取和组织反映出习作者对文献的通透理解。具体地说，这篇摘要在以下两个方面值得学习。首先，这篇摘要极好地把握住了文章的要点和行文逻辑，并能够将这种认识清晰地落实在写作中。比如摘要第一段，只用三句话，便清晰呈现出文章开篇四页篇幅中作者讨论的要点。其次，习作者清晰标注了页码和一些关键词对应的英文，说明这篇摘要的撰写基于非常扎实的文献基础，是认真核对原文、力求精确转述的范例。

2.英文摘要示例

In this article, Chakrabarty argues that the Eurocentric view, that is, claiming European history as embodying universal human history, is both methodologically and empirically problematic in explaining the political modernity beyond Europe, because the historicism that gives credit to the idea of being European as being universal simply cannot explain the emergence of political modernity in non-western worlds. While claiming European thought as being inadequate, Chakrabarty by no means suggests to discard it at all. Instead, he argues that the “simultaneous indispensability and inadequacy” of the Enlightenment legacy is the foundation and at the very core of the project of “provincializing Europe” (6).

By “historicism,” Chakrabarty means “the idea that to understand anything it has to be seen both as a unity and in historical development” (6). Historicism is the key conception that underpins the discourses of progress in which Europe is the first and non-western worlds are assigned to the space of "waiting" and the time of being "not yet". Closely intertwined with the concept of historicism is the other concept of "the political." For instance, precisely based on the historicism time framework of "first in Europe and then elsewhere," the colonialist ideology refuses to acknowledge undereducated Indians as citizens and tends to regard peasants' participation in political movements as "pre-political".

Thus, the project of "provincializing Europe" aims to argue for coevality of the European political thought and peasants' life-worlds such as gods and spirits, and thus for the plurality of modernities in a non-western country like India. Empirical evidence suggests strongly that in twentieth-century India, while its own elite decided to reject the "waiting room" and took action "now", undereducated peasants fully participated in nationalist movements as full-fledged citizens. As Chakrabarty argues, these were indeed capitalism, although a capitalism without bourgeois relations (9, 15). Thus, the idea of "provincializing Europe" will bring the analytic tradition, which assimilates the local into the universal and the hermeneutic tradition, which rescues various life worlds from universal categories, into a dialogue, with the purpose to demonstrate both "the capacities and limitations of certain European social and political categories in conceptualizing political modernity in the context of non-European life-worlds" (20) For example, as Chakrabarty suggests, colonial translation has crucial importance in the project, because the translucent nature of the process precisely reveals the tensions between non-Western histories and European thought, a nuanced way to unveil the discursive politics between the colonizer and the colonized.

3.8.6 拓展阅读书单

Dipesh Chakrabarty, "The Muddle of Modernity," *The American Historical Review*, vol. 116, no. 3 (Jun., 2011).

Dipesh Chakrabarty, "Where is the Now?" *Critical Inquiry*, vol. 30, no. 2 (Winter 2004).

张旭鹏:《迪佩什·查克拉巴蒂的“地方化欧洲”观念》,《全球史评论》2017年第2期。

张旭鹏:《“庶民研究”与后殖民史学》,《史学理论研究》2006年第4期。

第 4 章 精读训练

4.1 风格与修辞

阅读材料：Stephen E. Lucas, "The Stylistic Artistry of the Declaration of Independence," *Prologue: Quarterly of the National Archives and Records Administration* (Spring, 1990), https://www.archives.gov/founding-docs/stylistic-artistry-of-the-declaration.

4.1.1 "风格与修辞"导读

本节的核心阅读材料是一篇分析美国《独立宣言》风格与修辞手法的文章。尽管美国《独立宣言》是公认的西方文明史上写作技艺最为精湛的政治文书之一，但学界少有从风格与修辞角度对其进行的分析。这篇文章从句子、短语、用词和音节层面对《独立宣言》进行了细致的话语分析，不仅揭示了其文学上的造诣，而且呈现了作为一篇政治檄文其内含的修辞力量。作者将《独立宣言》文本分成五个部分，分别是：introduction、preamble、the indictment of George Ⅲ、the denunciation of the British people、conclusion。为方便读者阅读，本节附上了标示了这五个部分起讫位置的《独立宣言》全文。

4.1.2 思考题

阅读"The Stylistic Artistry of the Declaration of Independence"一文，思考下列问题。

1.Introduction 部分

①《独立宣言》的这一部分表述比较宽泛、笼统，比如“the course of human events”“the Laws of Nature and of Nature's God”“the opinions of mankind”，并没有指名道姓地提及冲突的双方——英国或美国。这样“笼统”的开篇用意何在？

②作者是如何分析“declare”这个词的？

③“necessary”这个词为何重要？

④将北美殖民地人民称作“one people”，将英国人称作“another”的用意何在？总结作者所罗列的三点理由。

2.Preamble 部分

①这一部分短短 202 个词展现了怎样的修辞力量？

②什么是 Style Periodique？这一写作风格有何特征？

③这一部分的“structural unity”体现在何处？

④什么是 sorites？这一部分所用的修辞与 sorites 有何相似和不同？

⑤如何理解作者所说的这一部分并不新颖、缺乏创新性？

3.The Indictment of George Ⅲ部分

①转折句“Such has been the patient sufferance of these colonies; and such is now the necessity which constrains them to alter their former systems of government.”在修辞上，有何特点？

②“The history of the present King of Great Britain is a history of repeated injuries and usurpations, all having in direct object the establishment of an absolute tyranny over these states.”在全文中占据怎样的逻辑地位？

③“To prove this, let facts be submitted to a candid world.”作者对“facts”和“a candid world”进行了怎样的词源和修辞分析？

④根据作者的归类，《宣言》中对乔治三世的控诉可以分成哪几组？分组的依据是什么？

⑤这一部分中大部分句子以“He has”开头，在语言韵律上产生了怎样的效果？

⑥“He has erected a multitude of new offices, and sent hither swarms of officers to harass our people, and eat out their substance.”运用了什么典故？

⑦作者对这些控诉表现出的“刻意的模糊性”(purposeful ambiguity)，进行

了怎样的分析？达到了怎样的表达目的？

4.The Denunciation of the British People 部分

这一部分重复使用“we have”，达到了怎样的修辞效果？

5.Conclusion 部分

①作者对结尾处“our Lives, our Fortunes and our sacred Honor”的词语顺序进行了怎样的分析？作者对 Honor 的词源、在 18 世纪的语境进行了怎样的解读？

②结语部分如何实现了从开头的笼统开篇向英美冲突具象化主题的转变？

4.1.3 美国《独立宣言》全文

[**Introduction**] When, in the course of human events, it becomes necessary for one people to dissolve the political bands which have connected them with another, and to assume, among the powers of the earth, the separate and equal station to which the laws of nature and of nature's God entitle them, a decent respect to the opinions of mankind requires that they should declare the causes which impel them to the separation.

[**Preamble**] We hold these truths to be self-evident, that all men are created equal, that they are endowed by their Creator with certain unalienable rights, that among these are life, liberty, and the pursuit of happiness. That, to secure these rights, governments are instituted among men, deriving their just powers from the consent of the governed. That, whenever any form of government becomes destructive of these ends, it is the right of the people to alter or to abolish it, and to institute new government, laying its foundation on such principles, and organizing its powers in such form, as to them shall seem most likely to effect their safety and happiness.

Prudence, indeed, will dictate that governments long established should not be changed for light and transient causes; and, accordingly, all experience has shown, that mankind are more disposed to suffer, while evils are sufferable, than to right themselves by abolishing the forms to which they are accustomed.

But, when a long train of abuses and usurpations, pursuing invariably the same object, evinces a design to reduce them under absolute despotism, it is their right, it is their duty, to throw off such government, and to provide new guards for their future security.

[**The Indictment of George Ⅲ**] Such has been the patient sufferance of these colonies; and such is now the necessity which constrains them to alter their former systems of government. The history of the present King of Great Britain is a history of repeated injuries and usurpations, all having in direct object the establishment of an absolute tyranny over these states. To prove this, let facts be submitted to a candid world.

He has refused his assent to laws the most wholesome and necessary for the public good.

He has forbidden his governors to pass laws of immediate and pressing importance, unless suspended in their operation till his assent should be obtained; and when so suspended, he has utterly neglected to attend to them.

He has refused to pass other laws for the accommodation of large districts of people, unless those people would relinquish the right of representation in the legislature; a right inestimable to them and formidable to tyrants only.

He has called together legislative bodies at places unusual, uncomfortable, and distant from the depository of their public records, for the sole purpose of fatiguing them into compliance with his measures.

He has dissolved representative houses repeatedly, for opposing, with manly firmness, his invasions on the rights of the people.

He has refused for a long time, after such dissolutions, to cause others to be elected; whereby the legislative powers, incapable of annihilation, have returned to the people at large for their exercise; the state remaining in the meantime exposed to all the dangers of invasion from without, and convulsions within.

He has endeavored to prevent the population of these states; for that purpose obstructing the laws for naturalization of foreigners; refusing to pass others to encourage their migrations hither, and raising the conditions of new appropriations of lands.

He has obstructed the administration of justice, by refusing his assent to laws for establishing judiciary powers.

He has made judges dependent on his will alone, for the tenure of their offices, and the amount and payment of their salaries.

He has erected a multitude of new offices, and sent hither swarms of officers to harass our people, and eat out their substance.

He has kept among us, in times of peace, standing armies, without the consent of our legislatures.

He has affected to render the military independent of and superior to the civil power.

He has combined with others to subject us to a jurisdiction foreign to our constitution, and unacknowledged by our laws; giving his assent to their acts of pretended legislation:

For quartering large bodies of armed troops among us;

For protecting them, by a mock trial, from punishment for any murders which they should commit on the inhabitants of these states;

For cutting off our trade with all parts of the world;

For imposing taxes on us without our consent;

For depriving us, in many cases, of the benefits of trial by jury;

For transporting us beyond seas to be tried for pretended offenses;

For abolishing the free system of English laws in a neighboring province, establishing therein an arbitrary government, and enlarging its boundaries, so as to render it at once an example and fit instrument for introducing the same absolute rule into these colonies;

For taking away our charters, abolishing our most valuable laws, and altering fundamentally the forms of our governments;

For suspending our own legislatures, and declaring themselves invested with power to legislate for us in all cases whatsoever.

He has abdicated government here, by declaring us out of his protection, and waging war against us.

He has plundered our seas, ravaged our coasts, burnt our towns, and destroyed the lives of our people.

He is at this time transporting large armies of foreign mercenaries to complete the works of death, desolation, and tyranny, already begun with circumstances of cruelty and perfidy scarcely paralleled in the most barbarous ages, and totally unworthy the head of a civilized nation.

He has constrained our fellow citizens, taken captive on the high seas, to bear arms against their country, to become the executioners of their friends and brethren, or to fall themselves by their hands.

He has excited domestic insurrections amongst us, and has endeavored to bring on the inhabitants of our frontiers, the merciless Indian savages, whose known rule of warfare is an undistinguished destruction of all ages, sexes, and conditions.

In every stage of these oppressions, we have petitioned for redress, in the most humble terms. Our repeated petitions have been answered only by repeated injury. A prince, whose character is thus marked by every act which may define a tyrant, is unfit to be the ruler of a free people.

[**The Denunciation of the British People**] Nor have we been wanting in attentions to our British brethren. We have warned them from time to time of attempts by their legislature to extend an unwarrantable jurisdiction over us. We have reminded them of the circumstances of our emigration and settlement here. We have appealed to their native justice and magnanimity, and we have conjured them by the ties of our common kindred, to disavow these usurpations, which would inevitably interrupt our connections and correspondence. They too have been deaf to the voice of justice and of consanguinity. We must, therefore, acquiesce in the necessity, which denounces our separation, and hold them, as we hold the rest of mankind, enemies in war, in peace friends.

[**Conclusion**] We, therefore, the representatives of the United States of America, in General Congress assembled, appealing to the Supreme Judge of the world for the rectitude of our intentions, do, in the name, and by authority of the good people of these colonies, solemnly publish and declare, that these United Colonies are, and of right ought to be free and independent states; that they are absolved from all allegiance to the British Crown, and that all political connection between them and the state of Great Britain is and ought to be totally dissolved; and that, as free and independent states, they have full power to levy war, conclude peace, contract alliances, establish commerce, and to do all other acts and things which independent states may of right do. And for the support of this declaration, with a firm reliance on the protection of Divine Providence, we mutually pledge to each other our lives, our fortunes, and our sacred honor.

4.2 句法逻辑与精翻(一)

阅读材料:Philip Kuhn, *Rebellion and Its Enemies in Late Imperial China: Militarization and Social Structure*, *1796-1864*, Cambridge, MA: Harvard University Press, 1970, pp. 1-3。

4.2.1 "句法逻辑与精翻"导读

泛读是提高信息提取效率、拓宽学术视野的重要阅读技能。但强调泛读,并不意味着否定精读的重要性。在许多情况下,对于篇章的理解恰恰取决于对一些长难句的理解。而难句之所以"难"无外乎两种情况。首先是"长",这就增加了识别句子主干结构的难度。其次是逻辑复杂,尽管一些句子本身并不长,但逻辑复杂也会增加理解的难度。因此,精读中的一项重要技能便是理解长难句,而对长难句的理解又非常考验学生的语法基础。

下面通过两个例子说明如何借助语法、语义逻辑分析准确理解长难句。

例 1:

> Unless one supposes (and the case has yet to be made effectively) that quite independently of outside influences Chinese society was already on the brink of decisive changes by the late Ch'ing period, then one must assume it was the Western intrusion that transformed a dynastic decline of a largely traditional type into a social and intellectual revolution in which nearly the whole of the old culture was swept away.

这句话的主干是:Unless one supposes ..., then one must assume ...。其中,unless 表示 except if,与 if... not 意思相似,意为"除非……"。识别句子主干后,再分析细节。这句话的大意是:除非我们假设即便在没有外在力量影响的情况下,中国也已经处在了走向现代化的边缘,否则就只能假设西方的入侵才是中国走向现代化的根本性推动力量。unless 引导的状语从句实际上是说中国不受外来影响也能自主走向现代化的假设是非常难以成立的,这一点也被括号里的内容证实。这句话的句法并不复杂,难点在于厘清语义逻辑。

例 2:

> An intelligentsia eager to believe that China had within herself all the prerequisites for the transition to modernity — belonged, that is, to the universal current of world history and not to a unique stream of her own — can only with difficulty assign to outside influence a predominant role in the overthrow of "feudalism."

这句话的主干是:"An intelligentsia ... can only with difficulty assign to outside influence a predominant role in the overthrow of 'feudalism.'"。然后,再看"知识阶层"(intelligentsia)的定语是什么。其定语是:eager to believe that China had within herself all the prerequisites for the transition to modernity — belonged, that is, to the universal current of world history and not to a unique stream of her own"。也就是说,这个知识阶层坚信中国自身具备了向现代性转型的所有先决条件,换言之,他们认为中国是世界大潮中的一部分,而不是一股孤立的支流。

理解这个句子还有一个难点："only with difficulty"。这个短语虽然不含明显的否定词，比如 no 或 not，实则含有否定意味，类似于 hardly。这句话的意思是：坚信中国自身已经具备走向现代性的全部先决条件的学者很难将外来影响作为中国封建制崩坏的主因。实际上，这句话是对前一句，即"A nagging doubt in this line of interpretation is the question of whether Western contact should be assigned the whole credit for setting off these internal changes"的进一步说明。

上述两例说明：准确理解长难句，在很大程度上取决于对语法、语义逻辑的精准把握。一方面，语法知识要过关，尤其要能够准确识别句子主干；另一方面，要联系上下文，尤其是对于孤立来读意思有些费解的句子，更是需要将其置于前后文语境中来理解。下面，本书将用三节的篇幅，以三个具体实例探讨句法逻辑与精翻。

4.2.2 选文

Perhaps the most vexing problem for the student of modern Chinese history is how to distinguish between the decline of the Ch'ing regime and the decline of traditional Chinese society as a whole.① This problem cannot be dismissed as a mere juggling of abstractions, for it involves the most basic elements of our perception: our characterization of the period we are dealing with, and our identification of historical motive forces.② Such an elementary question of definition has been forced upon us by the awkward confluence of events in the early nineteenth century, in which a dynasty already weak was confronted with a radically new challenge in the form of militant Western expansionism.③ Unless one supposes (and the case has yet to be made effectively) that quite independently of outside influences Chinese society was already on the brink of decisive changes by the late Ch'ing period, then one must assume it was the Western intrusion that transformed a dynastic decline of a largely traditional type into a social and intellectual revolution in which nearly the whole of the old culture was swept away.④

At some point, then, the influence of outside factors — new techniques, new ideas, new patterns of social organization — must be assumed to have become a decisive force in the evolution in China's history; but at what point?[5] More than one school of interpretation has been prepared to recognize the Opium War as the decisive moment and to treat the whole of the ensuing era as in one way or another the inevitable consequence of the opening of China by the West.[6] Marx made the baldest statement of this case in 1853, when he predicted that, now that China was stripped of her protective isolation, "Dissolution must follow as surely as that of any mummy carefully preserved in a hermetically sealed coffin, whenever it is brought into contact with the open air."[7] In contrast to Marx himself, who had only a qualified sympathy for capitalism's Asian victims, Chinese Marxist historians have naturally seen things from the victims' point of view and have related the movement of modern history primarily to the struggle against imperialism.[8] The beginning of this struggle, and hence the beginning of China's modern history, was the Opium War. But besides generating anti-imperialism, the Western intrusion also set in motion basic changes in the inner constitution of Chinese society.[9] Out of the "semi-feudal, semi-colonial" postwar era grew the class struggles that were to carry China inevitably toward her present condition.[10] A nagging doubt in this line of interpretation is the question of whether Western contact should be assigned the whole credit for setting off these internal changes.[11] An intelligentsia eager to believe that China had within herself all the prerequisites for the transition to modernity — belonged, that is, to the universal current of world history and not a unique stream of her own — can only with difficulty assign to outside influence a predominant role in the overthrow of "feudalism."[12] Nevertheless, the primacy of the anti-imperialist theme and the need for neat periodization have required that the "opening of China" serve as the beginning of modern history, the point at which a traditional dynastic decline was transformed into the decline of traditional civilization.[13]

There is no denying the need to round off our own periods of study at arbitrary and useful points, but the convenience of the year 1840 should not lead us to beg the question of when, purely on the merits of the case, the "modern" period should be considered to have begun.[14] Without going into deeper discussions, for the moment let us say that "modern" here refers to that period in which the motion of history is governed primarily by forces exogenous to Chinese society and Chinese tradition.[15] It is that period, in other words, when the "decline" we observe is no longer simply the waning of the Ch'ing dynasty and its attendant social evils, but a more profound process that is leading Chinese history irrevocably out of its old paths and producing basic changes in social and intellectual organization.[16] Such a process differs from the dynastic cycle in that never again can Chinese state or society be reestablished on the old pattern.[17]

Despite our best efforts to liberate ourselves from dynastic cycle historiography, certain of its assumptions seem to remain with us: particularly that which relates the long-term stability of Chinese political institutions to factors of continuity in local society.[18] In this view, administrative entropy and dynastic succession neither sprang from the substructure of Chinese life nor permanently affected it.[19] The rise and fall of regimes, the clash of cliques in high state affairs, were but surface waves on a deep pool of stability.[20] Clearly, some interdynastic crisis periods have had greater, and others less, effect upon local society. At the time of the Manchu conquest at least, a key element of stability appears to have been the continued dominance of the traditional elite, that educated status group Westerners have customarily called "the gentry," which had largely monopolized China's intellectual and political life since the eleventh century. This elite provided the pool of talent and education from which the new regime could staff its bureaucracy.[21] It assured the maintenance of those customary community services without which Chinese local government could not operate; and, through its devotion to the social status quo, it made possible the reestablishment of local order, without which a reliable registration and taxation system could not be built.[22] On a national scale, it served as the vital link between the bureaucracy and the local communities, between the urban administrative centers and the rural hinterland. In sum, it was this elite which, by virtue of its undiminished community influence, its tradition of orthodox learning, and its ethic of administrative service, made possible the reintegration of the traditional state in a shape similar to that of its predecessor.[23]

4.2.3 句法分析

本部分将逐句分析选文的用词、句式、语法和逻辑。一方面为难点释义，另一方面示范如何通过精读反思写作。

①本句中值得积累的知识点及表达有：vexing 可以替换为 annoying、frustrating、troubling；distinguish between ... and ...，在两者间进行区分，distinguish 可以替换为 differentiate。

②本句的难点不在语法，而在语义。作为中国历史上最后一个帝制王朝，清王朝的灭亡很容易被混淆为传统中国社会的瓦解。这些概念听起来"很绕"，这便是作者在这句话中所说的 juggling of abstractions，即玩弄概念。但作者在这句话中指出，区分这两个"瓦解"非常重要，因为这不仅关涉历史分期问题，而且还牵涉如何理解这一时期历史发展的主要推动力。

③forced upon us by the awkward confluence of events 旨在强调对 19 世纪早期以降历史进行分期的困难性，因为在这一时期不仅清王朝自身由于"内因"已经走向了衰败，而且又恰逢西方入侵的开始，于是便有了"内因"和"外因"孰为主因的问题。

④首先，也是最难做到的是看懂这句话的逻辑。这句话的逻辑结构是 unless one supposes that ..., then one must assume ... ，这是一个"非此即彼"的逻辑结构。换言之，除非由"内因"决定，否则就必然由"外因"决定。其次，这句话中有若干需要学习的语言点：independently of，独立于、与……无关，近似于 without、irrelevant to、having nothing to do with；on the brink of，在……的边缘；sweep away，彻底清除，近似于 eliminate completely。

⑤本句虽然简单，但有一个极好的修辞：At some point... but at what point? 这个表达很好地将讨论从第一段"泛指的外因"具化为"在哪个时间点"

的外因。

⑥More than one school of interpretation ... in one way or another ...用来表达许多学者从不同角度对某个问题进行了阐释。

⑦本句涉及如何转述、引用观点。除了最为简单、直接的，例如 Marx wrote / argued 等，还可以留心积累其他转述、转引句式，比如 Marx made the baldest statement of this case in 1853, when ...。此外，还可以留心学习如何在引文前对下面要引用的文献进行概括，一方面避免大段直接引用，另一方面可以清晰展示引文的语义和目的。比如，“China was stripped of her protective isolation”就非常好地概括了后面的引文。

⑧qualified，有保留的、有限度的；relate ... to...，将……与……相联系。

⑨set in motion 是史学写作中很常用的表达，意为启动、引发，表达一连串变化的起始因素；inner constitution of Chinese society，意为中国社会的内在构成。

⑩这是一个倒装句，主语是 the class struggles that were to carry China inevitably toward her present condition。

⑪本句中，学术写作常用表达有：nagging doubt，长久以来的质疑；in this line of interpretation，沿着这条阐释路线；assigned the whole credit，完全归因于。

⑫本句的难点在于厘清逻辑。理解这句话的关键是：“can only with difficulty assign to outside influence a predominant role in the overthrow of ‘feudalism’”可以替换成 can hardly assign a predominant role to outside influence in the overthrow of “feudalism”，替换后就可以很清楚地看到作者虽然没有用 no 或 not，但 only with difficulty 实则表示的是否定义。

⑬本句中的难点仍然在于厘清逻辑。这句话实则是对上一句话进行解释，即将鸦片战争作为近代史的起点，有其正当的理由，这个理由是：中国近代民族主义史学的反帝主题和出于便捷地对历史进行分期的需要。

⑭round off 与 at arbitrary and useful points、the convenience 相对应，表达的是以最简便却也是最武断的方式对历史进行分期。

⑮forces exogenous to Chinese society and Chinese tradition，“外在于中国社会和中国传统的力量”，这里很容易写成一个定语从句，但不免过于拖沓。可以留心积累 exogenous to 这样用在名词之后的后置修饰语表达。

⑯本句中的语言点有：waning，衰落，形容朝代时还可以替换成 decline、

decaying; attendant，伴随的、随之而来的，可替换为 concomitant、accompanying、consequent; lead ... irrevocably out of its old paths 将……不可逆转地带离了旧的轨道。

⑰dynastic cycle，朝代循环；in that，因为、原因是。

⑱liberate ... from ...，将……从……中解放出来；certain，比 some 更正式，更适合用于书面语。

⑲entropy，混乱、无序；spring from，源自、源于。

⑳本句中的 but，意思等同于 only；这句话中有若干表达值得记诵，比如 rise and fall of regimes，the clash of cliques，high state affairs，surface waves。此外，这句话作为一个整体表达了历史分析中的一种常用意象：一些在某个时间点上非常重要的事件，不过是稳定的制度结构的表层波澜。

㉑pool 的用法非常广泛，值得专门研习。可做动词，如 pool resources。此处 the pool of talent and education，指的是有才能且受过教育的备用人才。staff 除了常用的“职员”义外，作为动词，有“为……提供职员”的意思，此处意为“为官僚机构提供人选”。

㉒本句并列用了两个 without which 定语从句，增强了句子的修辞效力。

㉓in a shape similar to that of its predecessor 是一个将形容词短语后置的例子。可以思考这里如果替换成 in a similar shape to that of its predecessor，那么，that 指代的不确定是 similar shape 还是 shape，指代关系不如原文明确。

4.2.4 参考译文

对于研究中国近代史的学者来说，最让人烦恼的问题或许便是区分清王朝的衰落和作为一个整体的中国传统社会的衰落。这个问题不应该仅仅被视作“玩弄概念”，因为这个问题包含了我们理解中国近代的基本史观，包括：我们对这一历史时期特性的把握，以及我们对这一时期历史演进动力的识别。19 世纪初以来的变局迫使我们不得不对这一问题进行解答，这个时期见证了一个已经衰落的王朝遭遇了西方殖民军事扩张的激烈挑战。除非我们假设即便没有外在力量的影响，到晚清，中国社会也已经处在了根本性变革的边缘，否则我们便不得不承认：正是西方的入侵将一个原本传统范畴内的朝代更迭转化成了一场摒弃旧文化的社会、思想革命。

因此，从某种意义上说，我们不得不假定外因——新的科技、新的思想、新的社会组织形式——在中国历史演进中扮演了决定性作用；那么，变化的时间点究竟在哪儿？不止一个学派试图将鸦片战争作为一个关键的时间点，并将接下来发生的全部事件视为西方打开中国大门的必然结果。早在1853年，马克思就预测其时的中国正被剥下闭关锁国的保护外衣，他对此做出了以下直截了当的评论："就像层层包裹在密封棺材里的木乃伊被放到了户外，接下来将发生的必然是它的解体。"马克思对资本主义在亚洲的受害者抱有有限同情，与其相对，中国的马克思主义史学家们天然地倾向于从受害者的视角看待问题，主要是将中国近代历史的演进与反帝国主义的斗争相联系。他们主张，这场斗争的开始，也就是中国近代史的开端，是鸦片战争。但是，除了激发了中国人民的反帝运动，西方入侵还带来了中国社会内在结构的深刻变化。在"反封建反殖民"的后鸦片战争时代，兴起了将中国不可避免地带向其现状的阶级斗争。这条阐释链中唯一的疑问是，西方的到来是否可以被视作所有这些内在变化的诱因。对于一个坚持中国自身具备了向现代性转型的所有先决条件的学者——也就是说，认为中国是世界大潮中的一部分，而不是一股孤立的支流——来说，其不太会用外因论来解释封建制的垮台。然而，反帝问题在这种阐释中的核心地位以及对清晰历史分期的需要，要求将"中国被迫打开大门"这一事件作为近代史的开端，也就是说在这个时间节点上，传统的朝代衰落被转化成了一个传统文明的衰落。

不可否认的是，需要用一些武断、便捷的时间点以完成历史分期，但1840年这个现成的时间点不应该将我们引向这样一个结论，即可以仅仅依据鸦片战争这个事件本身，决定"近代"是在什么时候开始的。在没有就这个问题进行深入探讨前，我们这里姑且说"近代"指的就是由外在于中国社会和传统的因素推动了历史演进的那个时期。换言之，正是在这个时期，我们看到的"衰落"不再局限于清王朝的衰败以及随之而来的社会弊病，而是一个更深远的过程，即一个将中国历史不可扭转地带离了旧的轨道，在社会、思想组织方面产生了深远变化的过程。这样一个历史过程与朝代兴衰的历史周期不同，因为中国传统国家或社会再也未能按照旧的模式得以重建。

尽管我们努力将自己从朝代兴衰的历史撰述中解放出来，但这种历史撰述方式的一些假设似乎始终影响着我们，特别是将中国政治制度的长时段的稳定性与地方社会的延续性相联系的假设。在这种视角下，行政的无序状态和朝代更迭既不是来源于中国社会生活的下层结构，这些短暂的风波不会对这些结构造成永久性影响。朝代的起起落落、政治高层的派系冲突，都不过是平静水面上的小小波澜。很显然，朝代更迭期间的一些危机时期对地方社会产生了或大或小的影响。至少在明清鼎革之时，社会稳定的一个主要因素似乎是传统精英阶层持续掌握统治地位，这些精英也就是被西方人惯称为“绅士”的受教育阶层，从11世纪开始这个阶层便很大程度上垄断了中国的思想和政治生活。这个精英阶层为新政权提供了有才华和受过教育的官僚人选。没有这个阶层的存在，地方政府便无法运转；正是这个阶层对现状的维持，使重建地方秩序成为可能；没有这个阶层的存在，可靠的户籍和税收体系便无从建立。在全国范围内，这个阶层是官僚和地方社会、作为行政中心的城镇和乡村腹地之间的关键纽带。一言以蔽之，这个精英阶层所具有的丝毫不减的地方影响、所代表的正统学问的传统，及其入世精神，使得传统国家以与之前相近的形式重新整合成为可能。

4.3 句法逻辑与精翻(二)

阅读材料：Robert Brenner, “Agrarian Class Structure and Economic Development in Pre-Industrial Europe,” *Past & Present*, vol. 70, issu. 1 (Feb., 1976), pp. 30-32。

4.3.1 选文

General interpretations of the processes of long-term economic change in late medieval and early modern Europe have continued to be constructed almost exclusively in terms of what might loosely be called “objective” economic forces — in particular, demographic fluctuations and the growth of trade and markets.[①] A variety of models have been constructed centring on these forces. But whatever the exact nature of the model, and whether the pressure for change is seen to arise from urbanization and the growth of trade or an autonomous demographic development, a market supply-demand mechanism is usually assumed to provide the elementary theoretical underpinnings.[②] So, the response of the agrarian economy to economic pressures, whatever their source, is more or less taken for granted, viewed as occurring more or less automatically, in a direction economically determined by the “laws of supply and demand”.[③]

In the construction of these economic models, the question of class structure tends to be treated in a variety of ways.[4] Typically, there is the statement that one is abstracting (for the moment) from the social or class structure for certain analytical purposes. The fact remains that in the actual process of explanation, that is in the application of the model to specific economic historical developments, class structure tends, almost inevitably, to creep back in.[5] Sometimes, it is inserted, in an *ad hoc* way, to comprehend a historical trend which the model cannot cover.[6] More often, however, consciously or unconsciously, class structure is simply integrated within the model itself, and seen as essentially shaped by, or changeable in terms of, the objective economic forces around which the model has been constructed in the first place.[7] In the most consistent formulations the very fact of class structure is implicitly or explicitly denied. Long-term economic development is understood in terms of changing institutionalized relationships of "equal exchange" between contracting individuals trading different, relatively scarce factors under changing market conditions.[8]

It is the purpose of this article to argue that such attempts at economic model-building are necessarily doomed from the start precisely because, most crudely stated, it is the structure of class relations, of class power, which will determine the manner and degree to which particular demographic and commercial changes will affect long-term trends in the distribution of income and economic growth — and not *vice versa*.[9] Class structure, as I wish here to use the term, has two analytically distinct, but historically unified, aspects.[10] First, the relations of the direct producers to one another, **to** their tools and **to** the land in the immediate process of production — what has been called the "labour process" or the "social forces of production".[11] Second, the inherently conflictive relations of property — always guaranteed directly or indirectly, in the last analysis, by force — by which an unpaid-for part of the product is extracted from the direct producers by a class of nonproducers — which might be called the "property relationship" or the "surplus — extraction relationship". It is around the property or surplus —

extraction relationship that one defines the fundamental classes in a society — the class(es) of direct producers on the one hand and the surplus-extracting, or ruling, class(es) on the other.[12] It would be my argument then that different class structures, specifically property relations or surplus — extraction relations, once established, tend to impose rather strict limits and possibilities, indeed rather specific long-term patterns, on a society's economic development.[13] At the same time, I would contend, class structures tend to be highly resilient in relation to the impact of economic forces; as a rule, they are not shaped by, or alterable in terms of, changes in demographic or commercial trends.[14] It follows therefore that long-term economic changes, and most crucially economic growth, cannot be analysed adequately in terms of the emergence of any particular constellation of relatively scarce factors unless the class relationships have first been specified; indeed, the opposite outcomes may accompany the impact of apparently similar economic conditions. In sum, fully to comprehend long-term economic developments, growth and / or retrogression in the late medieval and early modern period, it is critical to analyse the relatively autonomous processes by which particular class structures, especially property or surplus-extraction relations, are established, and in particular the class conflicts to which they do (or do not) give rise.[15] For it is in the outcome of such class conflicts — the reaffirmation of the old property relations or their destruction and the consequent establishment of a new structure — that is to be found perhaps the key to the problem of long-term economic development in late medieval and early modern Europe, and more generally of the transition from feudalism to capitalism.[16]

Put in such general terms, the foregoing propositions and definitions likely appear vague. What I should like to do is to try to give them substance by relating them to a critique of certain major explanatory motifs in the economic historiography of late medieval and early modern Europe, where they have hardly been taken for granted, and where it seems to me that economic-determinist model-building holds an overwhelmingly dominant position.

Thus, I will focus on two different over-arching interpretations of long-term economic change in medieval and early modern Europe, one of which might be called the "demographic model", the other of which might be called the "commercialization model". The former grew out of a critique of the latter, but I shall try to show that both are subject to analogous problems.⑰

4.3.2 句法分析

①本句旨在介绍既往有关中世纪晚期至近代早期欧洲长时段经济演变的阐释框架。学生经常忽略的关键词是 long-term。因为中世纪晚期至近代早期是一个非常长的时段，作者在这篇文章中不是探讨某个微观话题，比如贸易、乡村发展、行会等，而是从"长时段"这一视角理解欧洲在这一时期从封建到资本主义的宏观演变进程。这句话中加引号的"objective"需要特别注意。史学英文文章中加引号的术语需要特别关注。需要问自己：这里的"客观"指的是什么？如果单从这句话中找不到答案，那么就需要在阅读后文时留心寻找线索。具体到这句话，用 objective 是因为既往研究将人口波动和贸易、市场发展等因素视为"长时段"经济演变的根本动力，忽略了人的能动性，尤其是社会阶级关系对经济发展的预先决定作用。在这个意义上，人口和贸易是"客观"的。对于既往阐释框架的概括为：general interpretations... have continued to be constructed almost exclusively in terms of ...。在阅读时可以留心积累这样的句式。

②这两句话中含有两层"虽然……但是……"结构。第一层转折结构是：第 6 行 but 前面和后面。第 5 行指出围绕所谓"客观"经济动力来解释长时段经济发展的理论模式为数不少，但目的是为了说明这些模式看似纷繁复杂，实则隐含一条主线。第二层转折结构是：whatever ... and whether ...。因此，理解和翻译这两句话的关键首先是识别句子中的转折结构。其次，应该把重心放在"but"之后的部分，因为"but"之前是转折性限定和修饰，其后才是作者真正想表达的内容。

③本句是对前面既往研究理论框架的进一步总结，即人口和市场遵从"laws of supply and demand"。如果不能马上理解这个长句子，可以尝试先提取这个句子的主干。这个句子的主干是：So, the response of the agrarian economy to economic pressures, ... is ... viewed as occurring ... in a direction economically determined by "the laws of supply and demand"。

④本句是这一段的总结句，提出了与此前所谓“客观”经济发展动力不同的解释框架，即以阶级结构(class structure)为中心。这个句式特别值得学习：In the construction of sth (model, theory, argument, etc.), the question of ... tends to be treated in a variety of ways。这个句式可以用来引介既往研究处理一个概念或者一个问题的不同方式，进而对既往研究进行回顾、总结。

第二段概括了对中世纪晚期至近代早期欧洲“长时段”经济发展演变的既往研究，无论这些研究看上去如何不同，实则均将“阶级关系”置于从属地位。对这一部分的理解，对结构的把握远比对单个句子的理解更为重要。更具体地说，理解这部分的关键是抓住逻辑提示词：“Typically”“Sometimes”“More often, however”“In the most consistent formulations”。

⑤这两句话想表达的是：尽管一些研究为了阐释上的便利会引入“阶级结构”这一概念，但事实上这种权宜之计并没有妨碍“阶级结构”重新回到历史阐释中，因为“阶级结构”决定了影响经济发展的其他具体要素，而不是相反。

⑥本句中的 in an ad hoc way，意为“以一种特别的方式”。这句话的意思是，尽管既往的一些阐释框架的确引用了“阶级结构”理论，但“阶级”关系在这些阐释中只处于一种边缘地位，即当一些经验事实无法被解释时，阶段结构理论便成了它们自圆其说的权宜之计。

⑦这句话的难点是理解 essentially shaped by, or changeable in terms of 的含义，即“被决定或随着……的改变而改变”，这个表达可以留心积累。要特别注意其中的 by 和 of 不能省略，因为 by 在这里表示被动式，of 则是 in terms of 固定短语的一部分。

⑧本句句法本身并不难，但需要结合上下文才能理解。理解的难点是：in terms of changing institutionalized relationships of “equal exchange” between contracting individuals trading different, relatively scarce factors under changing market conditions。首先，如何理解 institutionalized relationships？作者所说的是制度化的经济交换关系，而不是特指某一次经济交换活动，换句话说，是个体进行交易的社会经济条件。其次，加引号的术语需要特别关注。那么，“equal exchange”如何理解？结合上下文，这个术语指的是商品市场交易，结合句子最后的 scarce factors，这里指的是自由贸易条件下的供需关系。

⑨理解这个句子的关键是识别原因状语从句的主干部分，即“it is the structure of class relations, of class power, which will determine the manner and degree to which particular demographic and commercial changes will affect long-term trends in the distribution of income and economic growth — and not vice versa。”这是一个强调句式，主语是 the structure of class relations, of class power；class power 前的 of 不能省略，因为此处是对 the structure of class power 的省略。

这句话中第二个语法难点是：理解“the manner and degree to which particular demographic and commercial changes will affect long-term trends in the distribution of income and economic growth”中的 to which 指的是什么。to the degree 是一个固定搭配，to which 后是定语从句修饰 degree。

在读懂这句话的句法后，更重要的是理解这句话的含义。这句话非常辩证，因为它虽然特别强调了阶级关系结构对人口、商业长时段演变过程的决定作用，但同时并没有否认人口和商业等因素的作用，而是说：阶级关系决定了人口和商业在长时段经济发展中发挥作用的方式和程度（manner and degree）；也就是说，在不否认人口和商业在经济发展中的作用的同时，作者认为阶级关系结构起到了更根本的作用，决定了其他经济发展要素发挥作用的程度和方式。

在从句法和语义层面理解这句话的基础上，还需要特别学习这句话的表达方式。这句话充满了唯物史观的意味，值得记诵以备未来写作之用。

⑩本句并不难理解，但这个句型值得记诵。尝试替换原文的表达方式，有助于更深刻地体会原文的妙处。虽是读的功夫，却极有助于写作水平的提高。比如，class structure, as I wish here to use the term。可以思考：如果换成加引号的“class structure”，省去 as I wish here to use the term，那么与原文相比，哪一个更好？首先，class structure 如原文脚注所示，源自马克思著作的不同地方。作者在这里是试图从马克思原著中提炼出自己创造性的阐释方式，而非引用马克思现成的概念。其次，如果直接在句首用“class structure”似乎显得突兀，让人不知其由来；而用 as I wish here to use the term，即一个插入语的形式，则既避免了主语过长、头重脚轻，也清楚点明了下文将要讨论的内容，即对这一术语进行界定。这句话中第二个值得学习的点是论点的组织、设计。has two analytically distinct, but historically unified aspects 说明作者在具体解释“阶级结构”这一概念时，不仅揭示了构成这一概念的两个方面，而且指出了这两个方面间的内在联系。

⑪本句需要特别注意的是 the relations of the direct producers to one another, **to** their tools and **to** the land 中加粗的两个 to 均不能省略，因为它们

是 the relations of the direct producers to their tools and the relations of the direct producers to the land 的省略，to 提示了这种省略。

⑫本句中要思考为什么是 by which 而不是 which。因为这个从句修饰的是 by force。

本句中特别值得学习的是破折号后面的部分，即对社会中剥削者与被剥削者阶级的进一步定义。此处要认真领会如何对关键术语进行清晰的、不含歧义的界定，如何把话说透。

⑬本句是经典的马克思主义唯物辩证法表述，值得认真记诵。这句话的意思可以参照马克思《路易波拿巴的雾月十八日》第一章开篇的一段话：

> Men make their own history, but they do not make it as they please; they do not make it under self-selected circumstances, but under circumstances existing already, given and transmitted from the past. The tradition of all dead generations weighs like a nightmare on the brains of the living. And just as they seem to be occupied with revolutionizing themselves and things, creating something that did not exist before, precisely in such epochs of revolutionary crisis they anxiously conjure up the spirits of the past to their service, borrowing from them names, battle slogans, and costumes in order to present this new scene in world history in time-honored disguise and borrowed language.

以上这段话与"once established, tend to impose rather strict limits and possibilities, indeed rather specific long-term patterns, on a society's economic development"有异曲同工之妙。

⑭本句与其前句展现了马克思主义唯物辩证法中彼此呼应、合为一体的三个方面，说明了阶级关系在经济分析中的预先决定作用。这两句话作为一个整体，论述非常紧凑、层层递进，极富论述张力。

⑮这句话中有一个非常值得学习的论点总结句式：In sum, fully to comprehend ..., it is crucial to analyse... 。

⑯本句中特别值得学习的是如何把话说透，尤其是这一部分：the outcome of such class conflicts — the reaffirmation of the old property relations or their destruction and the consequent establishment of a new structure。阶级冲突的

结果，概括来说有两个——重组旧的或者建立新的，破折号后便是对这两种可能的结果的进一步澄清。

以上选文为这篇长文的前言部分。在这一部分的最后一段中，作者陈述了下文的逻辑架构和篇章安排：对下文每一个部分提供一个“路标”性的简介。

⑰本句再次体现了作者篇章逻辑安排的紧凑性。通过“The former grew out of a critique of the latter, but I shall try to show that both are subject to analogous problems”，可知作者没有满足于仅仅概括此前研究中的两个模式，而是进一步发现了二者共存的问题。

4.3.3 参考译文

对中世纪晚期和近代早期欧洲长时段经济演变进程的理论阐释，几乎无一例外地是以所谓“客观”推动经济变迁的力量为标准，尤其是以下两个因素：人口增减的波动和贸易、市场的发展。许多阐释正是围绕这些所谓客观力量建构而成的。但是，无论一个阐释模型具有怎样的特征，推动经济发生变化的动力无论是城市化和贸易发展还是自然的人口波动，它们都将一种市场供需机制作为其理论的基本依据。因此，农业经济对变动的经济因素的回应，无论这种因素的源头何在，都或多或少被理所当然地视作对经济学中供需关系法则的机械回应。

这些纷杂的阐释框架对阶级结构这一影响因素的处理方式各异。典型的一种做法是从社会或阶级结构中抽象出某种结论，以服务于其特定的阐释目的。然而，在将这种模型“应用”于对特定经济历史发展的阐释时，阶级结构总是不可避免地重新出现了。为了解释原有阐释框架无法解释的历史中的经济演变趋势，阶级结构时常被策略性地嵌入原有的阐释框架中。然而，对待阶级结构这一因素更为常见的方式是，阶级结构被或有意或无意地直接嵌入了既有的以所谓“客观”经济发展动力为决定因素的阐释模型中，被视作由这个模型塑造、随着这个模型的变化而变化的一个从属因素。在既有的长时段经济历史研究中，阶级结构的作用，或直接或间接地被否定了。因此，长久以来的研究，是探究制度化交易个体之间，在变动的供需关系中、围绕相对稀缺的“因素”进行“等价交换”的关系，并以此来理解长时段的经济发展规律。

本文的目的是证明这些既有的经济阐释模型从一开始就注定存在缺

陷，因为正是阶级关系或阶级权力结构决定了特定人口、商业变迁将以何种方式和程度来影响收入分配和经济增长的长时段发展。我所说的阶级结构包含两个彼此不同但在历史上相互合一的方面。第一个方面指的是生产者彼此间的关系，以及生产者与其生产工具和土地之间的关系，这又被称作“劳动过程”或“生产的社会关系”。第二个方面指的是内在冲突着的财产关系，即未参与生产的剥削阶级占有了生产者劳动产品中没有被给予报偿的部分；也就是所谓的“财产关系”或剩余劳动产品的剥削关系：这一关系的一方是直接创造了产品的生产者，另一方是未参与生产却占有了剩余劳动产品的统治阶级。在本文中，我将指出：不同的阶级结构，特别是“财产关系”或“剩余劳动产品的占有关系”，一旦形成，便严格设定了一个社会长时段经济发展的限制条件和可能性。同时，我将指出阶级结构在推动经济变迁的其他因素面前具有极强的韧性；换言之，阶级结构不随人口或商业结构的变化而变化。因此，如果只是考虑客观的供需关系，我们无法充分解释长时段经济变化和更为至关重要的经济增长，由此需要在阶级关系框架下理解客观供需条件的变化；事实上，与相似的客观经济条件相伴随的常常是截然相反的结果。总而言之，要充分解释中世纪晚期和近代早期长时段经济发展、增长或衰退，关键是要以特定阶级结构为基本框架，特别是在财产或剩余劳动产品占有关系框架下，分析客观的供需关系演变的过程。因为只有阶级冲突——旧的财产关系的重构或旧的财产关系的瓦解和相应的新的阶级结构的建立——才是解释中世纪晚期和近代早期欧洲长时段经济发展过程，或者一般而言的从封建主义到资本主义经济方式转变过程的关键。

在这样一种概略表述中，无论是预设还是定义都不免显得模糊。下面我将对中世纪晚期至近代早期欧洲经济史研究的既有阐释模型进行批判，以此为先前的概述赋予实质性内容，因为本文的预设和结论在学界还远未达成共识，且在我看来，在这个领域中，围绕供需关系的经济决定论仍占据绝对的主流地位。因此，我将集中批判中世纪和近代早期欧洲长时段经济演变研究中的两个主要理论：一个是人口理论，另一个是商业理论。前者源自对后者的批判，而我将揭示，这两个理论存在相近的问题。

4.4 句法逻辑与精翻(三)

阅读材料:Robert Brenner, "Agrarian Class Structure and Economic Development in Pre-Industrial Europe," *Past & Present*, vol. 70, issu. 1 (Feb., 1976), pp. 47-48。

4.4.1 选文

In sum, despite the destructive force of their attacks upon the unilineal trade-centred theories of economic change, it may be doubted that either Postan or Le Roy Ladurie has carried his critique quite far enough.① For, rather than searching for underlying differences which might account for contrasting lines of development in different places under similar constellations of economic forces, both Postan and Le Roy Ladurie have chosen to construct new models largely by substituting a different objective variable, population, for the old, discredited one, commerce.② Because, in my view, they have failed to place the development of class structure and its effects at the centre of their analyses, their own cyclical Malthusian models encounter, as we have seen, precisely the same sorts of difficulties in the face of comparative history that they themselves exposed in their criticisms of the trade-centred unilineal approaches.③ In particular, their methods prevent them from posing what in my view are perhaps the two fundamental problems for the analysis of long-term economic development in late medieval and early modern Europe, or more generally, the "transition from feudalism to capitalism": (1) the decline versus the persistence of serfdom and its effects; (2) the emergence and predominance of secure small peasant property versus the rise of landlord-large tenant farmer relations on the land.④ In historical terms this means, at the very least: (1) a comparative analysis of the intensification of serfdom in eastern Europe in relation to its process of decline in the west; (2) a comparative analysis of the rise of agrarian capitalism and the growth of agricultural productivity in England in relation to their failure in France.[5] Simply stated, it will be my contention that the breakthrough from "traditional economy" to relatively self-sustaining economic development was predicated upon the emergence of a specific set of class or social-property relations in the countryside, that is, capitalist class relations.[6] This outcome depended, in turn, upon the previous success of a two-sided process of class development and class conflict: on the one hand, the destruction of serfdom; on the other, the short-circuiting of the emerging predominance of small peasant property.[7]

One can begin by agreeing with Postan that there was a long-term tendency to demographic crisis inherent in the medieval economy. But this tendency to crisis was not a natural fact, explicable solely by reference to available human and natural resources in relation to an ostensibly given level of technique.[8] It was, rather, built into the interrelated structure of peasant organization of production on the one hand, and, on the other, the institutionalized relationships of serfdom by which the lord was able to extract a feudal rent. Thus the inability of the serf-based agrarian economy to innovate in agriculture even under extreme market incentives to do so is understandable in view of the interrelated facts, first, of heavy surplus extraction by the lord from the peasant and, second, the barriers to mobility of men and land which were themselves part and parcel of the unfree surplus-extraction relationship.[9]

Thus the lord's surplus extraction (rent) tended to confiscate not merely the peasant's income above subsistence (and potentially even beyond) but at the same time to threaten the funds necessary to refurbish the peasant's holding and to prevent the long-term decline of its productivity.[10] Postan has estimated that on average something like 50 per cent of the unfree peasant's total product was extracted by the lord. This was entirely unproductive profit, for hardly any of it was ploughed back into production; most was squandered in military expenditure and conspicuous consumption.[11]

At the same time, given his unfree peasants, the lord's most obvious mode of increasing income from his lands was not through capital investment and the introduction of new techniques, but through squeezing the peasants, by increasing either money rents or labour services.⑫ In particular, the availability of unfree rent-paying tenants militated against the tendency to expel or buy out peasants in order to construct a consolidated demesne and introduce improvements on this basis.⑬ Revenues could be raised through increasing rents via tallages, entry fines and other levies, so there was little need to engage in the difficult and costly processes of building up large holdings and investing, **of** removing customary peasants and bringing in new techniques.⑭ Thus the argument sometimes advanced that the medieval landlords' agricultural investments were adequate to the requirements of their estates begs the question, for it takes as given the landlords' class position and the agrarian structure bound up with it.⑮

4.4.2 句法分析

①质疑讨论或批判不够充分可用:it may be doubted that ... has carried his critique quite far enough。

②for 后面用逗号,这个句子用了 rather than 的句式,且 rather than 部分非常长。这句话实则是对上一句的原因的说明。因此,for 后面加逗号,既可以更清楚地揭示这句话与上句话的逻辑关系,而且也有助于突出这句话的重点,避免头重脚轻。constellation 用词精准,此处可以思考为什么不用 combination、coupling、merging 等。因为 constellation 内含 similar 的意思,因此 under similar constellations of economic forces 强调了经济条件的"相近性"。本句措辞节奏性强,比如,by substituting a different objective variable, population, for the old, discredited one, commerce,很大程度上得益于标点的恰当使用。原文中的用法体现了人口模式用一个新的变量替换一个旧的、"换汤不换药"的本质。

③这句话中要学习的是其中蕴含的辩证、反讽意味。作者指出,尽管人口模式批判了商业模式,但其实二者均无法解决相近经济条件下不同地区经济发

展走向不同发展道路这一矛盾。人口模式对商业模式的批判，不过是用一个新的经济变量替换了一个旧的。

④本句话中最容易误译的是以下部分：the decline versus the persistence of serfdom and its effects; the emergence and predominance of secure small peasant property versus the rise of landlord-large tenant farmer relations on the land。不少学生将 versus 误看成是并列关系。正确的理解是：农奴制的衰落**抑或是**延续及其影响；小农财产的兴起、占据主导地位**抑或是**大地主—佃农土地关系的兴起。对这句话的误读，是由于对 versus 这个词的理解有误，但更根本的原因是很多学生没有充分理解这段话前面所说的 comparative history 的含义以及前文对相近社会经济条件下东、西欧不同经济发展模式演变的讨论。

⑤这句话的难点是：作者所说的 comparative analysis 指的是什么以及 in relation to 的含义。此句中的 in relation to 对应的是上文的 versus，此处不是并列关系，而是旨在比较，尤其是比较东、西欧经济演变模式的迥异之处。

⑥这句话中最容易产生误解的是"self-sustaining economic development"这个表达。不少学生将其翻译成"自给自足的经济发展"，但没有意识到"自给自足"特别容易被误解为传统农耕经济，这就与作者在此处想表达的意思恰恰相反。对"self-sustaining economic development"的准确翻译在很大程度上取决于对后文的理解。如原文第 67 页：

> Thus what distinguished the English industrial development of the early modern period was its continuous character, its ability to sustain itself and to provide its own self-perpetuating dynamic. ... Agricultural improvement not only made it possible for an ever greater proportion of the population to leave the land to enter industry; equally important, it provided, directly and indirectly, the growing home market which was an essential ingredient in England's continued industrial growth through the entire period of the "general economic crisis of the seventeenth century" in Europe.

因此，"self-sustaining"指的是不再受人口、粮食供需矛盾限制的经济可持续发展。此外，这句话中还有若干值得学习的表达。simply stated，简单地说。相似用法见原文第 31 页，"most crudely stated"。it will be our contention that ...等同于 I argue that ... 或 I contend that ... ,是引出论点的常用句式。be predicated upon,等同于 be based on。

⑦这句话中最难翻译的是 short-circuiting 这个词。很多学生生硬地将这个词翻译为:"短路"。对这个词的翻译需要结合上下文。原文第 47、61 页的两个标题分别为 the decline of serfdom 和 the emergence and check of agrarian capitalism,其对应的恰好是这句话中的 destruction of serfdom 和 the short-circuiting of the emerging predominance of small peasant property。因此,short-circuiting 在这里指的是正在出现的小农财产占有关系的终结。

⑧这两句话作为一个整体,是转折关系。句子开头是 One can begin by agreeing with Postan that ...,虽然表面上看是承认中世纪经济中人口危机的存在,实则是说中世纪人口危机不能只从 Postan 所说的人口与土地供需矛盾的角度来考虑,而应该将人口数量的周期变化放在既有的阶级结构的框架下来分析。

⑨通过这个长句子,可以学习作者是如何通过恰当使用逻辑词,使长句子变得易读。首先,这个句子虽然长,但句式非常简单,即... is understandable in view of the interrelated facts, ... 。其次,句子后半部分解释为何传统小农经济限制了生产率的提高时,使用了清晰的逻辑提示词 first、second。

⑩这句话中有一个学生在写作中极易出错的小语法点:but at the same time to threaten the funds **necessary to** refurbish the peasant's holding and **to** prevent the long-term decline of its productivity。这半句话中的第二个 to 是 necessary to 的省略,避免了对同一个词的重复,但第二个 to 由于指代这个省略,不能删去。

⑪此句中有一个值得学习的表达:something like 在这里等同于 about。但如果使用 about,那么主语就变成了 50 per cent of the unfree peasant's total product,这种情况主语太长。而使用 something like 50 per cent of the unfree peasant's total product 则主语为 something,其被定语修饰,语义未变,但主语要简洁得多。

⑫本句中 given 在这里作为介词,意为"考虑到、鉴于"。

⑬这句话翻译的难点是:militated against 指的是妨碍、阻碍。不少学生看到 militate,便意会成了 military 的动词,误译成了"武装反对"。

⑭本句再次提供了一个省略句中介词不能省略的例子：so there was little need to engage in the difficult and costly processes of building up large holdings and investing, **of** removing customary peasants and bringing in new techniques 加粗的 of 不能省略，因为这里的 of 是对 the difficult and costly processes of 的省略，介词 of 是这个省略的提示词。

⑮这句话虽然长，但句子结构非常清楚、简单，即 thus the argument sometimes advanced that ... begs the question, for it takes as given ...。很多学生没有将 take as given 连在一起看。比如，有学生将其误译为："这是因为考虑到了地主的阶级地位和与之相关的土地结构 "。还有学生将其误译为："有时会提出这样的观点，考虑到地主的阶级地位和与之相关的土地结构，中世纪地主的农业投资足以满足其对财产的需求。" 以上均错误地将 given 理解成了"考虑到"。take as given 在这里指的是：将……视为理所当然、不证自明的事实。理解错误的原因一方面是由于没有看出 take as given 作为一个整体是一种固定表达，另一方面是由于对前后文逻辑的理解还不够准确。作者这句话的意思是，这种观点的问题是将其中的阶级关系看成了一个不需要证明的给定事实。

4.4.3 参考译文

概而言之，尽管波斯坦和拉杜里均对以贸易为中心探究经济变迁的单线理论进行了有力抨击，但是，他们的批判是否充分仍然存疑。因为无论是波斯坦还是拉杜里，他们均未探究在相近经济条件下不同地区有时截然相反的经济发展趋势背后潜藏的原因，而是选择用人口这个新的变量取代商业这个旧的，并以此为中心建构新的阐释模型。在我看来，由于他们均未将阶级结构及其作用放在其分析的中心位置，因此如前所示，他们自己的马尔萨斯式人口发展循环论在比较框架下解释不同地区相近条件下经济发展的"分道扬镳"方面，遇到了与他们所批判的以贸易为中心的单线阐释模式相同的困难。特别是，他们的研究方法使他们无法提出在我看来或许是理解中世纪末至近代早期欧洲长时段经济发展，或者更宽泛地说"封建主义到资本主义转型"最重要的两个问题：农奴制的衰落抑或是延续及其影响；稳固的小农所有制的兴起、占据主导地位抑或是大地主—佃农土地关系的兴起。放在历史背景中，这至少意味着对以下两个问题的解答：在比较史的视野下分析在东欧农奴制加强的同时，农奴制何以在西欧走向衰落;在比较的视野下分析在英国农业资本主义兴起、农业生产率提高的同时,法国农业发展的下滑。简而言之,我将论证:“传统经济”发展模式向相对可持续的经济发展模式的转型,是基于乡村特定阶级关系的兴起,即资本主义阶级关系的兴起。这样一种阶级关系的建立反过来正是基于此前阶级发展和阶级冲突两方面的结果:一方面是农奴制的崩坏;另一方面是小农财产占有关系的局限被打破。

有人或许会同意波斯坦的这一观点:长时段地来看,中世纪经济中周期性地出现了人口危机。但这种危机倾向并不是一个可以单纯依据在给定技术条件下,由人口与自然资源的供需关系自然而来的事实。相反,这种循环出现的人口危机是基于:一方面农民对生产的组织,另一方面地主通过制度化了的农奴制榨取封建地租,这两者间相连结而成的结构。因此,以农奴制为基础的农业经济即便在极度的市场刺激下也无力进行创新的道理,反映在以下两个相互关联的事实中:地主对农民剩余劳动产品的沉重压榨,人口和土地流动性的阻碍。而这正是不自由的剩余产品压榨关系的一个组成部分。

因此,地主在榨取剩余地租的过程中,不仅没收了超出农民维持自身生存所必需的产品,而且同时榨取了农民改良土地、维持土地生产力所必需的资金。波斯坦的估计是,没有自由身份的农民平均有50%的地租被地主榨走了。被榨取的地租是“无生产力”的利润,因为这些资金几乎不会被投入生产;绝大多数被挥霍在了战争开支和奢侈性消费中。

同时,鉴于农民不自由的身份,地主提高农业产出最显然的方式,不是通过投入资本和引进新技术,而是通过提高货币地租或加大劳役强度的方式压榨农民。特别是,没有自由身份的佃农的存在排除了地主驱逐或赎买农民以建立大地块,并在此基础上引入农业改进措施的可能。地主的收入可以通过提高佃户税、过户费和其他征收收入而获得提高,因此他们几乎没有动力从事困难且耗资巨大的大农场建设和投资、将农民与土地相分离,抑或是引入新技术。因此,中世纪地主的农业投资对于他们所占有的庄园而言是足够的,诸如这样的说法本身便存在问题,因为这种说法将地主的阶级地位和与之相联系的农业结构看成了理所当然、不证自明的事实。

4.5 修辞

阅读材料：Edward Gibbon, *The History of the Decline and Fall of the Roman Empire*, edited and abridged by David Womersley, London: Penguin Books, 2005, Chapter I.

4.5.1 《罗马帝国衰亡史》第一章前两段

In the second century of the Christian Era, the empire of Rome comprehended the fairest part of the earth, and the most civilized portion of mankind.① The frontiers of that extensive monarchy were guarded by ancient renown and disciplined valor.② The gentle but powerful influence of laws and manners had gradually cemented the union of the provinces.③ Their peaceful inhabitants enjoyed and abused the advantages of wealth and luxury.④ The image of a free constitution was preserved with decent reverence.⑤ The Roman senate appeared to possess the sovereign authority, and devolved on the emperors all the executive powers of government.⑥ During a happy period of more than fourscore years, the public administration was conducted by the virtue and abilities of Nerva, Trajan, Hadrian, and the two Antonines.⑦ It is the design of this, and of the two succeeding chapters, to describe the prosperous condition of their empire; and afterwards, from the death of Marcus Antoninus, to deduce the most important circumstances of its decline and fall; a revolution which will ever be remembered, and is still felt by the nations of the earth.⑧

The principal conquests of the Romans were achieved under the republic; and the emperors, for the most part, were satisfied with preserving those dominions which had been acquired by the policy of the senate, the active emulations of the consuls, and the martial enthusiasm of the people.⑨ The seven first centuries were filled with a rapid succession of triumphs; but it was reserved for Augustus to relinquish the ambitious design of subduing the whole earth, and to introduce a spirit of moderation into the public councils.⑩ Inclined to peace by his temper and situation, it was easy for him to discover that Rome, in her present exalted situation, had much less to hope than to fear from the chance of arms; and that, in the prosecution of remote wars, the undertaking became every day more difficult, the event more doubtful, and the possession more precarious, and less beneficial.⑪ The experience of Augustus added weight to these salutary reflections, and effectually convinced him that, by the prudent vigor of his counsels, it would be easy to secure every concession which the safety or the dignity of Rome might require from the most formidable barbarians.⑫ Instead of exposing his person and his legions to the arrows of the Parthians, he obtained, by an honorable treaty, the restitution of the standards and prisoners which had been taken in the defeat of Crassus.⑬

4.5.2 开篇两段修辞分析

①comprehend 一般作为 understand 的同义词，意为"理解"。这个词同时还有一个不太常用的含义，类似于 include、comprise、encompass，意为"包含、占据"。此句中的 comprehend 取义后者。此句在结构上还采取了对称手法，增加了抑扬顿挫感：the fairest part of the earth, and the most civilized portion of mankind。其中 fairest 对应 the most civilized，part 对应 portion，the earth 对应 mankind。

②本句的妙处在于，当谈及如何维护罗马帝国辽阔的疆域时，作者并没有将其具化为由"谁"捍卫，而是说明由一种制度、精神风尚捍卫，即 guarded by ancient renown and disciplined valour。

③本句的一些表达虽简单但极为传神。首先，the gentle, but powerful influence of laws and manners 精确传递出罗马法律和文化习惯严而不厉、温和高效的特点。其次，cement 这个动词用得极好，因为此处作者旨在表达罗马的法律和文化在整合帝国不同省份中所发挥的重要作用，而作为名词有"水泥、黏合剂"意思的 cement 极为生动地传达出这种通过某种制度或精神风貌整合辽阔疆域的含义。

④吉本长于运用反讽，此处便是一个实例。enjoyed and abused the advantages of wealth and luxury 中，enjoy 指恰当地享用，abuse 指滥用，有“过”、overenjoy 的意思。另外，可以思考：可否删去 the advantages? 删去后虽然并不影响原意，但 advantages 有以下两个用途：首先，由于前面是 enjoyed and abused 两个并列的动词，如果没有 advantages 作为连接，那么就变成了 enjoyed and abused wealth and luxury，句子结构不如原文清晰；其次，advantages 加强了 enjoyed and abused 的反讽意味，这个反讽的修辞非常传神地表达出罗马帝国鼎盛时期的富足、奢华。

⑤为什么主语是 the image of a free constitution，而不是 a free constitution? 这里要表达的并不是保护一项具体的制度或法律，而是一种社会风尚，这一点也体现在结尾用的是 with decent reverence，而不是 by whom 上。

⑥本句中的 appeared to 事实上表达的是转折、对比，即罗马元老院掌握的是名义上的权威，但行政大权为皇帝所有。

⑦fourscore 这个词的用法，可以参见林肯总统的盖底斯堡演说：

> **Fourscore** and seven years ago, our father brought forth upon this continent a new nation, conceived in liberty and dedicated to the proposition that all men are created equal.

⑧本句是对前三章内容的一个提要。首先，it is the design of this, and **of** the two succeeding chapters... 中加粗的 of 不能省，因为这个介词表示的是对 the design of 的省略。其次，“a revolution which will ever be remembered, and is still felt by the nations of the earth”句式可用于表达历史上的某个事件对后世影响深远甚至影响延续至今。

⑨本句中修饰 those dominions 的定语从句，即 which had been acquired by the policy of the senate, the active emulation of the consuls, and the martial enthusiasm of the people，运用了排比修辞。

⑩本句是一个转折句，虽然以前七个世纪经历了一系列军事胜利为起始，但句子真正要表达的是 but 之后所说的奥古斯都采取了审慎的政治军事策略。后半句比较难理解的是 it was reserved for 这个用法。可以思考如果将其替换成 it was Augustus that relinquished the ambitious design of subduing the whole earth, and introduced a spirit of moderation into the public councils,表达效果会发生什么变化。首先,was reserved for 与上半句中的 were filled with 结构一致;其次,reserved for 能够更好地传达出奥古斯都的温和适度策略与此前激进扩张策略的强烈反差。

⑪首先,对于"had much less to hope than to fear from the chance of arms",不少学生机械地将 arms 翻译成"军火",这个词在这里应该泛指"战争"。have much less to hope than to fear,意指战争的赔率大于胜率。其次,the undertaking became every day more difficult, the event more doubtful, and the possession more precarious, and less beneficial 中 the event、the possession 后省略了 became every day,排比极具韵律感。

⑫本句中 add weight to 指加深了,进一步证明。by the prudent vigour of his counsels 比较难翻译,不少学生将 prudent vigour 翻译成"谨慎的精力",这个词此处指的是奥古斯都的顾问们审慎却不失灵活的谈判方式。

⑬本句中 exposing ... to the arrows of the Parthians 是一个象征修辞,即 arrows 指代的是"战争"。the standards 有一个特殊的用法,即作为"战旗"。不少学生由于没有联系上下文,也未注意到这里是 standards 而不是 standard,误将 standards 翻译成"标准"。

4.5.3 第一章中其他精彩的修辞

①After a war of about forty years, *undertaken by the most stupid*, *maintained by the most dissolute*, and *terminated by the most timid of all the emperors*, the far greater part of the island submitted to *the Roman yoke*. The various tribes of Britons possessed *valour without conduct*, and the *love of freedom without the spirit of union*. They *took up arms* with savage fierceness; they *laid them down*, or turned them against each other with wild inconstancy; and while they fought singly, they were successively subdued. (第 11 页)

按:在这三句话中,修辞的运用贯穿始终。排比(parallelism):undertaken by the most stupid, maintained by the most dissolute, and terminated by the most timid of all the emperors,此处用了三个结构相同的过去分词状语,形成排比。隐

喻(metaphor):Roman yoke,yoke 本意是“轭”,这里用来比喻罗马的枷锁或奴役。讽刺(irony):此处 valour without conduct, and the love of freedom without the spirit of union,讽刺当时的英国人缺少社会组织、团结精神,处于分散、不团结的状态。对比(antithesis): took up arms 与 laid them down 构成对比。交错配列(chiasmus):while they fought singly, they were successively subdued,fought singly 与 successively subdued 结构相近,前者是动词+副词,后者是副词+动词,二者有交错配列的意蕴。

②The conquest of Britain was considered as already achieved; and it was the design of Agricola to complete and ensure his success by the *easy reduction* of Ireland, for which, in his opinion, one legion and a few auxiliaries were sufficient. The western isle might be improved into a valuable possession, and the Britons would wear their chains with the less reluctance, if the prospect and example of freedom was on every side removed from before their eyes. (第12页)

按:reduction 这个词用得妙。此处比较容易想到的是 conquest、subjugation。reduce sb/sth,有“使沦落,使陷入窘境”的意思。easy 这个词也必不可少,因为 easy 对应了 his success 的定语从句——for which, in his opinion, one legion and a few auxiliaries were sufficient,使阿格里科拉的自大情绪跃然纸上。

③Trajan was ambitious of fame; and *as long as mankind shall continue to bestow more liberal applause on their destroyers than on their benefactors, the thirst of military glory will ever be the vice of the most exalted characters* . (第13页)

按:这句话运用了反讽的修辞手法。斜体部分试译为:只要人类继续赋予破坏者远过于创建者的赞誉,那么对军事胜利的渴望将永远是最高贵品格的罪行。这句话的反讽意味体现在两个地方。首先,“人类给予破坏者远过于创建者的赞誉”,显然违背常理,讽刺了好大喜功的统治者的荒谬之处。其次,军事胜利本是值得称誉的美德,但其另一面是对人类社会的破坏性,the vice 与 the most exalted characters 形成对比,体现出对军事胜利渴求的正反两面性。

④*He enjoyed the honour of being the first*, *as he was the last*, of the Roman generals, who ever navigated that remote sea.(第14页)

按:这句话的特点是通过对比手法表达讽刺意味。与之前的罗马统治者一样,图拉真(Trajan)好大喜功,渴求军事上的成就,希望赢得在这片遥远海域航行的"第一位"罗马将领的荣耀。然而,他的成就成了罗马帝国军事征服的转折点;帝国的扩张加大了治理的难度,图拉真也成了"最后一位"航行至此的罗马统治者。"第一个"同时也是"最后一个"的身份,反讽地表达出图拉真时期成为罗马盛极而衰的转折点。

⑤In the purer ages of the commonwealth, the use of arms was reserved for those ranks of citizens who had *a country to love*, *a property to defend*, and *some share* in enacting those laws, which it was their interest, as well as duty, *to maintain.* But in proportion as the public freedom was lost in extent of conquest, war was gradually *improved into an art*, *and degraded into a trade*.(第16~17页)

按:a country to love, a property to defend, and some share ... to maintain:三个结构相近的名词+不定式定语构成排比;in enacting those laws, which it was their interest, as well as duty 是 some share 的定语,看似与前面两个部分结构不同,但 to maintain 前加了一个逗号,清晰地呈现出 to maintain 对 some share 的修饰关系,some share to maintain 与前面两个部分构成了清晰的排比关系。improved into an art, and degraded into a trade 用对比的句法平衡方式巧妙地呈现了共和时期战争的两重变化,即战争技艺的与日俱增与战争目的的功利化。improved 与 degraded、art 与 trade 形成对比的同时,整体含有一种讽刺的意味,因为 art 的本意含有不计功利的意味,而 trade 则指战争沦为了一种交易。

⑥It is not the purpose of this work to enter into any minute description of the Roman exercises. We shall only remark, that they comprehended whatever could *add strength to the body*, *activity to the limbs*, *or grace to the motions*. The soldiers were diligently instructed *to march*, *to run*, *to leap*, *to swim*, *to carry* heavy burdens, *to handle* every species of arms that was used either for offence or for defense, either in distant engagement or in a closer onset; *to form a variety of evolutions; and to move* to the sound of flutes, in the Pyrrhic or martial dance.（第 19 页）

按:第 2 句 add strength to the body, activity to the limbs, or grace to the motions 以 add ... to...为主干,运用了排比的修辞手法。第 3 句同样运用了排比的修辞。虽然 to carry heavy burdens, to handle every species of arms ...; to form a variety of evolutions; and to move to the sound of flutes 长短不一,但每个动词短语的主干都是"to＋动词",这一形式上的一致贯穿句子始终。

⑦ Active valour may often be the present of *nature*; but such patient diligence can be the fruit only of *habit and discipline*.（第 23 页）

按:勇武固然可能是与生俱来的品格,但耐心的勤勉只能是习惯与训练的结果。habit and discipline 是人为的、后天的,与 nature 强调的"与生俱来"相反,特别强调了由习惯养成与训练而来的勤勉的重要性。

⑧ The navy maintained by the emperors might seem *inadequate* to their greatness; but it was fully *sufficient* for every useful purpose of government.（第 25 页）

本句可试译为:海军对于一些统治者来说是用来耀武扬威的,但对于另一些统治者来说,则服务于统治实际。inadequate 是 sufficient 的反义,用对比的手法强调了这一时期罗马统治者统治风格的变化。

附　录

《罗马帝国衰亡史》不仅是研究罗马帝国历史的权威巨著,而且其文辞典雅华丽,是后世史家学习模仿的典范。以下节选了《吉本自传》中吉本谈读书与写作,以及何炳棣先生自述阅读《罗马帝国衰亡史》对其职业生涯产生的深远影响。这些材料不仅有助于读者体悟一位史学写作大师文字功夫的养成过程,而且揭示了修辞——这一史学写作训练中常被忽视的环节——对史学写作水平提升的重要意义。

1.吉本谈读书

在我留居洛桑的最后三年里,可以说我是认真踏实求学而取得成绩的;不过我总想特别认定1755年的后八个月是我异常用功和飞速进步的一段时间。

我采取了一种非常好的方法,练习法文与拉丁文的互译。由于我自己的成功,我愿意介绍这个方法供学习外文的人仿效。我选了某些古典作家,如西塞罗和韦尔托,其文笔的纯净与优美,是最为世人所赞赏的。比方说,我拿西塞罗一封信译成法文;译后将它放在一旁,等到我把原文的词句全都忘记了,再将我的法文译本尽我所能译成拉丁文。于是拿我的蹩脚译文同这位罗马演说家的平易、文雅、恰当的句子逐句对照。我也取韦尔托《罗马共和国变革史》的几页作了同样的试验。我将这几页的法文译成拉丁文,过了一段相当长的时间,返译成我自己的法文,再拿译本与原文细细比观其同异。我逐渐地减少羞愧,逐渐地对自己增添满意。我坚持这种来回翻译的练习,写满好几本练习簿,直到我懂得了两种语言的用法特点,并且掌握了至少一种正格的文体。在进行这种有效的写作练习的同时,以及练习之后,我又以耽读最优秀作家的作品而获得更大的悦乐。①

…………

在读毕这位集辩才与理智于一身的伟大作家之后,我订了个较广泛的再次学习拉丁文古典著作的计划,分为四大项目:(1)历史家,(2)诗人,(3)演说家,(4)哲学家,以年代先后为序,上起普拉图斯和萨拉斯特的时代,下迄罗马语言和帝国的衰落。我在留居洛桑的最后27个月(1756年1月至1758年4月)中,差不多将这个计划执行完成了。此番重新学习,尽管进行快速,却也没有草率或浮浅的弊病。我耽迷于第二遍甚至第三遍细读德伦斯、维吉尔、贺拉斯、塔西佗等人的著作,用心吸取最投合于我自身的思想和精神。我从不放过一段难懂的或舛错的文字,一定要从可能获得解释的各个方面进行探索:虽然时常失望,但我总是查到了最渊博或最有才能的注释者的。在热烈的探索活动中,

① [英]爱德华·吉本:《吉本自传》,戴子钦译,生活·读书·新知三联书店2002年版,第61~62页。

我从广大范围上接触到了历史性的和批评性的学问。我对每一本书所作的摘记,都是用法文写的。我的阅读心得往往按照各别的内容写成若干短篇论文。现在我还可以不带一点愧色地读到我的一篇用八页对开纸写的关于维吉尔《农事诗集》第四卷的八行诗句(第287~294行)的评论文章。[①]

…………

当时我审慎地进行这种多方面的阅读,按照洛克先生的箴言和范例,将所读的内容摘录到一本普通的大本子里。不过我并不热心将这办法介绍给别人。笔的动作,无疑可以把一种思想印在纸上同时也印在心坎里;但我非常怀疑,从这种费功夫的方法所得的好处,是否抵得过时间的损失。同时我还一定要赞同约翰逊博士所说的话(见《懒散者》第74期):“读两遍的结果,通常比抄一遍记得较多。”[②]

…………

经过这样长时间的、我一生中历时最久的荒疏,我到多佛时又一次享受到了读书和思考的快乐。我以十分急切地欲望打开一本西塞罗的哲学书,当时的那种饥渴心情,想起来仿佛还在眼前。我的《论文学研究》在刊行前的最后一次复阅,促使我研究“神祇的性质”;这个研究导致我阅读博索布尔的《摩尼教历史考证》。作者在书中讨论了非基督教与基督教神学上的许多很深奥的问题。我越过作者的信仰范围,从这本书丰富的事实和见解中引申出自己的结论。

自从这次恢复学术活动之后,我就不复陷于怠惰了。这一事例也可证明,从最不利于学习的生活中,几个小时是可以偷得的,几分钟是可以抓到的。在温切斯特营地的吵闹环境里,有时我坐在帐篷内进行思考和阅读;在比较安定的台维泽斯、布兰特福和南安普顿的驻扎场所,我总是弄到了一个单独的住处和一些必要书籍的。

---

① [英]爱德华·吉本:《吉本自传》,戴子钦译,生活·读书·新知三联书店2002年版,第63~64页。

② [英]爱德华·吉本:《吉本自传》,戴子钦译,生活·读书·新知三联书店2002年版,第67页。

2.吉本谈《罗马帝国衰亡史》的写作与出版过程

我在伦敦定居、并且布置好书斋之后不久，就着手《罗马史》第一卷的写作。刚开始时，一切都是模糊不定的，甚至书的题名、“帝国衰亡”的确切起讫时间、引言部分的论述范围、章目的划分以及记叙的次序等，都还没有确定的打算。我多次禁不住想放弃这项准备了七年的工作。一个作家的文笔，应当是他的心灵的映像，而语言的选择和驾驭，则是长期操练的结果。我做了多次试验，然后才有可能在呆板的记事体和夸饰的论辨体之间选定一种适中的笔调。第一章起稿三次，二、三章起稿两次，方才觉得差强人意。以后各章，我踏着较为均衡和顺当的步伐前进；可是写到第十五、十六两章，却又经过连续三次的修改，从很大的一卷削减到现在的分量。这两章还不妨再加压缩，而不致损失史实或见解。相反方面的一个缺点，可能是从康莫杜斯到亚历山大这几个最早的朝代叙述得简略浮浅了；这缺点一直不曾有人对我提说过，只有休谟先生在他最后一次来到伦敦时给我指出。这样一种至理美言，是应当怀着理性得热诚加以斟酌和听从的；可是不久我厌恶了向朋友们诵读原稿的谦虚做法。这些朋友中，一部分处于礼貌讲些恭维话，一部分出于浮夸提些批评意见。作者本人乃是评定自己成绩优劣的最好评判者；别人没有一个这样深刻地思考过主题；没有一个这样真诚地关切作品地成败。①

3.何炳棣先生回忆阅读《罗马帝国衰亡史》对其职业生涯产生的影响

1935年，其时正在清华大学就读的何炳棣先生谈第一学年结束后的暑假，第一次与《罗马帝国衰亡史》结缘：

所谓自修是指课程以外有用知识和写作能力自我培训的工作。第一学年终结之时，我已深深了解应付课程不难，而自我学识奠基工作却是无止无休的。1935年暑期回天津小住半月，父亲对我主修历史的决定和西史及英文的成绩感到相当满意，随兴问我：“你初中毕业那年暑假曾翻点过《史记》一二十篇列传，今后是不是也应该读点英国的‘太史公’？英国有没有类似太史公的大史学家？”我一知半解地回答：“英国王室从来没有像先秦那样的史官，

---

① ［英］爱德华·吉本：《吉本自传》，戴子钦译，生活·读书·新知三联书店2002年版，第140～141页。

但英国最有名的历史家恐怕是18世纪的吉朋（Edward Gibbon，1737～1794），他的不朽巨著是《罗马帝国衰亡史》。"我本曾想过迟早应该试尝传统英文史学名著的滋味，经过父亲一问，索性就决定在大二这年自修吉朋了。好在北平东安市场很容易买到Modern Library Giants新印的三巨册吉朋，而且价钱极公道。①

1943年8月赴美庚子赔款考试西洋史门"史学方法"科目第二题恰与《罗马帝国衰亡史》相关，而何炳棣先生在二年级时自修吉本著作的收获在这时派上了用场。

二年级既未选近代中国外交史这门重课，自然能挖出时间"自修"吉朋。若干年后反思，自修吉朋，谈何容易；当时不但史实知识不够，英文程度有时亦感不足。吉朋那种对人性具有深刻了解、富于哲理的观察论断，绚丽堂皇、铿锵典雅而又略含讽刺的词章短语，偶或不易真懂；可是，凡能真懂得卓思妙句却对我七年后得中美庚款考试发生出乎意料的积极作用。②

第二题列出西洋史学中的三大名著，至今只记得三中之二：Henry Thomas Buckle（1821～1862）的《英国文化史》和吉朋的《罗马帝国衰亡史》。三部中任选一部加以评估。我从未读过Buckle，但我可能是西洋史门真正精读过吉朋巨著最初十几章的唯一考生。吉朋全书最精彩的部分就在开头的十几章；尤其是头三章综合描述罗马帝国全盛时期的版图、军事、政制、首都和地方的关系、民族政策、社会、经济、文化、宗教信仰以及其他造成百数十年和平康乐的种种因素和现象。再则长逾三万字的第十五章，详述早期基督教屡受压制而终能胜利成为国教的种种原因，也是全书精华所在。令我最满意的是在我周详的答案中，居然能把吉朋全书中最令举世史家拍案叫绝的一句，一字不错地全部默出：

The various modes of worship, which prevailed in the Roman world, were all considered by the people, as equally true; by the philosopher, as equally false; and by the magistrate, as equally useful.

① 何炳棣：《读史阅世六十年》，香港商务印书馆2019年版，第63页。

② 何炳棣：《读史阅世六十年》，香港商务印书馆2019年版，第64页。

流行于罗马帝国寰宇之内的各式各样的【宗教】信仰【和膜拜】，一般人民看来，都是同样灵验；明哲之士看来，同样荒诞；统治【阶级】看来，同样有用。

这句名言全部默出对阅卷人打分数的可能影响，似可从本人另一亲身经验中体会出来：六十年代末（确切年份已记不清），芝加哥大学有一个神学院主办的演讲及讨论，我随性背诵吉朋这句名言以讥讽基督教胸襟之窄狭，并马上藉此机会指出，吉朋之所以能写出如此永恒至高理性之句，正是因为十八世纪西欧顶尖哲士深受古代中国人本主义哲人的影响。事实上吉朋的名句虽是以英文表达的，而其精神却可认为是“中国的”，非西方基督教的。我这短短的发言竟引起校长毕都（George W. Beadle，1958 年诺贝尔奖金得主，生物学家）和历史系同仁布尔斯廷（Daniel Boorstin，不久即荣任美国国会图书馆馆长）异口同声的喝采。①

4.6 以写作素材积累为目标的精读

阅读材料：Edward Gibbon，*The History of the Decline and Fall of the Roman Empire*，edited and abridged by David Womersley，London：Penguin Books，2005，pp. 21-22.
Gertraude Roth Li，“State Building Before 1644，” in Denis Twitchett and John K. Fairbank eds.，*The Cambridge History of China*，vol. 9，Cambridge：Cambridge University Press，2008，pp. 34-37.
Philip Kuhn，*Rebellion and Its Enemies in Late Imperial China：Militarization and Social Structure，1796-1864*，Cambridge，MA：Harvard University Press，1970，p. 64.

除了学习句法、修辞之外，精读的另一个重要目标是为写作积累可以模仿的素材。对选定话题的术语、用词、句型等进行集中学习，可以达到熟悉地道表达、举一反三的效果，在模仿的基础上徐图超越。

① 何炳棣：《读史阅世六十年》，香港商务印书馆 2019 年版，第 141～142 页。

4.6.1 《罗马帝国衰亡史》中一段有关罗马骑士兵团的描述

The cavalry, without which the force of the legion would have remained imperfect, was *divided into* ten troops or squadrons; the first, as the companion of the first cohort, *consisted of* a hundred and thirty-two men; whilst each of the other nine *amounted* only *to* sixty-six.① The entire establishment *formed* a regiment, if we may use the modern expression, of seven hundred and twenty-six horse, naturally connected with its respective legion, but occasionally separated to act in the line, and to *compose* a part of the wings of the army.② The cavalry of the emperors was no longer composed, like that of the ancient republic, of the noblest youths of Rome and Italy, who, by *performing* their *military service on horseback*, prepared themselves *for the offices* of senator and consul; and solicited, *by deeds of valor*, the future suffrages of their countrymen.③ Since the alteration of manners and government, the most wealthy of the equestrian order were engaged in the administration of justice, and *of the revenue*; and whenever they embraced the profession of arms, they were immediately intrusted with *a troop of horse*, or *a cohort of foot*.④ Trajan and Hadrian formed their cavalry from the same provinces, and the same class of their subjects, which recruited the ranks of the legion.⑤ The horses were bred, for the most part, in Spain or Cappadocia.⑥ The Roman troopers despised the complete armor *with which the cavalry of the East was encumbered*. Their more useful arms consisted in a helmet, an oblong shield, light boots, and a coat of mail. A javelin, and a long broad sword, were their principal weapons of offence. *The use of lances and of iron maces* they seem to have borrowed from the barbarians.⑦

对于习惯了吉本华丽修辞的读者来说,上面这个段落看上去只是一段枯燥的、对罗马骑士兵团组织方式的描述。但是,对于正在写作军事史的研究者来说,上面这一段的用词、写法却有很大的参考价值。

①强调某个军种对军团的重要性:the cavalry, without which the force of

the legion would remain imperfect。divided into、consist of、amount to 用于描述等级式的军事组织构成。一些用词也有参考价值，比如 troops、squadrons、companion、cohort，用于描述军事组织的不同单位。

②form、compose，均有“构成”的意思。几个描述军事组织的用词：establishment，建制；regiment，军团。

③本句中的 that 不能省略，因为 that 指代对 the cavalry 的省略。perform military service，履行兵役；on horseback，骑马。offices 不仅仅指办公室，还可以表示“职位”；一般更容易将这句话表达成 prepared themselves to become senator and consul，将之与吉本的表达做比较，可以看出吉本表达的精确性，因为 offices 包含 senator 和 consul 所在部门里各种不同级别的职位，而非仅限于“参议员”和“执政官”。by deeds of valor，通过勇武的举动。

④equestrian order 特指罗马骑士团。in the administration of justice, and of the revenue 极容易误写为：in the administration of justice and revenue。如果漏掉了 of the，那么这个分词的意思就变成：司法和财政的管理，容易被误解为“司法财政”一个部门。原文指的是对“司法”和“税收”这两个政府最重要的职能部门的管理。arms，有“武器”的意思；这里搭配 the profession of arms，指的是“从军”。a troop of horse, or a cohort of foot 除了对仗极为工整之外，表达也很精确。骑兵或步兵直言为 cavalry or infantry。但是，这里是说罗马骑士兵团中一旦有有钱人参军，他们马上就会被赋予对一支骑兵或步兵部队的指挥权，而不是对整个骑兵或步兵军种的指挥权。

⑤rank 最常见的意思是“等级”，但作为复数的 ranks 有“普通士兵”的意思，一个常用的表达是 ranks and files。

⑥与前面长达 50 词的长句相比，这句话非常简短。如此短的一句话独立成句，体现了长短句相结合以调节篇章行文节奏的原则。这个被动句由于省略了施动者，因此更简洁地突出了马匹饲养地点这一事实。

⑦加下划线的 of 不能省略，因为这里的 of 表示对前面 the use 的省略。这句话实际上是一个倒装句：the use of lances and of iron maces 是 borrow 的宾语，是 They seem to have borrowed the use of lances and of iron maces from the barbarians 的倒装。

4.6.2 取自中国史的两个例子

思考题

描述军队的组织结构是军事史、制度史写作经常涉及的内容。下面是两个取自中国史的例子。

第一篇选文①描述的是入关前八旗组织的演变与构成。阅读这篇选文，在文中标出下列信息。

①划出关于八旗军事组织的名词表达。

②划出文中关于军事组织、军事行动的动词，并思考是否有近义词可以替换。

③作者如何论述八旗组织与满族旧有部落组织的关系？

Nurhaci's unification of the Jurchens depended on his ability to deploy his new manpower. Making use of the customary term "company" (Ma. *niru*; Chin. *niu-lu*) for the units under which Jurchen men were organized for hunts and wars, Nurhaci in 1601 subdivided his followers, including the newly captured Hada, into companies, each headed by a company commander (Ma. *niru-i ejen*; Chin. *niu-lu o-chen*). He then joined several companies to form four banners (Ma. *gu-sa*; Chin. *ch'i*), each flying a different color (yellow, white, red, and blue). Building on the traditional clan system of squads and companies and an even earlier military system of the Chin dynasty, 64 the early banner system (*pa-ch'i*) did not disturb the pre-existing social units. As tribes, clans, or villages of Jurchens, Mongols, or Chinese submitted to the Manchus, such units remained intact and their leaders retained authority over their people. Gradually tribal and village units were transformed into new, artificial units of more or less equal size. This provided Nurhaci with an organizational system which was expandable as new manpower became available and which was not restricted by clan size or clan loyalties. Unlike earlier uses of squads and companies, the new banner squads and companies were not temporary organizations for specific tasks. They were permanent organizational units.

---

① Gertraude Roth Li, "State Building before 1644," in Denis Twitchett and John K. Fairbank eds., *The Cambridge History of China*, vol. 9, Cambridge: Cambridge University Press, 2008, pp. 34-37.

In 1615 Nurhaci reorganized the banner system, and in the process standardized the strength of the companies. He collapsed the earlier, smaller companies into 200 companies of 300 men each and appointed two assistant commanders (Ma. *daise*; Chin. *tai-tzu*) to help the company commander (Ma. *niru-i ejen*; Chin. *niu-lo o-chen*, later *tso-ling*) with overseeing the company's four squads (Ma. *tatan*; Chin. *t'a-t'an*). Each squad was led by an adjutant (Ma. janggin; Chin. *chang-ching*), with a "village driver" (Ma. *gašan boš-oku*; Chin. *ts'un po-shih-k'u*) as assistant. For military duties, five companies moved together as a regiment (Ma. *jalan*; Chin. *chia-la*). Five regiments in turn formed a banner, led by a banner commander (Ma. *ūgūsaiejen*; Chin. *ku-shan o-chen*, later *tu-t'ung*) who was assisted by two vice-commanders (Ma. *meiren-i ejen*; Chin. *mei-lo o-chen*, later *fu tu-t'ung*), and who reported to a banner beile above him. All banner beiles received the highest princely rank of enfeoffed beile (Ma. *hošo-i beile*; Chin. *ho-shih pei-lo*), with the four elders among them also being called the Four Senior Beiles. Those of Nurhaci's sons and grandsons who did not have a banner command retained their title of beile but, as a member of one of the banners, each served under a banner beile.

Like the Jurchens' traditional clanorganization, Nurhaci's banner system combined military, social, and economic functions, included the entire population, and retained a fair degree of collective decision making. In time the banner system served to eliminate the roles of former tribal aristocrats as they lost their status as beiles and were transformed into military officers who drew their authority and prestige from their rank in the banner system.

第二篇选文①描述的是太平天国时期地方团练组织的功能和沿革。阅读下列段落,思考下述问题。

①团练组织是哪两股历史潮流的融汇?白莲教起义对团练组织产生了怎样影响?

②结合这一节讨论的三篇选文,能否归纳出一些描述军事组织的常用词

① Philip Kuhn, *Rebellion and Its Enemies in Late Imperial China: Militarization and Social Structure, 1796-1864*, Cambridge, MA: Harvard University Press, 1970, p.64.

汇、表达和句型？

The t'uan-lien system, as it emerged in the mid-nineteenth century, was a confluence of two historic streams: one, the administrative tradition of border-area officials, transmitted from Lu Hsiang-sheng through Fang Chi, Kung Ching-han, Yen Ju-i, and others, who sought to strengthen bureaucratic control over the countryside; and the other, the spontaneous militarization of the local elite who sought to protect their communities, their property, and their way of life. These two streams were, we may surmise, never wholly unconnected. Administrative codes influenced the structure and terminology of gentry defense enterprises but were themselves drawn partly from observation of local practice. After the White Lotus Rebellion the term t'uan-lien came increasingly into local use to refer to the gentry's own village defense organizations. But t'uan-lien had also become, by the end of the Chia-ch'ing reign, a marginal but clearly identifiable part of the Ch'ing state machine, complete with a body of administrative precedent. Thus by the time the mid-century crisis broke upon Chinese society, t'uan-lien had already assumed its characteristic ambiguous nature: it was hedged about with official codes, yet tied to the shifting, uncodable requirements of local practice. It is now the practice of local militarization that we must examine.

第三部分

第 5 章　写作模板

正如本书前面所说，英文写作的根本功夫在于阅读：从助益写作的角度来说，“泛读”读的是行文结构和逻辑，“精读”读的是遣词造句，二者构成英文写作能力提升的两个支柱。这一“快”一“慢”两方面的功夫正是英文写作能力提升的实质，舍此而谈“写作技巧”都是空谈。

不过，“技巧”并非毫无价值。相反，形式上的“技巧”可以助益内容的生发。这一部分不求面面俱到，而是从写作模板、学术词汇和修改三个与学术写作质量提高密切相关的方面展开讨论，旨在为历史系学生自修英文写作提供若干成效好、可操作性强的建议。

第一个方面是模板。尽管模板给人机械、呆板的负面印象，然而，将史学写作中常用的论辩技巧归结为一些模板进行学习，不仅直接助益学术论文的写作，而且可以加深对史学论辩思路的理解。这一章将主要借鉴美国学者杰拉尔德·格拉夫(Gerald Graff)和凯西·比肯施泰因(Cathy Birkenstein)提出的“他说/我说”(They Say/ I Say)学术写作模式，即将学术写作首先理解为一种交流与对话。从阅读的角度说，将学术论文的基本结构理解为观点间的交流与对话有助于学习者更清晰、更高效地识别文章的主干、论点和学术贡献；从写作的角度说，有助于内化诸如清晰、简明、前后一致等逻辑要求，以及证据可靠、内容翔实等信息来源要求，因为这些既是学术写作的要求，也是交流对话的要求。

第二个方面是词汇。第 6 章将紧承以上有关“写作模板”的讨论，以学术论文写作中经常运用的各种逻辑关系的表达为单位，在每类逻辑表达模板项下汇编常用词汇。这一章着重参考了牛津系列学术词汇指南和例文，尝试将这些学术高频词放在以上逻辑模板的语境下重新摘编，以求与上一章形成连贯的学习体系。

第三个方面是修改。尽管论文的改进常获益于同行评议，但文章质量的提升首先靠的是自我修正。要做到这一点，首先需要知道“好的文章是怎样的”。这章将讨论“改什么”的问题，即初稿完成后，作者可以自行修改的几个方面。与前面两章相贯通，第 7 章依然将“改什么”的问题置于学术交流与对话的框架内，着重解决论文修改的意识和自觉。

5.1 学术写作作为一种交流——“他说/我说”的写作模板

美国伊利诺伊大学芝加哥分校杰拉尔德·格拉夫和凯茜·比肯施泰因曾深刻地将学术写作归结为一种与他人观点的交流，他们进而将这种交流框架下的写作模式概括为“他说/我说”，即有效、有说服力的写作不仅是提出有理有据的观点（I Say），而且还需要提供与自己的观点相关的他人的观点（They Say）。①

格拉夫和比肯施泰因进而将进入讨论的“They Say”和提出观点的“I Say”所涉及的若干重要论辩技巧归纳为 11 组写作模板。它们分别是“他说”项下的：转述他人的观点（what others are saying）、概括的技艺（the art of summarizing）、引用的技艺（the art of quoting）。“我说”项下的：三种回应方式（three ways to respond，即赞成、反对、有条件的赞成或反对），区分你的观点和他人的观点（distinguishing what you say from what they say），回应质疑（planting a naysayer in your text），陈述研究的重要性（saying why it matters）。整合“他说”与“我说”的：连接各个部分（connecting the parts）、口头语的使用（colloquial styles）、澄清（the art of metacommentary）、利用模板进行修改（using the templates to revise）。

这一节以该书介绍的“他说/我说”写作模板为基础，以两篇史学论文为例，摘录其中相关的逻辑、功能性表达，示范在史学文献阅读中积累相关表达的方法。

5.1.1 转述他人观点

写作史学论文，不仅要清晰地指出自己的论点是什么，而且需指出该项研究所回应的更大的学术讨论是什么，使二者形成对话。以下是转述他人观点的

① Gerald Graff and Cathy Birkenstein, *They Say / I Say: The Moves That Matter in Academic Writing*, New York: W. W. Norton & Company, 2017, xix.

一些表达模板。

1.引入他人观点

> A number of scholars have recently suggested that X's work has several fundamental problems.
>
> It has become common today to dismiss ________.
>
> In their recent work, Y and Z have offered harsh critiques of ________ for ________.

2.引入共识性观点

> Conventional wisdom has it that ________.
>
> Common sense seems to dictate that ________.
>
> The standard way of thinking about topic X has it that ________.
>
> It is often said that ________.
>
> You would think that ________.
>
> Many people assume that ________.

3.引述作者的暗含义

> One implication of X's treatment of ________ is that ________.
>
> While they rarely admit as much, ________ often take for granted that ________.

4.引入正在进行的讨论

> In discussions of X, one controversial issue has been ________. On the one hand, ________ argues ________. On the other hand, ________ contends ________. Others even maintain ________. My own view is ________.
>
> When it comes to the topic of ________, most of us will readily agree that ________. Where this agreement usually ends, however, is on the question of ________. Whereas some are convinced that ________, others maintain that ________.

5.对他人观点的回顾性总结

In conclusion, then, as I suggested earlier, defenders of __________ can't have it both ways. Their assertion that __________ is contradicted by their claim that __________.

5.1.2 概括的技艺

对他人观点进行概括,要做到以下两点。首先,是"忠实",即站在观点提出者的立场思考其观点,尤其是要避免将自己的理解混入原作者的观点。其次,需要以一种与写作者自己将要提出的观点相契合的方式来组织。这种概括不求面面俱到,而是力求"集中"(focus),对他人观点的概括应该为写作者观点的提出做好学术史铺垫。因此,"概括的技艺"关键在于对所读观点融会贯通,根据自己观点的侧重点引导概括的走向,避免对他人观点的简单罗列。

概括和引用的模板

She advocates __________. They celebrate the fact that __________.

5.1.3 引用的技艺

与转述原文的概括不同,引用是指加引号引用作者的原话。引用的要点有二:首先,引文需很好地支撑你要说明的论点;其次,论文需包含对引文的解释,即说明引文如何与你的文章相契合。换言之,引用时需要在"他说"与"我说"间搭建联系。

1.常见的引用模板

X states, "__________." As the prominent historian X puts it, "__________." According to X, "__________." X himself writes, "__________." In her book, __________, X maintains that "__________." In X's view, "__________." X agrees when she writes, "__________." X complicates matters further when she writes, "__________."

2.对引文进行解释的模板

Basically, X is warning that __________.
In other words, X believes __________.
In making his comment, X urges us to __________.
X is corroborating the theory that __________.
X's point is that __________.
The essence of X's argument is that __________.

5.1.4 三种回应方式

对既有研究的回应,无外乎三种方式:赞成、反对、有条件的赞成或反对。学术讨论中,完全赞成比较少见,更为常见的是有条件的赞成、部分赞成部分反对、反对并释以理由。

1.有条件的赞成

I agree that __________ because __________ confirms it.
X is surely right about __________ because, as she may not be aware, recent studies have shown that __________.
X's theory of __________ is extremely useful because it sheds light on the difficult problem of __________.
Those unfamiliar with this school of thought may be interested to know that __________.

2.部分赞成部分反对

Although I agree with X up to a point, I cannot accept his overriding assumption that __________.
Although I disagree with much that X says, I fully endorse his final conclusion that __________.
Though I concede that __________, I still insist that __________.
X is right that __________, but she seems on more dubious ground when she claims that __________.

While X is probably wrong when she claims that ________, she is right that ________. Whereas X provides ample evidence that ________, Y and Z's research on ________ and ________ convinces me that ________ instead. My feelings on the issue are mixed. I do support X's position that ________, but I find Y's argument about ________ and Z's research on ________ to be equally persuasive.

3.反对并释以理由

X is mistaken because she overlooks ________. X's claim that ________ rests upon the questionable assumption that ________. I disagree with X's view that ________ because, as recent research has shown, ________. X contradicts herself. On the one hand, she argues ________. On the other hand, she also says ________. By focusing on ________, X overlooks the deeper problem of ________.

5.1.5 区分你的观点和他人的观点

好的学术论文还应当清晰地提示读者哪些是引用他人的说法、哪些是作者自己的观点。

1.提示谁说了什么

Although X makes the best possible case for ________, I am not persuaded. My view, however, contrary to what X has argued, is that ________. Adding to X's argument, I would point out that ________. According to both X and Y, ________. Politicians, X argues, should ________.

2.将他人观点嵌入自己的论点

格拉夫和比肯施泰因在书中举了两个非常有启发性的例子。

第一个例子：

直白区分：Liberals believe that cultural differences need to be respected. I have a problem with this view, however.

嵌入式：I have a problem with *what liberals call cultural differences*.

或者：There is a major problem with the liberal doctrine of *so-called cultural differences*.

第二个例子：

直白区分：Earlier in this chapter we coined the term "voice markers." We would argue that such markers are extremely important for reading comprehension.

嵌入式：We would argue that "voice markers," as we identified them earlier, are extremely important for reading comprehension.

将他人观点嵌入写作者自己的论点常见表达：

X overlooks what I consider an important point about __________. My own view is that what X insists is a __________ / is in fact a __________. I wholeheartedly endorse what X calls __________. These conclusions, which X discusses in __________, add weight to the argument that __________.

5.1.6 回应质疑

尽管我们都会对批评感到不安，但事实上批评可以"为我所用"，帮助我们写出更为辩证、缜密的论点。

考虑、预判批评：

Yet some readers may challenge my view by insisting that __________. Of course, many will probably disagree on the grounds that __________.

陈述对你的反对：

Here many feminists would probably object that __________.   But social Darwinists would certainly take issue with argument that __________.   Biologists, of course, may want to question whether __________.   Nevertheless, both followers and critics of Malcolm X will probably suggest otherwise and argue that __________.

在概括反对意见的时候，避免对反对进行“脸谱化”概括，可以用以下句型：

Although not all Christians think alike, some of them will probably dispute my claim that __________.   Non-native English speakers are so diverse in their views that it's hard to generalize about them, but some are likely to object on the grounds that __________.

在部分承认批评的同时，仍然坚持自己的立论基础：

Proponents of X are right to argue that __________. But they exaggerate when they claim that __________.   While it is true that __________, it does not necessarily follow that __________.   On the one hand, I agree with X that __________. But on the other hand, I still insist that __________.

5.1.7 陈述研究的重要性

陈述研究的重要性无外乎两个方面：说明谁在乎你的论点，说明你的观点的意义和价值。

1.说明谁在乎你的论点

This interpretation challenges the work of those critics who have long assumed that __________. These findings challenge the work of earlier researchers, who tended to assume that __________. Recent studies like these shed new light on __________, which previous studies had not addressed.

对研究意义的陈述：

Researchers have long assumed that __________. For instance, one eminent scholar of Qing history, __________, assumed in __________, his seminal work on Manchu institutions, that the organization of the early manchu state __________. As __________ himself put it, "__________"(2012). Another leading historian, __________, argued that Qing institutions "__________"(2011). Ultimately, when it came to the nature of the Qing rule, the basic assumption was that __________. But a new body of research shows that Qing institutions are far more complex and that __________.

2.说明你的观点的意义和价值

Although X may seem trivial, it is in fact crucial in terms of today's concern over __________. Ultimately, what is at stake here is __________. These findings have important implications for the broader domain of __________. If we are right about __________, then major consequences follow for __________. These conclusions / This discovery will have significant applications in __________ as well as in __________. Although X may seem of concern to only a small group of __________, it should in fact concern anyone who cares about __________.

5.1.8 连接各个部分

好的学术论文的一个重要特征是文章衔接紧密，句子和句子之间、段落与段落之间都有清晰的逻辑联系。

格拉夫和比肯施泰因在书中特别讨论了三种连接文章各个部分的方法。

1.使用连接词

常见的表附加的连接词有：also、and、besides、furthermore、in addition、indeed、in fact、moreover、so too。

常见的表阐发的连接词有：actually、by extension、in other words、in short、that is、to put it another way、to put it bluntly、ultimately。

常见的表举例的连接词有：after all、as an illustration、consider、for example、for instance、specifically、to take a case in point。

常见的表原因和结果的连接词有：accordingly、as a result、consequently、hence、since、so、then、therefore、thus。

常见的表比较的连接词有：along the same lines、in the same way、likewise、similarly。

常见的表对比的连接词有：although、but、by contrast、conversely、despite、even though、however、in contrast、nevertheless、nonetheless、on the contrary、on the other hand、regardless、whereas、while、yet。

常见的表让步的连接词有：admittedly、although it is true、granted、naturally、of course、to be sure。

常见的表总结的连接词有：as a result、consequently、hence、in conclusion、in short、in sum、therefore、thus、to sum up、to summarize。

2.使用指示词

常用的指示词包括：this、these、that、those、their、such、his、he、her、she、it、their。恰当使用指示词能够帮助读者更轻松地理解你的行文逻辑。

3.重复关键术语和短语

保持文章连贯性的另一个做法是用同义词或反义词对重要的术语和短语进行重复，以达到强调的效果。

4.换一种方式重复自己说过的话

论述的充分性还体现在从不同角度对自己的论点进行阐发、拓展。

5.1.9 澄清

即便你的论点已经非常清楚了,但读者仍然有可能对你写的一些论点心存疑惑或产生误解,这就需要在必要时对已经说过的话进行澄清。

避免潜在的误读:

Essentially, I am arguing not that ________, but that ________.
This is not to say ________, but rather ________.
X is concerned less with ________ than with ________.

进一步阐发之前提出的一个观点:

In other words, ________.
To put it another way, ________.
What X is arguing here is that ________.

为读者提供一幅"路线图":

Chapter 2 explores ________, while Chapter 3 examines ________.
Having just argued that ________, I want now to complicate the point by ________.

由概述到具体:

For example, ________.
________, for instance, demonstrates ________.
Consider ________, for example.
To take a case in point, ________.

对提到的某个断言进行强调:

Even more important, ________.
But above all, ________.
Just as important, ________.
Equally, ________.

当你预见反对意见时，对你的论断进行解释：

Although some readers may object that __________, I would answer that __________.

总结：

In sum, __________. My conclusion is that __________. In short, __________.

5.1.10 利用模板进行修改

修改是写作的一个重要步骤。格拉夫和比肯施泰因在书中提供了若干问题模板，这些问题对于写作者的自我修改具有参考价值，特摘录书中的部分问题如下：

如何表达"他说"？

①你是否以"他说"为文章的起始？

②你是否概括或转述了"他说"？如果是，你是否精确、充分地表达了他人的观点？

③你是否引用了他人的观点？你是否成功地将每一段引文融入了自己的表达？引文是否支撑了你的论点？你是否对每一则引文都进行了充分的介绍？你是否用自己的话解释了引文的意思？你是否清晰地说明了引文以何种方式与你的论点相关联？

④检查用于介绍概括和引文的动词，它们是否精确表达了你所要表达的？如果你用了"X said"或"Y believes"，是否有一个动词能够更为精确地表达你要说的？

⑤你是否在文章不同地方对他人的观点进行了总结？

你说了什么？

①对于你回应的观点，你是同意、反对还是二者兼有？你是否明确地表达了这一点？

②如果你反对，你是否提供了你反对的理由？如果你同意，你对这场对话是否有新的贡献？如果二者兼有，你能否避免令人难以理解或是含糊其辞？

③你自己立场的陈述和你所回应的观点是否构成了一个紧密联系的整体？

④你为支撑自己的论点提供了什么理由和证据？换言之，你的文章中的“我说”与“他说”是否讨论了相同的问题？文中是否有突然转变话题可能使读者感到迷惑的内容？

⑤读者是否能够区分你所说的与他人所说的？特别是，在“我说”与“他说”间进行转换时是否使用了区分的标记词？

⑥你是否引入了反对的声音？更具体地说，你是否承认了对你的论点可能产生的反对？如果有，你是否公正地陈述了他们的看法，是否令人信服地回应了这些反对的意见？如果没有，则需要思考你所研究的问题中还有哪些别的视角，将这些视角融入你的写作中。

⑦你是否澄清了你的意思是什么、不是什么？此外，文章的每个部分是否有一个标题告诉读者你的要点是什么？

⑧你的文章的各个部分是否紧密连接在一起？更具体地说，读者是否能够从一个句子到另一个句子、从一个段落到另一个段落理解你的论点，能否看出你的文章中的每一个连接点如何支撑了你的论点？你是否使用了连接词，如 however、therefore？你是否使用了指示代词，如 this、that？如果是，你所用的指示代词的指示对象是否明确、没有歧义？你是否换一种方式重复阐述了自己的论点？

⑨你是否揭示了你的论点为什么重要？①

5.2 例文两篇

格拉夫和比肯施泰因书中归纳出的模板在史学论著中可谓俯拾皆是。下面是根据书中模板对两篇史学文章中的功能性表达进行的摘录和分析，旨在示范提高学术论文写作水平的一种方法。原文中包含的模板已用黑体标出。

5.2.1 例文 1

本篇选自 Mark C. Elliott，*The Manchu Way：The Eight Banners and Ethnic*

① 以上问题皆摘译自：Gerald Graff and Cathy Birkenstein，*They Say / I Say：The Moves That Matter in Academic Writing*，New York：W.W. Norton & Company，2017，pp. 140-143。

Identity in Late Imperial China (Stanford: Stanford University Press, 2001)。

1. “他说”的三种功能性表达(summarzing, quoting, paraphrasing)

1)归纳(summarzing)

The usual answer to the first problem is that Manchus maintained their position thanks to their sponsorship of neo-Confucian (read “civilized”) norms of government, which won them the support of the wealthy, lettered elite that was essential to their political survival. **As for the second problem** — what I will call the “Manchu question” — the accommodation between the Manchu conquerors and their Chinese subjects, secured by the 1680s, **has led in turn to the general conclusion that** the Manchus became wholly assimilated into Chinese society and that it therefore did not matter much in the end that the Qing was a Manchu dynasty. (p.3)

2)引用(quoting)

The idea of a dual foundation of Qing rule **is not wholly new, nor is it mine alone. In his** 1990 **study of the Qianlong era, Philip Kuhn captured the problem this way:**

> The rhetoric employed by the Manchu rulers displayed both the cosmopolitanism of the universal empire and the narrow defensiveness of the ethnic minority. As a minority people ruling a great empire, the Manchu monarchy had to have it both ways: they had to express their supremacy in both a cosmopolitan mode and an ethnic mode. Both were needed to solve the regime's basic problem: how to rule the universal empire as a legitimate dynastic house, and still preserve the coherence and élan of the conquest elite. (p. 4)

3)转述(paraphrasing)

Here the argument put forward by Karl Wittfogel and Feng Chia-sheng regarding group cohesion of non-Han “conquest” regimes **is instrumental. In their famous** 1949 **history of the Liao, Wittfogel and Feng** — who were more interested in what they were careful to call the “acculturation process” than in agendas of putative assimilation — **asked**: *Did the Chinese ever absorb* *their conquerors as long as the conditions of conquest and political separation persisted*? **Their answer was in the negative. This led to a hypothesis of ..., which held that ... The idea here is that ... On the one hand, ... On the other hand, ... Part of that effort was put into ....; another part went into ....** (p. 5)

2. 回应之"赞成"

Over the last thirty years, scholarly work has come to show more and more conclusively that identity does not operate so simply: **that** it is a process shaped and manifested in many ways, not just by or through "culture," and **that** people do not always conceive of themselves according to categories of either/or. **There has been a gradual reconceptualization of** identity — in particular what has come to be called "ethnicity" — as a form of discourse arising from the social organization and political assertion of culture or descent-based difference, actual or perceived. **This represents a fundamental rejection of the traditional idea that** ethnicity is an immanent, immutable, "primordial" condition; **the new interpretation views** ethnicity, like class and gender, **as** historically contingent. ...**I find the concept of ethnicity useful in discussing the Manchus in Qing China for three main reasons. ...** (pp. 16-17)

3.区分你的观点与他人的观点

It will be obvious that there are several points of disagreement between the narrative Crossley has offered and the story told in this book. In some ways, what I present here is a "neotraditional" version of Manchu history in the Qing. **That is to say, like Crossley's view, it insists that** the notion of Manchu difference mattered throughout the dynasty and that the Manchus were not in fact ever really absorbed or assimilated. **At the same time, like older views (and unlike Crossley), the present study argues that** this difference was always ethnic in nature — in other words, that with the creation of the Eight Banners in the early seventeenth century the fundamental outlines of Manchu identity were already falling into place, and that ethnicity did not suddenly appear in the second half of the nineteenth century. **The differences in our arguments arise as much from our reliance on different sources as from our divergent interpretations of ethnicity. But however they differ, both the revisionist and neotraditional views agree on two key points**: that Manchu identity was constantly in flux, and that without the Manchus a complete picture of the Qing world is impossible. (p. 34)

4.回应质疑

It may be objected that this approach to Manchu identity conflates all groups in the banners — Manchu, Mongol, bondservant, Chinese bannerman — into one category and neglects the distinctions within the Eight Banners that elsewhere I take pains to describe. **I am sympathetic to this criticism, particularly in relation to** Chinese banner people, whose identity was highly unstable and fits perhaps least well into the ethnic analysis attempted here. **Nonetheless, I believe that my approach most accurately reflects the situation during the Qing**, when the conflation of these categories was common — both among the Han population, which called these groups collectively "banner people" and tended to assume, correctly or not, that *qiren* were all Manchu, as well as among the court and those in the banners themselves, who often, though not always, considered banner people as a single group. Even the emperor addressed them as such on occasion. **True**, when it wished the court could and did make decisions that took into account the finer distinctions of ethnic and legal status within the banners, and for this reason I have felt it important to make clear what those gradations were and whence they arose. **On other occasions, however**, the court made policies that overlooked those same distinctions and dealt with people in the banner system in a more or less uniform way. This is precisely why the expressions "bannerman" and "Manchu" were able not just to coexist, but to overlap.

It might be further objected that if Manchu identity in the eighteenth century increasingly reflected a hybrid "banner" identity, then we cannot really speak of "ethnicity," since *qiren* were, after all, of varying national origins. **Again my response is that** this is how the labels worked during the Qing. While from a remote perspective the term *qiren* suggests a description of legal status alone, in practice it evinced a range of ethnic characteristics, functioned much like an ethnic category, and was widely perceived in arguably ethnic terms. (pp. 14-15)

I am aware that not everyone agrees that the analysis of ethnicity is an appropriate mode for premodern history, in China or anywhere else. **Some, for instance, believe that** ethnicity is applicable "only within the context of the 'modern nation state.'" **Others see** ethnic consciousness **as** a fundamentally modern phenomenon, "the product of imperial disintegration, and thus of the nineteenth and twentieth centuries," **and specifically question its applicability to** the Manchus before the late Qing. **This view, which enjoys wide support, is that** ethnicity as a way of constructing identity is the result of alienation, peripheralization, and subordination, its essence tied to qualities that are "local, particularist, minor, heterodox, [and] marginal." **While I would certainly agree that** ethnic thinking undergoes some important transformations in the late nineteenth century (when, in a new transnational discourse, identities were, to use Frank Dikotter's terms, "racialized"), **it will be obvious that my understanding of ethnicity in this study is broader. I share the doubts of Prasenjit Duara regarding** a distinctly "modern" mode of identity consciousness and individual self-awareness, and **am thus inclined to see** ethnicity historically **as** a way of constructing identity (i. e., "selfness") whenever and wherever human groups come into contact and discover meaning in the differences between each other, which they may then turn to various purposes. (pp. 18-19)

5.陈述你的研究的重要性

The new narratives of the Qing that have been written over the last fifteen years or so stressing the importance of including Manchus (and Chinese) as "ethnic" actors **have enriched our knowledge of** contemporary society and politics greatly **and have breathed new life into the debate over** the Manchus. **They share a common weakness, however, which is that** they do not offer a ready way to reconcile the acknowledged fact of Manchu acculturation, which the Sinicizationists stress, with the supposed continuity of Manchu difference, which the Altaicists stress. ...

My response to this challenge has been to reexamine Manchu lives and institutions in the new light of Manchu-language sources. **By exploring** various dimensions of the Manchu world, most notably the Eight Banner system, **the chapters that follow show that** Manchu ethnic identity emerged with the creation of the Eight Banners in the early seventeenth century, and that it was able to survive the dramatic effects of eighteenth-century acculturation because it was expressed through and reinforced by this vital, durable Manchu institution. **They provide, I hope, a broader basis for evaluating** the fate of the Manchus and the nature of Qing rule in one of the basic narratives of modern Chinese history. (pp. 34-35)

6.连接各个部分

To recapitulate, if our goal is an understanding of the Qing polity that factors in the alien presence of Manchus at the top of the imperial order, **then it is useful to think of** Qing authority as having two foundations, neo-Confucian legitimacy (required to successfully rule the Chinese state) and ethnic sovereignty (required to build and maintain a universal empire of a conquering minority ruling over many domains centered upon China). (p. 13)

7.澄清

If by the eighteenth century Manchus had become "people of the banners," what was there to distinguish them from other people in the banners? Instead of the Manchu Way, shouldn't it be the "Banner Way"?

Strictly speaking, this might be correct. But just as Manchus became people of the banners, so the different people of the banners gradually became, for practical purposes, Manchus. **In other words,** that Manchus shared the same status with others in the banners **did not** lead to the disappearance of the ethnic component from the label "Manchu"; **rather,** it resulted in the melding of the terms "Manchu" and "bannerman." (p. 14)

I do not mean to suggest that discussing ethnicity in a historical context is unproblematic. Before the historian can explain why ethnic categories were meaningful in the period he studies, **he must first prove that** the categories he observes were indeed ethnic, and not the stepchild of modern ethnic consciousness. ... **Yet to surrender all hope of objectivity seems unnecessarily pessimistic. In a different context, Roger Chartier has put the problem this way:** "What are the criteria by which a historical discourse — always a knowledge based on traces and signs — can be held to be a valid and explicative reconstruction (or at least more valid and more explicative than others) of the past reality it has defined as its object?" **This is not an easy question to answer, and I make no claim to do so fully. Nonetheless, my research leads me to believe that** in its principles the process of ethnicity did not operate all that differently two hundred years ago than it does today. **For instance,** ethnic groups then, as now (to take only one of the elements usually found in ethnic consciousness), employed conscious strategies of interpretation (or, less graciously, manipulation) of the past in the process of self-construction. ... **As the narrative that follows shows,** whatever the differences between them and the group that calls itself "Manchu" today, Manchus in the Qing participated in much the same sorts of self-definitional processes as people in ethnic groups anywhere, at any time. (pp. 19-20)

5.2.2 例文2

本篇选自 Robert Brenner, "The Social Basis of English Commercial Expansion, 1550-1650," *The Journal of Economic History*, vol. 32, no. 1 (Mar., 1972), pp. 361-384。

1.概括的技艺

English commercial expansion between 1550 and 1650 **is often understood simply by reference to** the changing structure of economic costs and opportunities facing English merchants. Mercantile activity *is thus explained* as a more or less automatic response to market conditions — crisis in overseas demand, the disruption of outlets, and the rise and fall of foreign economic and political competitors. **Factors such as these must obviously be considered in any discussion of** late Tudor-early Stuart commercial development. (p. 361)

2.有条件的反对

Pirenne's generalization, though full of insight, will not hold up because it rests on oversimplified assumptions about both the behavior of "capitalists" and the nature of economic development. **For example**, as we shall show, the commercial breakthroughs which highlighted the expansion of English trade between 1550 and 1650 were not all the work of "new men" and did not always require an entrepreneurial outlook. **Nevertheless, Pirenne did try to understand** economic change **in terms of** the men who actually carried it out. **In this respect, his approach can provide a necessary corrective to** the economic determinism which has characterized many more recent explanations of economic development. (p. 361) **It has become an historical commonplace that** the Elizabethan commercial expansion was a response to the cloth export crisis of the 1550's and the consequent need for new cloth markets. **This argument contains some validity. Nevertheless, it has tended to impart a misleading impression** of the motive force of Elizabethan commercial change and of its relationship to previous commercial trends. The trades that emerged from the expansionary thrust which extended from Russia to the Levant to the East Indies during the second half of the sixteenth century **did not** begin to solve the problems of the cloth export trade, **nor were** they by and large intended for this purpose. **They were not** set in motion primarily by the Company of Merchant Adventurers, the chief cloth exporters of the period. **They were** organized, **instead**, by import merchants aiming to obtain at their source eastern products which had formerly been secured through middlemen in the Low Countries and Portugal. (pp. 362-363)

3.陈述研究的重要性

The analysis of these contrasting developments **will point up the inadequacies of** Pirenne's schema. **It should also allow us to reassess** the causal significance of the oft-cited economic "determinants" of sixteenth-century commercial development by establishing their real effect on the particular merchant groups who actually carried out commercial change. **This discussion could open the way for a more precise account of** the changing dynamic of commercial expansion over the period and thus for a sharper delineation of its stages. (p. 362)

4.连接各个部分

Some of the reasons why English commercial expansion can not be viewed in purely economic terms should now be evident. It is clear that the processes by which American commerce was first developed have no simple economic explanation. (p. 380)

5.澄清

Still, it remains entirely understandable that London's established merchant community would have little to do with it. Why, for example, should Levant Company traders have endured the difficulties of the tobacco trade (in which there were 175 traders active in 1634 and 330 in 1640), when they could make big profits in their lucrative currants commerce (which was confined to thirty-seven and fifty-one traders respectively in the same two years)? ... **Nevertheless, it should not be concluded that** those who entered the colonial trades did so more readily than did the established elite merely because they had fewer alternatives. **The new men were also far better prepared than the old elite to properly develop the existing possibilities. As we have argued**, the value or quality of an economic opportunity cannot be viewed statically. Opportunities are created in the very process of being exploited. Their worth is not objectively given, but to a large extent determined by the manner in which they are developed, and this, in turn, often depends on who develops them. (p. 380)

5.3 论文各部分的写作模板及举例

学术写作能力的培养需要长期的学习和积累,专业英语有限的课时在这个长线目标前可谓杯水车薪。然而,千变万化的学术表达可以按照“功能”粗略地归结为若干逻辑论辩结构。在阅读中留心积累史学论辩中的功能性表达句型,是在有限时间内提高论文写作质量的有效方法。

徐鹰教授主编的《通用学术英语短语词汇教程》总结了学术论文中若干常用句型和短语。蔡基刚教授编著的《英语五段作文法——大学英语高级写作教程》在介绍美国大学写作课广泛采用的五段作文法的同时,总结了英文学术写作中几种常见的逻辑结构。本节将以这两本书中总结的句型分类为框架,辅以源自历史学论著中的例子,以期为读者自主从阅读中研习写作提供示范。①

徐鹰教授将学术论文的体裁结构分为六个部分——引言、文献综述、研究方法、结果、讨论、结论,每一项下又包含若干功能性子结构。本节论文结构部分的分类取自徐鹰教授主编的上述教材,例子则广泛选自史学各领域中的优秀论著。例子中包含的句型已用黑体标出。

5.3.1 引言

1.阐述研究的重要性

By focusing on Manchu widows, **the present essay attempts to improve our understanding of** widowhood in late imperial China **and at the same time shed light on** the role of widows, and women generally, in the construction of ethnicity in the Qing period (1644-1911), when the alien Manchu dynasty ruled the country. ②

① 徐鹰主编:《通用学术英语短语词汇教程》,华南理工大学出版社 2019 年版;蔡基刚编著:《英语五段作文法——大学英语高级写作教程》(第三版),复旦大学出版社 2006 年版。

② Mark C. Elliott, "Manchu Widows and Ethnicity in Qing China," *Comparative Studies in Society and History*, vol. 41, no. 1 (Jan., 1999), p. 33.

Taking advantage of the human and natural archives on climate to reopen the General Crisis debate **not only sheds new light on an old problem but also offers a rare opportunity for historians to** engage with scholars in other disciplines who are concerned with the fate of our planet. ①

2.概述前人的研究

In *The Great Divergence*, **Kenneth Pomeranz** (2000) **proposes a radical revision of our understanding of** the pattern of economic evolution in the eastern and western ends of Eurasia over the course of the early modern and modern periods, roughly late Ming and Qing. **A recent restatement of the standard or traditional view can be found in** the macro-economic historian Angus Maddison's account of world economic development in the very long run, *The World Economy: A Millennial Perspective* (2001), which sums up his argument in *Chinese Economic Performance in the Long Run* (1998).② **American historians' image of Chinese villages has been shaped mainly by scholarship from the formalist perspective, most powerfully by the work of** G. William Skinner. **Skinner set out to correct** mainstream anthropology's substantivist tendency to concern itself exclusively with the small community, to the neglect of the larger world beyond the village. **As he put it: ...** ③

---

① Geoffrey Parker, "Crisis and Catastrophe: The Global Crisis of the Seventeenth Century Reconsidered," *The American Historical Review*, vol. 113, no. 4 (Oct., 2008), p. 1079.

② Robert Brenner and Christopher Isett, "England's Divergence from China's Yangzi Delta: Property Relations, Microeconomics, and Patterns of Development," *The Journal of Asian Studies*, vol. 61, no. 2 (May, 2002), p. 609.

③ Philip C.C. Huang, *The Peasant Economy and Social Change in North China*, Stanford: Stanford University Press, 1985, p. 24.

3.指出现有研究存在的问题

There is almost no existing literature on the history of the Holy Childhood Association. **Instead, its story has been submerged in** two of the major narratives through which relations between China and the West during the nineteenth and early twentieth centuries have been understood: Christian missions and imperialism. **Both of these provide important insights into its story, but they also have their limitations.** ①

Theorists of patriarchy have addressed the inequality of males and females in important ways, but for historians, their theories pose problems. First, while they offer an analysis internal to the gender system itself, **they also assert** the primacy of that system in all social organization. **But theories of patriarchy do not show** how gender inequality structures all other inequalities or, indeed, how gender affects those areas of life that do not seem to be connected to it.②

4.指出某个研究领域内的争议

Both actor-less and actor-centric explanations of capitalist transition, however, **are challenged by new discoveries about** China's high agricultural productivity, which compare favorably with England in the early modern period. ③ **Two major schools of thought on peasant economy today are represented by** A.V. Chayanov (1888-1939) and Theodore Schultz (b. 1902). **Both depart from Smith and Marx by acknowledging** the persistence of the peasant economy in the face of the modern market economy.④

---

① Henrietta Harrison, "'A Penny for the Little Chinese': The French Holy Childhood Association in China, 1843-1951," *The American Historical Review*, vol. 113, no. 1 (Feb., 2008), p. 75.

② Joan W. Scott, "Gender: A Useful Category of Historical Analysis," *American Historical Review*, vol. 91, no. 5 (Dec., 1986), p. 1058.

③ Ho-fung Hung, "Agricultural Revolution and Elite Reproduction in Qing China: The Transition to Capitalism Debate Revisited," *American Sociological Review*, vol. 73, no. 4 (Aug., 2008), p. 570.

④ Philip C.C. Huang, *The Peasant Family and Rural Development in the Yangzi Delta, 1350-1988*, Taiwan Edition, Taipei: SMC Publishing Inc., 1992, p. 5.

5.指出某个研究领域内的知识空缺

In the study of institutional development, both rational choice and historical institutionalists have attempted to apply theories about the functions and distributional effects of institutions to explain changes in existing institutions when socioeconomic contexts vary. Variations in political power among major actors can also lead to changes in existing institutions. **However, this endogenous approach to institutional development is not very helpful to explain** the creation of new institutions when their functions and distributional effects are still unknown.① **Missing from most ethnographies are** both the broad, regional alliances under the leadership of charismatic chieftains that characterized Ainu society before the end of the seventeenth century and the settlements that grew up around Japanese-operated commercial fishing outposts in the eighteenth and nineteenth centuries.②

6.指出研究焦点以及主要观点

This essay describes the different ways in which war was officially commemorated in the Qianlong period; **focusing mainly on** stelae and their inscriptions, military rituals, and paintings, all of which were closely interwoven. **The essay considers** the objectives underlying the production and dissemination of these monuments and records and the extent to which their purposes, articulated or otherwise, were achieved. ③

This book examines the Great Divergence between China and the West by concentrating on warfare. **It suggests that** there is a military pattern to the Chinese past that can help us make sense of China's periods of strength, decline, and resurgence. But it doesn't focus on China alone. **Its aim is to bring** Asian and European military history **into conversation, asking not just**

---

① Wenkai He, *Paths Toward the Modern Fiscal State: England, Japan, and China*, Cambridge, MA: Harvard University Press, 2013, p. 24.

② David L. Howell, "Ainu Ethnicity and the Boundaries of the Early Modern Japanese State," *Past & Present*, no. 142 (Feb., 1994), p. 70.

③ Joanna Waley-Cohen, "Commemorating War in Eighteenth-Century China," *Modern Asian Studies*, vol. 30, no. 4 (Oct., 1996), p. 871.

how China diverged from the West **but also** how the West diverged from East Asia. Europe's is not the normalizing trajectory; each case illuminates the other. ①

7.说明研究目的

A central aim of the present study is to explain the workings of the political system that made all this possible. **The book takes as its subject not** the institutions and activities of the military or bureaucracy, as has been most conventional. **Instead, the focus is on** the symbolic practices that structured domination and legitimized authority. ② **It is the purpose of this paper to argue that** such attempts at economic model-building are necessarily doomed from the start, precisely because, most crudely stated, it is the structure of class relations, of class power, which will determine the manner and degree to which particular demographic and commercial changes will affect long-run trends in the distribution of income and economic growth — and not *vice versa*. ③

8.提出研究问题或假设

Taking Professor Rabb's definition as a starting point, then, was there a shortlived but distinctive "crisis" in East Asia during the seventeenth century? I believe the answer is yes and I would argue that the crucial period, the period of what I will call "general crisis" in the region, falls between the early 1630s and the late 1640s. ④

---

① Tonio Andrade, *The Gunpower Age: China, Military Innovation, and the Rise of the West in World History*, Princeton: Princeton University Press, 2016, p. 2.

② Macabe Keliher, *The Board of Rites and the Making of Qing China*, Berkeley: University of California Press, 2019, p. 5.

③ Robert Brenner, "Agrarian Class Structure and Economic Development in Pre-Industrial Europe," *Past & Present*, vol. 70, issu. 1 (Feb., 1976), p. 31.

④ William S. Atwell, "A Seventeenth-Century 'General Crisis' in East Asia?," *Modern Asian Studies*, vol. 24, no. 4 (Oct., 1990), p. 665.

9.概述研究方法

To approach the questions above, this study focuses on the interface between the distinct forms of popular literary, visual and theatrical representation and the configuration of social order (the status hierarchy and the division of labor), as well as moral and ideological discourses that were conducive to the reproduction of the order.①

10.表明研究意义

The significance of the Shi-Cao encounter **becomes clearer when it is linked to** fundamental changes occurring throughout the Qing empire. In eighteenth-century Yunnan and other frontiers, the Qing state pursued policies of expansion that would produce a vast empire. **Concurrently**, Han pioneers such as Shi Shangxian arrived in unprecedented numbers, though not always with the blessing of imperial authorities. **What resulted from this powerful mix of military conquest and Han migration? Using case studies from Yunnan's Southwest Crescent, this paper offers some answers. In doing so, it considers** Qing officials, Han migrants, and frontier indigens and their involvement in four aspects of social change: shifts in demographics, transformations in the political and cultural institutions of frontier towns, the creation of personal networks for long-distance commodities trade, and alterations in language and identity due to intermarriage and cross-cultural interactions. Before addressing these issues, however, we need to consider how scholars have examined Qing frontiers in general and the Southwest frontier in particular, generally overlooking the importance and agency of migrants and indigens.②

---

① Katsuya Hirano, *The Politics of Dialogic Imagination: Power and Popular Culture in Early Modern Japan*, Chicago: University of Chicago Press, 2014, p. 3.

② C. Pat Giersch, "'A Motley Throng': Social Change on Southwest China's Early Modern Frontier, 1700-1880," *The Journal of Asian Studies*, vol. 60, no. 1 (Feb., 2001), p. 68.

11.概述论文结构

In what follows, we shall begin by specifying Pomeranz's thesis and spelling out in highly schematic form the main lines of our critique. We shall then develop our argument by contrasting the economic evolution of the Yangzi delta and England in two successive phases, the early modern period and that of the classical industrial revolution, and counter-posing the outcomes in terms of level of development and standard of living. ① **The remainder of this article will examine** the relationship between state formation and ethnicity in Tokugawa Japan **in general**, and the nature of the ethnic boundary between the Ainu and the Japanese **in particular. An introductory discussion of** Ainu ethnicity in the broader context of early modern Japanese history **will be followed by an explication of** the ties of mutual dependency that bound the Ainu and Japanese peoples. **The discussion will then turn to a more detailed examination of, first,** the ritual relationship between the two peoples **and, secondly,** the incorporation of Ainu ethnicity into the early modern Japanese social-status system. **Finally, a brief conclusion will** relate the issues of ethnicity raised in the article to the formation of a homogeneous Japanese national identity in the modern period. ②

12.定义关键术语

As the patriarchal family and lineal networks and ideologies were woven into the web of patrimonial power, **they formed what we might call a familial state. With this rather abstract term, I mean to highlight two points. First,** gendered familial criteria are constitutive of macropolitical authority.

---

① Robert Brenner and Christopher Isett, "England's Divergence from China's Yangzi Delta: Property Relations, Microeconomics, and Patterns of Development," *The Journal of Asian Studies*, vol. 61, no. 2 (May, 2002), p. 610.

② David L. Howell, "Ainu Ethnicity and the Boundaries of the Early Modern Japanese State," *Past & Present*, no. 142 (Feb., 1994), p. 71.

In the case of early modern Europe, rulers — not simply monarchs but also corporate elites — grounded their political claims on the basis of hereditary qualification and patriarchal power rather than on the basis of adherence to rational-legal procedure or other substantive standards of justice (to put the issue in Max Weber's terms). **Second**, the important political offices and privileges are distributed to agents on the basis of their publicly performed gender identities, their perceived family ties and position. Rather than portraying elite patrilineages and kin groups as simply having been displaced by states in Europe, therefore, these dimensions help make sense of the periods — centuries long, in Europe — in which the two were closely articulated.①

5.3.2 文献综述

1.描述相关文献

Many historians and economists describe the pre-Industrial Revolution economies **as** being dominated by Malthusian mechanisms, in which population pressure prevented income per capita from growing. **One view of the modern age, especially popular among economists but also quite common among historians, is that** modern economic growth consisted of overcoming these demographic negative feedbacks. ②

2.参考前人研究

Nicola Di Cosmo, while not neglecting technological diffusion across Central Asia, **takes** the Eurasian sea-routes, as well, **under his purview in examining** the relevance of the early Qing conquests to issues in scholarship on the so-called military revolutions and gunpowder empires

① Julia Adams, *The Familial State: Ruling Families and Merchant Capitalism in Early Modern Europe*, Ithaca: Cornell University Press, 2005, pp. 34-35.

② Joel Mokyr, *The Enlightened Economy: An Economic History of Britain 1700-1850*, New Haven: Yale University Press, 2009, p. 5.

identified elsewhere in Eurasia during the sixteenth to eighteenth centuries. **He finds that**, although diffusion to China of cutting-edge firearm technology from the west (not necessarily from Europe) did not transform the large and already advanced Ming state, secondary diffusion to the smaller and rapidly adapting Manchu regime did have crucial effects on the structure and capacities of the early Qing state. That development made gunpowder a greater factor than we have previously realized in the formation of the Qing empire.[①]

3.介绍研究现状

In the last three decades, Qing historians have challenged the old paradigm of sinicization or assimilation in Manchu governance — the idea that the Qing completely adopted Han Chinese policies and culture. **Scholars have focused on** the Inner Asian traditions of Manchu political policies, understanding the Qing as a multiethnic and multicultural empire. **As historians have argued**, the Qing rulers incorporated Han Chinese culture as one part, albeit a very important part, of a model of universal rulership that was also shaped by their Inner Asian roots. No matter how deep their identification with Chinese civilization, the Manchu rulers continued to preserve their distinct ethnic identity and culture. **Previous scholarship has demonstrated** the Manchu court's use of these political strategies and their construction of their identities by exploring their administration of the non-Han regions and their strategic policies dealing with non-Han people.[②]

① "Introduction," in Lynn Struve ed., *The Qing Formation in World-Historical Time*, Cambridge, MA: Harvard University Press, 2004, p. 4.

② Yulian Wu, *Luxurious Networks: Salt Merchants, Status, and Statecraft in Eighteenth-Century China*, Stanford: Stanford University Press, 2017, p. 15.

4.参考某个已经发表的研究

Historians have called attention to this connection. **Ho Ping-ti takes note of** the relationship between the Qianlong emperor and one wealthy salt merchant, Jiang Chun, **in his classic study of** Yangzhou salt merchants. **In his illuminating analysis on** the Qianlong emperor, **Alexander Woodside describes** how this "merchant-loving" emperor not only visited salt merchants' homes when he was traveling in the Lower Yangzi area but also protected merchants' privileges. **Antonia Finnane notes that** the imperial government bonded with the Yangzhou salt merchants through an examination system and imperial visits to Jiangnan. **In her examination of** the construction and renovation prepared for southern tours in eighteenth-century Yangzhou, **Tobie Meyer-Fong demonstrates** how the Qianlong emperor imbued Yangzhou's landscape with his influence and imperial power, thereby tightening the relationship between this Jiangnan urban center and the capital. ①

5.3.3 研究方法

1.描述前人研究用过的方法

One of the techniques historians have used to assess the strength and timing of Protestantism in different communities **is to analyze** the preambles of wills made during the Reformation era, sorting them into categories meant to reflect traditional or nontraditional beliefs. **As all students of the English Reformation know, the confessional categorization of wills is fraught with pitfalls. Among other problems, will preambles were** often formulaic, and wills themselves were frequently written by scribes according to their own model. **Recent research has shown that** a testator's declaration of reliance on Christ for salvation, often assumed to indicate a testator's inclination towards Protestantism, can be found in pre-Reformation wills. **Will preambles can still be informative, if read with care and the understanding that they do not often fall into neat categories of Protestant and Catholic.** ②

---

① Yulian Wu, *Luxurious Networks: Salt Merchants, Status, and Statecraft in Eighteenth-Century China*, Stanford: Stanford University Press, 2017, pp. 16-17.

② Muriel C. McClendon, *The Quiet Reformation: Magistrates and the Emergence of Protestantism in Tudor Norwich*, Stanford: Stanford University Press, 1999, p. 7.

2.提供采用某种方法的理由

In what follows, I offer a necessarily selective but I hope not arbitrary reading of a wide range of sources, from laws about the family to pornographic novels. My subjects will include such diverse topics as the rise of portraiture in 1791, the regularization of inheritance for illegitimate children in 1793, and the vogue of novels about orphans after 1795, as well as the more obvious topics such as the killings of the king and the queen. ... **It is obvious that no one scholar can hope to offer a survey of all the relevant cultural and political expressions of the period in the search for their underlying patterns of familial imagery. I certainly do not claim to account for every engraving, painting, or novel in my analysis, but I do hope to offer an account of the links between family images and power that will prompt others to examine their own sources in new lights .**①

3.提及某种具体的方法

These problems compound the difficulty of working in a psychoanalytic perspective. I will be moving constantly between the familial and the political, on the grounds that they are interconnected; **and I will be** shifting back and forth through a variety of sources, **on the grounds that** they tell a set of interrelated stories about the founding of a new political and social order. **Like** the "new historicists" in art and literary criticism, I juxtapose the work of literature, painting, or other art form with other kinds of contemporaneous historical documentation. **Yet in the end, my aim is different from theirs. Rather than** trying to account for the work of art or literature, **I want to** get at the common historical and imaginative processes that animate painting, engraving, and literature — as well as political events during the French Revolution. I find that common ground in the development of family romances that both unified and threatened to unravel the revolutionary experience as a whole.②

---

① Lynn Hunt, *The Family Romance of the French Revolution*, Berkeley: University of California Press, 1992, pp. 14-15.

② Lynn Hunt, *The Family Romance of the French Revolution*, Berkeley: University of California Press, 1992, pp. 15-16.

4.描述样本特征

Still, the fact that China's peasant society remained intact into the mid-twentieth century means that China scholars have access to masses of modern ethnographic data far richer than the materials available to the historians of peasant Europe. Those data have yet to be fully exploited. **This chapter discusses the large body of materials on 33 villages in the Hebei-northwest Shandong plain compiled by Japanese social scientists in the 1930's; they form the backbone of this study.** ①

5.指出抽样标准

A critical question that remains is: how representative were the villages selected for study? Were they chosen only because they lay along strategic routes and near major cities of special interest to the occupation authorities? **To what extent can they be considered representative of** the broader Hebei-northwest Shandong plain area? ... There is no question, as we can quickly see, that the choice of the villages does reflect to some extent Japan's strategic concerns. ... **In short, it will not do to consider these villages a representative, random sample of the vast Hebei-northwest Shandong countryside. To guard against an overemphasis on any one type of village in my own study, I defined** each of the 33 villages by a set of 12 social and economic criteria to see more precisely just what kinds of villages are represented in the Mantetsu selection. **As shown in Appendix A, the villages in fact fall readily into seven types, the first four of which might be considered more widely representative, and the last three rather more selectively so.** ②

① Philip C.C. Huang, *The Peasant Economy and Social Change in North China*, Stanford: Stanford University Press, 1985, p. 33.

② Philip C.C. Huang, *The Peasant Economy and Social Change in North China*, Stanford: Stanford University Press, 1985, p. 44.

6.描述研究过程

In each of the three parts of the analysis, a similar approach was followed. On the basis of evidence about political leanings, **a number of departments were pre-selected for each group** (left and right). **Then, using several relevant political variables, discriminant functions were derived and their significance was tested.** The discriminant coefficient of each variable thus derived provides information about the relative importance for the variables. **Then classification functions were constructed from** the variables to classify those departments that were not pre-selected and to determine the accuracy of the initial nonstatistical classifications (i.e., the choice of pre-selected departments). **Finally, discriminant scores were used** to rank the departments **for further analysis.**①

7.指出研究方法存在的问题

To take full advantage of the rich Mantetsu materials, **one must squarely face their limitations.**②

Still, even the best of the Mantetsu studies have their limitations. Most paid little attention to villagers' attitudes, values, and thoughts. The strength of the materials is in concrete social and economic data. It was an intentional emphasis of the original research design. **Under the circumstances, this was probably a wise decision:** matters of consciousness are at best elusive even under the most ideal of research conditions; any effort to study villagers' attitudes under wartime conditions would no doubt have run into insurmountable difficulties. ... **For all these limitations, the Mantetsu surveys stand as the most precise and detailed body of information available to us on** pre-Revolution Hebei-Shandong villages.③

---

① Lynn Hunt, "The Political Geography of Revolutionary France," *The Journal of Interdisciplinary History*, vol. 14, no. 3 (Winter 1984), p. 539.

② Philip C.C. Huang, *The Peasant Economy and Social Change in North China*, Stanford: Stanford University Press, 1985, p. 39.

③ Philip C.C. Huang, *The Peasant Economy and Social Change in North China*, Stanford: Stanford University Press, 1985, pp. 42-43.

5.3.4 结论

1.重提研究目的

A central premise of this book is that the Board of Rites was a key organization in determining both the form and function of power, authority, and legitimacy in the early Qing state.①

More than just a non-Western contribution to explain key factors in state-formation that have already been identified in European history, **the China case forces a rethinking of domination in early modern Eurasia.** ... Here then, before concerns of conquest and the types of administrative organs, before settling on communication systems and tax extraction methods, rulers had to construct their own legitimacy and ensure that political actors were guided by interests that furthered those of the emergent state. **In short, the problem of** securing obedience **lay at the heart of** state-making efforts in the early modern world.②

2.归纳研究发现

This book ends where most studies of European economic development begin — in the eighteenth century. By that time a structure of property rights had developed in the Netherlands and England which provided the incentives necessary for sustained growth. These included the inducements required to encourage innovation and the consequent industrialization. **The industrial revolution was not** the source of modern economic growth. **It was** the outcome of raising the private rate of return on developing new techniques and applying them to the production process.③ The circulation and interpretation of the term *Khungghar* **show three layers of** information networks that carried news, about the Ottomans and their wars with neighboring countries, from the shores of the Caspian Sea to the core of

---

① Macabe Keliher, *The Board of Rites and the Making of Qing China*, Berkeley: University of California Press, 2019, p. 194.

② Macabe Keliher, *The Board of Rites and the Making of Qing China*, Berkeley: University of California Press, 2019, pp. 202-203.

③ Douglass C. North and Robert Paul Thomas, *The Rise of the Western World: A New Economic History*, Cambridge: Cambridge University Press, 1973, p. 157.

China. **First**, there were the people-envoys, merchants, pilgrims, nomads, and missionaries — who carried political intelligence across Eurasia as a by-product of political, economic, and religious activities. **Second**, there was the information circuit of Qing Inner Asia — frontier residents, Qing administrators, and the court agencies that supervised them — who circulated knowledge via Manchu memorials, Mongol chronicles, Tibetan histories and geographies, and tales told orally. **Finally**, there was the scholarly world of Chinese-language publications, ranging from comprehensive gazetteers to short jottings. Writings in Chinese formed the largest and most effective information-propagating tool within the empire, but their authors were largely dependent on non-Chinese informants for information about Inner Asia and more distant places.①

3.阐述研究发现的意义

A conclusion that we might draw from the debates over canons and multiculturalism **is that**, although cultural historians cannot be expected to solve contemporary problems, the study of cultural history might allow people to think about some of these problems with clearer heads. As the Brazilian historian Gilberto Freyre suggested sixty years ago, while political and military history, pursued in a nationalist style, often drives peoples apart, "the study of social and cultural history" is, or might be, a way "to bring peoples together" and open "ways of understanding and communication between them."②

4.论述研究发现的贡献

The contributions of this study of Qing China to the theory of capitalist transition are threefold. First, it urges us to bring the urban entrepreneurial elite back in. ... **Second, this study supports the recent actor-centric approach to** capitalist development, according to which the historical rise of

① Matthew W. Mosca, "Empire and the Circulation of Frontier Intelligence: Qing Conceptions of the Ottomans," *Harvard Journal of Asiatic Studies*, vol. 70, no.1 (Jun., 2010), p. 199.

② Peter Burke, *What is Cultural History?*, Cambridge: Polity, 2017, pp. 142-143.

capitalism was not an automatic outgrowth of particular structural conditions, but hinged on certain elite actors' tactical actions in pursuit of greater security and greater command of surplus under particular fabrics of interelite politics (Lachmann 2000) and urban-rural interactions (Emigh 2003). ... **Third**, besides bringing our attention to urban entrepreneurs as crucial actors who accounted for China's nontransition, **this study advances the actor-centric approach**.①

5.对未来研究的建议

Taking advantage of the human and natural archives on climate debate **not only sheds new light on an old problem but also for historians to engage with scholars in other disciplines** the fate of our planet. **Studying** causal mechanisms and coping strategies 350 years ago **will not**, of course, prevent the onset of further twenty-first century; **but if historians can** identify the structural, political, economic, and ideological characteristics in each afflicted society (or facilitated) an appropriate response during the General Crisis, and consider how the outcomes could have been different, **we may learn some valuable lessons for dealing with** the climate challenges that undoubtedly await us and our children.②

5.4 更多可供参考的模板

5.4.1 学术写作中的程式化表达举例

学术写作中有一些常用的语言表达,用于讨论研究、评估证据、展开论证、赞同或不赞同已发表的观点等。以下常用表达取自《牛津英语用法指南》,供读者参考。

---

① Ho-fung Hung, "Agricultural Revolution and Elite Reproduction in Qing China: The Transition to Capitalism Debate Revisited," *American Sociological Review*, vol. 73, no. 4 (Aug., 2008), p. 583.

② Geoffrey Parker, "Crisis and Catastrophe: The Global Crisis of the Seventeenth Century Reconsidered," *The American Historical Review*, vol.113, no.4 (Oct., 2008), pp. 1078-1079.

to conduct / carry out research 进行/开展研究

to compile / analyze / present data 汇编/分析/呈现数据

to raise an issue 提出一个问题

to put forward / question / take issue with / challenge / contest / dismiss a view/ an argument / a theory / a hypothesis / a claim

提出/质疑/质疑/挑战/质疑/摒弃一个观点/论点/理论/假设/主张

to make / reject a claim / an assumption 提出/摒弃一个主张/假设

to claim that ... 主张...

to assert that ... 断言...

to suggest that ... 提议/显示...

to draw a conclusion 得出一个结论

to prove / disprove 证明……成立/不成立

solid theoretical reasoning 充分的理论推理

proof / evidence for / that …… 的证明/证据

powerful / persuasive / compelling evidence 强有力的/ 有说服力的/ 令人信服的证据

sound empirical evidence 确凿的经验性证据

lack of evidence 缺乏证据

little evidence for... 几乎没有证据证明...

research findings 研究的结果

a strong implication 一个很有可能的结果

a logical conclusion 一个合乎逻辑的结论

on both theoretical and practical grounds 在理论和实践基础上

based on unproved hypothesis 基于未经证实的假设

broad agreement 广泛的共识

to take something into account 将某事考虑在内 ①

5.4.2 英语议论文写作中常见的几种结构

蔡基刚教授在《英语五段作文法——大学英语高级写作教程》一书中总结了英语议论文写作中常见的六种结构，分别为：解释现象，分析原因；对事物产生的影响或结果进行分析；对两个或以上事物进行比较并分析其优缺点；评论某一事物，发表自己的看法；介绍方法，阐明方法的重要性；描述、分析图表数据。以下摘

① 以上学术写作中的常用搭配取自[英]Michael Swan 编著：《牛津英语用法指南》（第四版），张铁蓓等译，外语教学与研究出版社 2019 年版，第 611 页。

录了史学写作中较为常用的原因、分析、比较、评论、数据描写等五类句型。[①]

1.原因句型

①There are	many	causes	for the	dramatic	increase	in ...
	different			marked	changes	
					decrease	
					problem	

②There are several reasons for my	preference.
	choice.
	decision.

③Why ... ?	First,...	Second, ...
	For one thing, ...	For another, ...
	One reason is ...	

Perhaps the	primary	reason	is ...
	main	cause	
	most important		

④The	reasons	for ... are	complicated.
	causes		many.
			profound.

⑤A number of factors could	explain	the	success.
	result in		change.
	account for		choice.
	contribute to		decision.

⑥Another	cause	is ...
	factor	
	reason	

① 蔡基刚编著:《英语五段作文法——大学英语高级写作教程》,复旦大学出版社 2006年版,第 30～34、63～65、100～102、131～134、180～184 页。

⑦… also	is responsible for plays a part in contributes to	the	rise. problem.

⑧	But Perhaps	the	most important primary root	reason cause	is…

⑨ Among the most	convincing compelling important	reasons causes	given cited identified	by people for …, one

should be	stressed. considered. mentioned.

⑩The	change increase decrease	in…	mainly largely partly	results / arises from is attributable / due to is because of	the fact that… several factors.

⑪ One may	attribute ascribe owe	the	increase decrease change	of … to…

⑫One may trace the	trend problem phenomenon	back to …

⑬… is not	the only answer. by itself an adequate explanation. the whole story.

⑭But it does not	answer explain	the	question problem	why … of …

2.分析句型

①First, ... Second, ... Worse still ...

②It may	create lead to give rise to	a	host multitude	of problems.

③It will	have exert produce	considerable profound beneficial favorable undesirable negative	influence effect	on ...

④It may	cause produce bring about	a	considerable marked / drastic sweeping favorable / undesirable	change rise	in ...

⑤This will	entail bring involve	some	dreadful serious pernicious	consequences.

⑥There are a number of	negative undesirable serious	effects on consequences of	...

⑦The	consequence influence effect	has not been	confined limited	to ...

⑧The	immediate eventual	result it	produces brings about	is

⑨	A good case in point Classic example	is ...

3.比较句型

①The advantages of B	outweigh the benefit we gain from carry more weight than those of	A.

②The effect of	comparison contrast	is heightened by another advantage B enjoys.

③	By contrast, On the contrary,	…

④	Despite these advantages, Like anything else, Good as A is,	it	also has brings	its own disadvantages. problems. harmful effects.

⑤Despite the	adverse effects, potential problem,	it has its own advantages.

⑥ Compared with these	advantages	,	the negative effects the drawbacks	would not count much.

⑦While the negative effects cannot be avoided, we can reduce them to the least extent.

⑧From the above comparison, one can safely conclude that …

4.评论句型

①Whether it	has more advantages or vice versa, does more harm than good,	one thing is certain: …

②The great	problem trouble	with the method is that …

③	True, To be sure, Admittedly,	… but	this is not to say it does not mean	that…

④There is no denying / doubt / question that ...

⑤I doubt whether the argument bear close analysis. / much examination.

⑥ As opposed / Contrary to widely / commonly / generally held / accepted ideas, / belief, / views, I argue ...

⑦ Although the popular / nationwide / commonly-accepted belief / idea / assumption is that..., new / recent study / survey / poll indicates / reveals / uncovers that...

⑧They may be right about... , but they seem to fail to mention / take... into account ...

⑨ Logic / Valid / Sound as are these arguments, they appear insignificant / absurd when ... is taken into consideration.

⑩The problem / flaw with the view / argument is ...

⑪There is an element of truth in the view / argument but they ignore a deeper and basic / important / essential fact / reason that ...

5.数据描写句型

①	According to	the	chart / graph,	…
	As can be seen from		table,	
	As shown in		diagram,	
	It is clear / apparent from		figure / statistics,	

②The	chart	reveals	that …
	graph	shows	
	table	suggests	
	diagram		

③From the	statistics	given in the	table	we can	estimate	that …
	information		graph		see	
			chart		conclude	

④ The	number	increased	more than	six times,
	figure	dropped	almost	twice,
	percentage	decreased	about	two and a half times

compared with …

⑤The	number	of…	nearly	doubled,	as compared with	those
	figure		almost	tripled,	as against	that
	percentage		more than			

of last year.

⑥The	percentage	is	twice	as much as	that	as of 1990.
	number		four times		those	
			half			

⑦By comparison with 1990, it	jumped	by X percent.
	increased	from X to Y percent.
	rose	to X percent.
	decreased	
	dropped	
	fell	

⑧It has	reached	something of a plateau	in the past few years.
	approached	X percent	in 1998.
	risen to	an average of X percent	

⑨It accounts for 15 percent of the total.

⑩A has	about	the same	number	of	students	as...
	approximately		proportion		money	
	exactly		amount			

⑪	During the period of 1970-1999,	there	was	sudden	jump	in	the number of people.
	From 1910 to 1974,		has been	sharp	rise		personal income.
	Since 1980,			dramatic	increase		college population.
	Since the early 1980s,			marked	fluctuation		
				steady	decrease		
				slight	decline		
				gradual	reduction		
					drop		

⑫ The number of ...

increased	suddenly	from 1988 to 1990.
jumped	rapidly / slowly	during the five-year period.
rose	dramatically	
decreased	significantly	
declined	slightly	
dropped	gradually	
fell	sharply	
fluctuated		

⑬ That is the [second-highest / third-lowest] rate in history.

⑭ The [number / percentage] remained [steady / stable / unchanged] [during the decade. / between 1990 and 1995. / from 1990 to 1995.]

⑮ The figure reached 90 percent, the highest level ever recorded since 1960.

第6章　学术词汇

词汇学习非一日之功。因此，本章无意于面面俱到，而是以学术论文写作为焦点，着重关注以下两个方面。首先，本章紧承上一章有关学术写作模板的讨论，按照史学写作中常用的逻辑结构，收录了若干高频词并采用了选词填空的形式，以期帮助学生在语境中对其进行熟悉、巩固。① 其次，本章还将介绍埃夫丽尔·考克斯黑德(Averil Coxhead)博士开发的包含570个词族的"学术英语词汇表"(Academic Word List，AWL)以及辅助学习这些词汇的网上资源。这些词族是通过分析总计350万字的学术文献总结出的使用频率最高的词汇，掌握这些词族对于提高学术英语写作能力具有重要意义。因此，本章一方面旨在为上一部分的逻辑、功能性表达提供词汇支撑，另一方面旨在为以英语学术写作水平提高为目标的词汇学习示范方法。

6.1　学术英语的功能性词汇

请用所给单词或词组的适当形式填空。

6.1.1　因果关系

第一组

factor	consequences	associated with	reason	link	as a result
lead to	effect				

①If the factory closes, many people will lose their jobs; it will have

① 例句取自[英] Julie Moore、[英] Richard Storton:《牛津学术英语词汇精练》(基础篇)，沈鞠明译，商务印书馆2019年版；[英] Julie Moore:《牛津学术英语词汇精练》(进阶篇)，沈鞠明译，商务印书馆2019年版。

serious ______ .

②Many people move to the city in order to find work; that is the main ______ .

③Older people are more likely to have hearing problems; there's a ______ between age and hearing loss.

④Malaria is a popular problem in tropical countries; the disease is ______ hot climates.

⑤Metals such as gold are very rare and ______ , they are extremely valuable.

⑥Not drinking enough water can ______ headaches and tiredness.

⑦They found that public protests had little ______ on political decisions.

⑧This widespread use of antibiotics is one ______ that has increased the development of antibiotic-resistant bacteria.

答案:①consequences ②reason ③link ④associated with ⑤as a result ⑥lead to ⑦effect ⑧factor

第二组

repercussions	correlation	contribute to	product of	result from

① They found only a modest ______ between brain size and scores on mental tests.

②The outcome of this case has potential ______ for policy-makers.

③Expertise is a ______ years of experience within a particular domain.

④A number of factors ______ the development and growth of Silicon Valley.

⑤Several new policies ______ the report.

答案:①correlation ②repercussions ③product of ④contribute to ⑤result from

6.1.2 比较与对比

第一组

equally resemble unlike to some extent by far

①The heartrate monitor ______ a normal watch.

②______ other parts of the ocean, the water here can reach temperatures of 350℃ — ______ the hottest environment on Earth to support life.

③Human intelligence is ______ genetic.

④The various modes of worship, which prevailed in the Roman world, were all considered by the people, as ______ true; by the philosopher, as ______ false; and by the magistrate, as ______ useful.

答案:①resembles ②Unlike; by far ③to some extent
④equally; equally; equally

第二组

analogy identical contradicting differentiate distinct alternative
alike common dissimilar similarities as opposed to

①The globalization of trade implies that patterns of consumption become more ______ in different countries.

② While the research process may differ, the approach adopted will always share a number of ______ features.

③Even chickens kept in ______ conditions and fed the same food will vary in weight due to all the other factors.

④She asks whether discrimination comes from a natural distrust of people who are ______ to ourselves.

⑤Using the ______ of a computer, the brain is the hardware and the mind is the computer's software.

⑥There are ______ between the very old and the very young in that both are more vulnerable to illness.

⑦In the literature, there is apparently ______ evidence regarding the relationship between unionization and employee absenteeism. To understand this variation, it is important to ______ between studies carried out in distinctly different contexts.

⑧Shakespeare's sonnets are generally recognized as falling into three ______ groups.

⑨This new system needs to be implemented weekly ______ once per month.

⑩New questions posed from different points of view can sometimes lead to ______ interpretations of the same data.

答案:①alike ②common ③identical ④dissimilar ⑤analogy
⑥similarities ⑦contradicting; differentiate ⑧distinct
⑨as opposed to ⑩alternative

6.1.3 问题与解决方案

第一组

provide	experience	address	face	cause	lack of	disposal
problem						

①One way to ______ this problem is to use stronger materials.

②Several customers ______ problems accessing the company's website.

③Most countries ______ the same issues in finding ways to regulate the Internet.

④Extreme weather can ______ major problems for transport networks.

⑤Poor regulations and a ______ planning for an environmental emergency make problems worse.

⑥With a growing number of people living in cities, the ______ of waste has become a major ______.

⑦New technology may ______ solutions to some of these problems.

答案:①address ②experienced ③face ④cause
⑤lack of ⑥disposal; problem ⑦provide

第二组

constraints	impose	account for	resolve	detect	aid	contingencies
requirements						

①To operate in cold climates, the design must ______ the effects of cold on the materials used.

②Strategic planning involves looking at a range of ______ that the organization might have to face in the future.

③If time ______ are a concern, steps two and three can be carried out together.

④The construction must meet strict performance ______ for energy and water consumption.

⑤Slow broadband speeds in some parts of the world ______ limitations on the design of websites.

⑥A prevention program aims to ______ and treat problems early.

⑦Brain imaging is now commonly used to ______ diagnosis.

⑧There are always pressures to ______ problems quickly so that time will not be lost.

答案:①account for ②contingencies ③constraints
④requirements ⑤impose ⑥detect ⑦aid ⑧resolve

6.1.4 信息与证据

第一组

evidence	assume	definitions	detail	experts	explain	knowledge
terminology	fact	data				

①One more ______ is needed to calculate the size of the building.

②His analysis did not take into account several important ______ .

③There are thousands of individual ______ stored in the database.

④You need to ______ your key points in more ______— some ideas are not clear.

⑤Your readers may not be ______ about mobile phone technology, so you can't ______ they have any background ______ about how mobile networks operate.

⑥Remember to give ______ of key ______ (5G, base station, radio frequency, etc.) at the start of your essay.

答案:①evidence ②facts ③data ④explain; details
⑤ experts; assume; knowledge ⑥definitions; terminologies

第二组

claims evidence factual reject rely source

①Supporting ______ includes the examples and facts that a writer uses to support an argument.

②In order to build a strong argument, you must provide the ______ of your information.

③Your essay should not ______ entirely on evidence from a single source.

④You should ______ an argument that is based on unsupported ______.

⑤______ evidence can be demonstrated through statistics, data or other forms of proof.

答案:①evidence ②source ③rely ④reject;claims ⑤Factual

第三组

comprehensive compile collect establish relevant to sufficient

①When you start researching your topic, ______ a list of possible sources of information.

②When you are ______ evidence for a piece of work, keep a record of all sources.

③It is important to ______ the source of any data you find online.

④Check that all the evidence you cite is directly ______ the topic of your essay.

⑤If you cannot find ______ evidence to support a particular point, you may have to review your arguments.

⑥Textbooks can often provide a ______ review of the research in an area.

答案：①establish ②collecting ③compile ④relevant to
⑤sufficient ⑥comprehensive

6.1.5 调查研究

第一组

activity	research	conduct	organize	project	record	analysis
result						

Different types of academic ______ involve different ______. If you are in the lab, you might have to ______ an experiment and also do some background reading. Other research ______ mostly involve reading sources, either online or in the library. In both cases, though, you need to ______ the information you collect so that you can use it effectively later on. That might be the way you take notes to use in an essay or the way you ______ the ______ of your experiments for later ______.

答案：research; activities; conduct; projects; organize; record; result; analysis

第二组

survey findings shown further

①Research has ______ that about 50% of all print adverts fail to gain the reader's attention.

②Several researchers have questioned Hofman's ______. There has also been criticism of his method of data collection.

③However, ______ research is needed to fully assess the effectiveness of the technique.

④A 2002 national ______ in Japan found that 73.7% of people who responded owned a mobile phone.

答案：①shown ②findings ③further ④survey

6.1.6 观点

第一组

approve argue belief justify view

①There isn't much evidence supporting the ______ that memory is located in one place in the brain.

②He resigned, as he didn't ______ of the approach the company was taking.

③Many immigrants find that their cultural ______ seem strange to their new neighbors.

④One could ______ that the rich deserve to be wealthy due to their hard work.

⑤Bankers' pay rises were hard to ______ during the financial crisis.

答案：①view ②approve ③beliefs ④argue ⑤justify

第二组

perception symbolic ideologies supporters interests pressure lobby groups further

①The role of the president is largely ______ nowadays, holding no real power.

②Social media has been used very effectively to ______ the goals of the movement.

③Powerful business ______ campaigned against the new regulations.

④Ministers are thought to have put ______ on broadcasters not to show the footage.

⑤The government came into conflict with both consumer and environmental ______ over the issue.

⑥The public ______ of risk can be quite at odds with expert advice, whether it's the fear of crime or the latest health scare.

⑦ The need for urban planning is widely acknowledged by people regardless of their political ______.

⑧ The ______ of different political parties are often clustered geographically.

答案:①symbolic ②further ③supporters ④pressure
⑤lobby groups ⑥perception ⑦interests ⑧ideologies

6.1.7 理论

第一组

based on model persuade predict principle put forward

①Different academics offer alternative ______ to describe the process of ageing.

②Studies ______ that the global population will stabilize at one billion by the middle of the 22nd century.

③Once they had seen the sales figures, it was easy to ______ them to invest in our business.

④In his final book he ______ arguments that changed the way people viewed the human mind.

⑤The basic ______ of his theory was that most human behavior follows rules like a game.

⑥His ideas are ______ the work of several different academics.

答案:①models ②predict ③persuade ④put forward ⑤principle
⑥based on

第二组

based	defines	hypothesis	concept	metaphorical	model	assumptions
theory						

①Ansoff focused on strategic decisions, which he ______ as "decisions on what kind of business the firm should seek to be in."

②In the aftermath of the Second World War, the ______ of human rights began to be recognized at an international level.

③The analysis is ______ upon data from a survey that examines health and interpersonal connections among older Americans.

④Carter argues that the ______ "melting pot" does indeed characterize much American culture.

⑤Charles Darwin developed the modern ______ of evolution in the 19th century.

⑥Suppose we want to develop a ______ to predict graduates' salaries, based on data about subjects studied and examination scores.

⑦It is easy for managers to make too many ______ about what employees already know and can do.

⑧These findings support our ______ that geographical distance affects the patterns of communication in relationship.

答案:①defines ②concept ③based ④metaphorical ⑤theory ⑥model ⑦assumptions ⑧hypothesis

6.1.8 正面评价

第一组

benefits	convincing	advantage	appropriate	efficient	interesting
popular					

①The newest film in the series was extremely ______ — earning more money than predicted.

②The main ______ of the approach is that it allows materials to be produced at lower cost.

③The Grand Canyon is an ______ example of this geological feature, and is often photographed.

④Counting hits is an ______ but fairly simple way of measuring internet traffic.

⑤Plants and animals survive best in the most ______ environment.

⑥This argument isn't very ______ — there isn't enough evidence to support your view.

⑦The health ______ of regular exercise are hard to ignore.

答案：①popular ②advantage ③interesting ④efficient ⑤appropriate ⑥convincing ⑦benefits

第二组

valid accept coherent compelling

①The paper lacks a ______ argument, jumping from one idea to the next without any clear links.

②Whether you ______ or reject an argument should be based on the strength of the evidence.

③This argument is only ______ if we accept the premise that these characteristics are completely genetic.

④The risk of accidents is one of the most ______ arguments against nuclear power.

答案：①coherent ②accept ③valid ④compelling

第三组

feasible robust straightforward flexible

①This approach could be used in a number of different situations — it's ______.

②The project has goals which are not too ambitious — they're ______.

③The design did not fail under test conditions — it's ______.

④The final design is simple to use — it's ______.

答案：①flexible ②feasible ③robust ④straightforward

6.1.9 负面评价

第一组

blame criticism false mistake negative threat challenging weakness

①It is ______ to say that single parents cannot raise a child.

②Teachers often ______ themselves if things go wrong in the classroom.

③The study looked at people's ______ attitudes towards the long-term unemployed.

④The ______ of job losses worries many skilled workers in Europe.

⑤Following the earthquake, geologists identified a ______ in the Earth's crust.

⑥There was a lot of ______ of their attitude.

⑦Perhaps his biggest ______ was agreeing to appear in the debate.

⑧Motivation to succeed in life is important, as it shows that individuals have a willingness to continue to work hard in the face of ______ situations.

答案：①false ②blame ③negative ④threat ⑤weakness
⑥criticism ⑦mistake ⑧challenging

第二组

unsustainable unnecessary misleading inconsistent unproductive

①The advertised price of some flights doesn't include taxes and other hidden costs. It's ______.

②Delays were caused by factors which could easily have been avoided. They were ______.

③ The way the rules are applied varies greatly in different areas. It's ______.

④Fishing at the current rate cannot continue in the long term as fish stocks diminish. It's ______.

⑤Current working practices mean employees waste a lot of time. They're ______.

答案：①misleading ②unnecessary ③inconsistent
④unsustainable ⑤unproductive

第三组

undermining	pose	defects	shortcomings	failure	persists
restricted					

①Rigorous testing is essential to identify any ______ which may cause a part to fail suddenly.

②One of the ______ of the current system is the length of time taken to deal with cases.

③The report was critical of the organization's ______ to provide adequate training for all employees.

④The introduction of foreign species may ______ a threat to established native ecosystems.

⑤If the problem ______ after several days, seek medical advice.

⑥There is a methodological problem ______ the credibility of test results of this kind.

⑦The services are currently ______ to a few major cities.

答案：①defects ②shortcomings ③failure ④pose ⑤persists
⑥undermining ⑦restricted

6.1.10 强调

第一组

especially essential central entirely

①Growth hormone is ______ for the growth of humans and other mammals after birth.

②Shared meals were ______ to family life.

③We cannot be ______ certain that a finding based on a sample will be true for the whole population.

④This method is ______ useful for studying larger groups.

答案:①essential ②central ③entirely ④especially

第二组

crucial imperative inevitable undeniably overwhelming

①Enzyme reactions account for the ______ majority of all biochemical reactions.

②If there is an outbreak of the disease, it is ______ that it is contained quickly.

③Social and emotional skills are ______ for child development and well-being.

④Increased global competition is an ______ consequence of the opening up of international markets.

⑤The foundation provides an ______ useful resource for young filmmakers.

答案:①overwhelming ②imperative ③crucial ④inevitable
⑤undeniably

6.1.11 引用

第一组

reference	state	plagiarize	according to

______ a number of studies, writing extended essays is one of the biggest challenges for most undergraduates — so take time to plan. Once you have completed your work, include a detailed list of ______. This shows readers which sources you have used. Make sure that the sources you use are ______ clearly and are accurate. Remember, ______ someone else's academic work is considered a serious offence.

答案：According to references stated plagiarize

第二组

maintained	suggest	noted	argued	summarizes

①The article ______ the findings from studies from several different countries.

②These studies ______ a complex link between climate and ecosystem response.

③Prosecutors ______ that the contract was valid and legally binding.

④Wilson has ______ the case for interpreting books in their historical context.

⑤Dessens (1990) ______ a marked increase in the frequency of outbreaks.

答案：①summarizes ②suggest ③maintained ④argued ⑤noted

6.1.12 起承转合

第一组

用恰当的介词补全短文。

Due ______ the ingredients it contains, green tea is considered an extremely healthy drink. As a result ______ recent studies, researchers now know that the drink increases energy use and can help in burning fat. Furthermore, some compounds in green tea have been shown to protect brain cells. Owing ______ this fact, it is predicted that drinking green tea could help brain functions.

答案：to; of; to

第二组

although despite however whereas

①Local people welcome tourists to the islands, ______ the fact that tourism has changed their traditional ways of life.

②The number of people in work increased last year. ______, this figure has fallen in the last month.

③______ closing many of its branch offices, the bank is still financially successful.

④More and more people get their news from online sources, ______ newspapers are less popular.

答案：①despite ②However ③Although ④whereas

第三组

after that at first in recent years subsequently by the time as soon as eventually

①There have been many changes to the law ______ which affect the way businesses operate.

②______, the management team was surprised by the results.

③______ they heard the news, investors began to sell their shares.

④ The company lost its most important customer in 2015 and ______ went bankrupt.

⑤______ the figures were published, the company had lost 50% of its value.

⑥ After months of bad publicity, the company ______ agreed to pay its tax bill.

⑦ First, you add a small amount of sulphur. ______, you should light the Bunsen burner.

答案:①in recent years ②At first ③As soon as ④after that ⑤By the time ⑥eventually ⑦Subsequently

第四组

at last	in the meantime	initially	whenever

①I note down the source of an idea ______ I use one in my writing.

②It was ______ thought that there were no more mammals to be discovered in the rainforests.

③They waited for three months, then ______ the exam results arrived.

④He has applied to study abroad and won't hear if he's been successful for a while. ______, he's taking a language course.

答案:①whenever ②initially ③at last ④In the meantime

第五组

via	whereby	nevertheless	thereby	albeit

①At low levels of employment, incomes are low and ______ spending by consumers is restricted.

②There are far fewer refugees in this region than elsewhere, but it is ______ a significant issue locally.

③Population aging is occurring in most countries around the world, ______ at different rates.

④Fatigue is the process ______ damage, caused by repetitive use over time, results in a mechanical failure.

⑤Access to the system may be restricted ______ the use of passwords.

答案：①thereby ②nevertheless ③albeit ④whereby ⑤via

第六组

a case in point　for instance　the former　the latter　namely

①In every known culture, humans exhibit emotions through the same means, ______ facial expressions.

②The Internet has not affected all business sectors to such a degree. The construction industry is ______.

③The traditional distinction between science and technology sees ______ as being concerned with basic research and ______ with applied research.

④Some reactions are much slower. ______, the reaction to produce ethyl ethanoate usually takes several days.

答案：①namely ②a case in point ③the former; the latter
④For instance

6.2 学术英语词汇表

学术词汇表[①](Academic Word List)是埃夫丽尔·考克斯黑德教授基于对人文、商业、法律、科学四大领域总计350万字学术文献的分析总结得出的、广泛分布于各类学术文献中的高频词。这个词汇表包含570个词族(word families)。集中学习这个词表的意义在于，尽管这些词族仅占学术文献中词汇的10%、同等规模文学作品词汇的1.4%，但这些词汇频繁、广泛地出现于各学科的学术文献中。研究这些词汇，对于英语学术文献阅读以及学术论文写作水平的提高可以达到事半功倍的效果。

AWL由十个子表构成，前九个子表中各有60个词，第十个子表有30个词。AWL可以通过此链接下载：

① Averil Coxhead, "A New Academic Word List," *TESOL Quarterly*, vol. 34, no. 2 (Summer, 2000), pp. 213-238.

https://www.wgtn.ac.nz/lals/resources/academicwordlist/sublist。

更为简化的 AWL 首词表下载地址为：

https://www.wgtn.ac.nz/lals/resources/academicwordlist/awl-headwords。

AWL 高频词表下载地址为：

https://www. wgtn. ac. nz/lals/resources/academicwordlist/most-frequent。

以下是几个帮助读者掌握 AWL 的网站，配有选词填空形式的习题：

http://www.uefap.com/vocab/vocfram.htm；

http://www.englishvocabularyexercises.com/academic-word-list/index.html；

https://www.eapfoundation.com/vocab/academic/highlighter/。

第7章　修改

修改是论文质量升华的关键一步。修改的基本前提是具备两个意识：首先，明确"好文章是什么样"的；其次，明确修改"改什么"的问题。关于如何培养对好文章的鉴赏能力，本书第4章已有论述。本章将着重讨论修改"改什么"的问题。更具体地说，修改涉及三个层面。

（1）宏观层面，包括论点一致（unity）、连贯性（coherence）；

（2）句子技巧（sentence skills），包括句子结构变化、长短句结合；

（3）写作风格，即如何做到简洁、精确、清晰。

7.1　宏观层面

约翰·兰甘（John Langan）所著《美国大学英语写作》对论点一致、连贯性给出了如下定义："If you advance a single point and stick to that point, your paper will have *unity*. If you organize and connect the specific evidence, your paper will have *coherence*."①

下面将举例分别说明这两个原则。

7.1.1　论点一致

下面这段话中有若干句子游离于主题之外，即在提出一个论点后，后文没有紧扣这个主题，而是出现了与主题不相关的信息。

As everybody knows, the computer is a combination of hardware and software. In a sense, the hardware is like the human body and the

① ［美］John Langan：《美国大学英语写作》（第六版），外语教学与研究出版社2007年版，第135页。

software is like the human mind. The hardware is made up of physical objects, which are like the parts of the human body. What the software does corresponds to human thinking. **The "analytical engine" designed by Charles Babbage in the 1830s, is claimed to have been the forerunner of the modern computer.** The brain receives input through the senses, processes the messages and sends out commands to the different parts of the body. Similarly, the processor of the computer receives input, performs operations on it and sends the output to the printer or the screen. **Young people who play computer games make use of the joystick to input their moves into the computer.** Both the brain and the processor can "compute." But there is a limit to what the computer can do: it can only follow the instructions given to it. It cannot imagine situations and compute the consequences, as human beings can do.

这段话的主旨是将计算机的硬件和软件类比为人类的躯体和大脑。加黑的第一句虽然是计算机发展的一个背景介绍，但主要介绍的是历史上计算机的雏形，与这段话的主旨关联不大。加黑的第二句话虽然涉及计算机的输入，似乎紧承上一句，但这句话不仅无助于说明大脑与软件之间的类比关系，而且隔断了前句和段落最后三句，冗余的信息破坏了段落内部的连贯性。①

7.1.2. 连贯性

连贯性指的是段落中句子与句子间的联系、文章演进的逻辑清晰易读。下面将举例说明何为保持句子间的逻辑关系清晰易读，以及逻辑连接词、代词的恰当使用对增进文章连贯性的作用。

首先是句子间的逻辑关系。下面一段话是一篇史学期刊论文的开篇首段，仅用了五句话便清晰概括出了既往"17世纪普遍危机"讨论中的共性和分歧。五句话之间的逻辑清晰明了。

For nearly forty years **scholars have wrestled with the seventeenth-century "general crisis." Certain facts are not in dispute.** The first half of the seventeenth century saw a widespread slowing and eventual halt to the steady

---

① 以上两个例子取自[印]V.R. Narayanaswami:《简明英语写作教程》(第三版)，丁言仁导读，外语教学与研究出版社2014年版，第13～14页。

increases in population and prices that had begun around 1500. **In addition**, rebellions and revolutions shook regimes from England to China. **What is contested is** the root cause, the connections, and the significance of these events.[①]

这段话第一句引入了近 40 年来围绕"17 世纪普遍危机"的激烈讨论。第二句极为简短：以 not in dispute 来概括讨论中的共识。第三、第四句紧承第二句，具体列举了讨论中学者们已经达成共识的两点认识。最后一句则简要地点明了讨论中的分歧所在。

其次是逻辑连接词、代词和重复的恰当使用。逻辑连接词的缺失有时会使读者感到迷惑。比如下面这个例子：

> He was a firm supporter of the universal literary program. He was aware that being literate is not the same thing as being educated.

这两个句子似乎自相矛盾：他支持普遍的文学教育，他认为有文化与有教养是两回事。然而，加上一个简单的逻辑连接词，两个句子间的逻辑关系会一下子变得明晰起来：

> He was a firm supporter of the universal literary program. *However*, he was aware that being literate is not the same thing as being educated.

以下是常用的逻辑连接词：

推进论证的发展：also、besides、especially、finally、for example、in addition、in other words、likewise、moreover、similarly、again。

揭示因果关系：accordingly、as a result、thus、hence、therefore。

引入对比：but、or、however、still、nevertheless、on the other hand、on the contrary。

此外，恰当使用代词和重复，可以不断提醒读者关注前面已经讨论过的内容，也可以起到连接文章不同部分的作用。[②]

---

① Jack A. Goldstone, "East and West in the Seventeenth Century: Political Crises in Stuart England, Ottoman Turkey, and Ming China," *Comparative Studies in Society and History*, vol. 30, no. 1 (Jan., 1988), p.103.

② 这一部分参考了[印]V.R. Narayanaswami:《简明英语写作教程》(第三版)，丁言仁导读，外语教学与研究出版社 2014 年版，第 17～19 页。

因此，在修改时，我们首先要检查草稿宏观层面的问题，即论点一致、连贯性。尤其考虑以下几个方面：

每个段落只有一个中心思想；
一个自然段中不要有两个同等重要的想法，以免分散读者的注意力；
一个段落不要太长；
尽量为每个段落写一个主题句；
将主题句置于段落中的显眼位置；
段落内的句子间有清晰的逻辑关系，恰当使用了逻辑关联词、指代词；
段落与段落之间呈现清晰的过渡关系。①

7.2 句子技巧

在宏观层面理顺逻辑、删去影响行为连贯性的枝叶后，下一步的修改可以关注句子的结构，变换句子结构可以为文章增色不少。②

1.双重否定句

It is **impossible** to meet the challenges of the future **without** the payment of a fearful price.

Regardless of where the books came from, I **cannot** remember a time when I was **not** in love with them.

2.比较句

Success is **as much** a question of timing **as** anything else.

A young man's first car is **less** a means of transportation **than** a monument to his discovery of youthful freedom.

Few problems on the American scene cause **so much** concern and widespread public interest **as** does the problem of youthful misbehavior and

---

① ［印］V.R. Narayanaswami：《简明英语写作教程》（第三版），丁言仁导读，外语教学与研究出版社 2014 年版，第 19 页。

② 以下有关句子结构变化的总结和例句取自蔡基刚编著：《英语五段作文法——大学英语高级写作教程》，复旦大学出版社 2006 年版，第 242～257 页。

delinquency.

Perhaps **no** change has characterized the past decade **more** dramatically **than** the explosion of new technologies of communication.

3.同位语

同位语有以下两种功能。

归纳：Another ingredient of courtesy is empathy, **a quality that enables a person to see into the mind or heart of someone else**.

解释：These efforts are difficult, not only because of the complexity of the issues but because they involve us in value questions, **questions about what we personally believe is good or right**.

4.后置修饰语

brain areas **associated with reward**

It takes years of constant academic toil to reach a level of sophistication **essential to function effectively in today's very complex world.**

A national economy **free of the burden of debt, populated by educated citizens ready to work and to care for their neighbors** must be our goal.

5.倒装句

与上句连贯："**From that science will come the realization** that despite technology, man does not exercise dominion over nature."

平衡句子，更符合英语句子的尾重原则："**Coupled with the growing quantity of information is the rapid development of technologies** which enable the delivery of information greater speed."

6.名词化句子

名词化句子比动名词结构更符合论文这种正式文体的要求。

①**Watching too much TV** will affect your studies.

Heavy exposure to TV will interfere with one's studies.

②**Although I anticipate for months**, nothing could have prepared me for the impact of the actual day.

Despite months of anticipation, nothing could have prepared me for the impact of the actual day.

此外，文章的节奏感还来自长短句的交叉结合。以下例子取自罗伊·彼得·克拉克(Roy Peter Clark)的《精简写作：快节奏时代的沟通与表达》一书：

> Psychoanalysis began as a further advance of civilized (scientific) objectivity; to expose remnants of primitive participation, to eliminate them; studying the world of dreams, of primitive magic, of madness, but not participating in dreams or magic, or madness. But the outcome of psychoanalysis is the discovery that magic and madness are everywhere, and dreams [are] what we are made of. The goal cannot be the elimination of magic thinking, or madness; the goal can only be conscious magic, or conscious madness; conscious mastery of these fires. *And dreaming while awake.*①

段尾只有四个词，但不仅精确总结了这个段落的主旨，而且明晰地宣告了这个段落的终结——短句实现了长句无法企及的表达效率和节奏效果。

作者引用的另一个例子也极具启发性。这个例子取自 Leonard Shlain 的 *The Alphabet Versus the Goddess* 一书，该书讨论了西方文化中文字与图像的冲突关系。

> Luther thought that imagery might be useful in teaching the illiterate. The students, nobles, townspeople, and peasants who were electrified by his message, however, did not share his generous attitude about images. As happened during the first three protestant reformations, zealots wielding sledge-hammers and pickaxes smashed statues, slashed paintings, and upended altarpieces. Priests or parishioners who tried to protect these images were stoned or beaten. *Artists fled*.

这个段落的节奏，可以从每个句子的长度中窥见：11 个词、21 个词、21 个词、13 个词、2 个词。最后一句话是一个短到不能再短的短句，却短而精当，且

① Roy Peter Clark, *How to Write Short: Word Craft for Fast Times*, New York: Little, Brown and Company, 2013, pp. 94-95. 该书已有中译本：[美]罗伊·彼得·克拉克著：《精简写作：快节奏时代的沟通与表达》，黄筠译，中国华侨出版社 2018 年版。不过，译本将原作者使用的不少英文例子都进行了翻译，没有英文原文作为参照，读者颇难理解原作者分析之妙。

富有戏剧化色彩。罗伊·彼得·克拉克分析道：长短句结合的运用，“最经典的是段落由一两个长句子开头，接着以一个简短的句子或片段作为结尾。就好像长句子积攒的势头需要一个比句号更强的阻力给它个急刹车。这个阻力来自句尾的词或短语。”①

下面这个例子来自前面章节中已经着重分析过的欧立德教授的《满洲之道：八旗与晚期中华帝国的族群认同》。在下面这段引文之前，作者讨论了这样一个假设，即如果我们不能解释满族族群认同形成的原因，那么我们便无从讨论清朝作为满族统治者建立的王朝与汉族统治者建立的王朝之间的不同。作者笔锋一转，否认了将清朝等同于汉族统治王朝的做法：

> **Yet we hesitate.** For if we date the bankruptcy of the Manchu Way to, say, 1800, we might logically expect the Manchus, their ethnic sovereignty dissipated, to have fallen from power soon thereafter. **But they did not.** Moreover, thanks to the work of Crossley and others, we know that the Manchus did *not* in fact assimilate and disappear as a group in the nineteenth, or even in the twentieth centuries. We may still be justified in concluding that Manchu "group feeling" was preserved in some fashion, but the question remains, how was this accomplished? ②

这段话以一个超短句开头，既承接了上文，又清晰地说明了作者的观点是对上一段中提及的一些学者的论调的否定。在第二句言简意赅地概括了上一段中讨论过的几种相反的假设之后，第三句用一个仅有三个词的超短句点出了作者自己对这些假设的否定。在这段话中，两个仅含三个词的超短句起到了表明立场的表达效果。

7.3 风格问题

《研究是一门艺术》不仅被美国很多大学用作写作课教材，而且被不同领域

① Roy Peter Clark, *How to Write Short: Word Craft for Fast Times*, New York: Little, Brown and Company, 2013, p. 93.

② Mark C. Elliott, *The Manchu Way: The Eight Banners and Ethnic Identity in Late Imperial China*, Stanford: Stanford University Press, 2001, p. 12.

的研究者视为撰写论文、学术著作的权威指南。该书①第 16 章对行文风格的修改原则和步骤的讨论尤具启发意义，特选录如下。

在这一章中，该书用对同一内容的三种不同表达说明学术表述中应有的表述风格。如果必须从下面三个风格的例子中选择一个，你会选择哪一个并给出理由。

> Too precise a specification of information-processina requirements incurs a risk of a decision-maker's over- or underestimation, resulting in the inefficient use of costly resources. Too little precision in specifying needed processing capacity gives no indication with respect to the means for the procurement of needed resource.
>
> A person who makes decisions may specify what he needs to process information. He may do so too precisely. He may over- or underestimate the resources that he needs. When he does that, he may use costly resources inefficiently. He may also fail to be precise enough. He may not indicate how others should procure those resources.
>
> When a decision-maker specifies too precisely the resources he needs to process information, he may over- or underestimate them and thereby use costly resources inefficiently. But if he is not precise enough, he may not indicate how those resources should be procured.

第一个例子的表述固然精确，但文法过于复杂，读者要费一番功夫才能读懂。第二个例子虽然清楚，但读起来过于浅显，像是拉家常，而缺少学术表达的紧凑和精练。第三个例子则既清晰易懂，又紧凑精练，最符合研究论文的写作风格。

清晰写作的第一项原则是：Make your central characters the subjects of those verbs; keep those subjects short, concrete, and specific。

对比下面两个句子：

> Locke frequently repeated himself because he did not trust words to

---

① Wayne C. Booth, Gregory G. Colomb, and Joseph M. Wlliams, *The Craft of Research*, Chicago: University of Chicago Press, 2008 name things accurately.

The reason for Locke's frequent repetition lies in his distrust of the accuracy of the naming power of words.

第一句话中“洛克”和“他”都是实际行动者，而第二句话中“洛克经常反复陈述的原因”则不是，因为“原因”并不是一个角色。第一句比第二句更清楚、易读。

清晰写作的第二项原则是：Express crucial actions in verbs。

仍然以上面两个句子为例：第一句话中的动作是以动词 repeat 表达，就远比第二句话中的抽象名词(repetition)要简洁、清晰。

此外，使用动词而非抽象名词来表达动作，还可以避免一些杂乱的介词。书的作者对比了以下两个句子：

Our development and standardization of an index for the measurement of thought disorders has made possible quantification of response as a function of treatment differences.

Now that we have developed and standardized an index to measure thought disorders, we can quantify how patients respond to different treatments.

如上面这个例子所示，将动词转成名词的过程中，你将被迫使用一堆介词。仅以上面这句话为例，以动词表达关键动作，就可以省去 5 个介词。

该书提供了非常实用的自修建议。首先是识别可能需要修改的部分：

1.Underline the first six or seven words of every clause, whether main or subordinate.

2.Perform two tests:

Are the underlined subjects concrete characters, not abstractions?

Do the underlined verbs name specific actions, not general ones like have, make, do, be, and so on?

If the sentence fails either test, you should probably revise.

修改步骤如下：

Find the characters you want to tell a story about. If you can't, invent them.

Find what those characters are doing. If their actions are in nouns, change them into verbs.

Create clauses with your main characters as subjects and their actions as verbs.

然而,学术写作中一种常见的情况是:一个角色未必总是有血有肉的人,而可以是一个抽象的概念。尽管未必每个名词化的抽象概念都需要调整为动词——更动与否取决于对表述的清晰度的考量,但不少情况下,将抽象名词改为动词,仍会收到更为清晰的效果。比如下面两例:

(1a) When consumer savings rise, Federal Reserve monetary policy adapts to influence bank lending practices.

(1b) When consumers save more, the Federal Reserve changes its monetary policy to influence how banks lend money.

(2a) The hospitalization of patients without appropriate treatment results in the unreliable measurement of outcomes.

(2b) We cannot measure outcomes reliably when patients are hospitalized but not treated appropriately.

即便对于抽象化主语的句子,也可以根据情况考虑将名词化字词改为动词,因为一般情况下,读者更喜欢主语简短、明确、具体的行文风格。

尽量避免不必要的名词化字词,不仅是写作句子主语的一般原则,而且这一原则也适用于句子的其他部分。该书用下面两段话作为对比,很好地说明了这一点。

原文为:"The argument is this: The cognitive component of intention **exhibits a high degree of complexity.** Intention is temporally divisible into two: prospective intention and immediate intention. The cognitive function of prospective intention is the **representation** of a subject's similar past **actions**, his current situation, and his course of future **actions**. That is, the cognitive component of prospective intention is a **plan**. The cognitive function of immediate intention is the **monitoring** and **guidance** of ongoing bodily **movement.** Taken together, these cognitive mechanisms are highly complex. The folk psychological notion of **belief**, however, is an attitude that permits limited **complexity of content. Thus the cognitive component of intention is something other than folk psychological belief.**"

改为："My argument is this: The cognitive component of intention **is quite complex**. Intention is temporally divisible into two kinds: prospective intention and immediate intention. The cognitive function of prospective intention is **to represent** how a person has acted similarly in the past, his current situation, and how he will **act** in the future. That is, the cognitive component of prospective intention lets him **plan** ahead. The cognitive function of immediate intention, on the other hand, lets him **monitor** and **guide** his body as he **moves** it. Taken together, these cognitive mechanisms are too **complex** to explain in terms of what folk psychology would have us **believe**."

修改后的加黑部分是将原文中不必要的名词化字词改为了动词，修改后的句子更简短、易读。

清晰写作的第三个原则是：Old before new。

这个原则意指："Readers follow a story most easily if they can begin each sentence with a character or idea that is familiar to them, either because it was already mentioned or because it comes from the context."

书中用了以下这个例子：

原文为："Because the naming power of words was distrusted by Locke, he repeated himself often. Seventeenth-century theories of language, especially Wilkins's scheme for a universal language involving the centered on this naming power. A new era in the study of language that focused on the ambiguous relationship between sense and reference begins with Locke's distrust."

改为："Locke often repeated himself because he distrusted the naming power of words. This naming power had been central to seventeenth-century theories of language, especially Wilkins's scheme for a universal language involving the creation of countless symbols for countless meanings. Locke's distrust begins a new era in the study of language, one that focused on the ambiguous relationship between sense and reference."

原文给读者不流畅、不连贯的感觉，原因在于原文每个句子的开头都采用了读者不熟悉的信息，比如 the naming power of words, seventeenth-century theories of language, a new era in the study of language。相反，修改后的段落中每个句子都以读者熟悉的信息开始，比如 Locke, this naming power, Locke's distrust。

清晰写作的第四个原则是：Complexity last。

这里的"复杂"指的是冗长、复杂的信息，避免不必要的长主语。该书的作者用了下面这个例子对这一原则进行了说明：

原文为："**There is a second reason** historians have concentrated on Darwin rather than Mendel. Hundreds of letters, both personal and scientific, to scores of different recipients, including leading scientific figures, **illuminate Darwin's genius.** Only ten letters to the botanist Karl Nageli, and a handful to his mother, sister, brother-in-law, and nephew, **represent Mendel.**"

改为："Historians of science have concentrated on Darwin rather than Mendel **for a second reason. Darwin's genius is illuminated by** hundreds of letters, both personal and scientific, to scores of different recipients, including leading scientific figures. **Mendel is represented by** only ten letters to the botanist Karl Nageli, and a handful to his mother, sister, brother-in-law, and nephew."

最后，该书的这个章节总结了一系列以清晰写作为目标而进行修改时，可以遵循的步骤，特摘录如下：

> Highlight the first five or six words in every sentence. Ignore short introductory phrases such as *At first*, *For the most part*, and so on.
>
> Run your eye down the page, checking whether you highlighted a consistent set of related words. The words that begin a series of sentences need not be identical, but they should name people or concepts that your readers will see are clearly related. If not, revise.
>
> Check the highlighted words in each sentence. They should include a subject that names a character and a verb that names an important action. If not, revise.

后记

自2018年秋季入职山大以来，我参与了历史学院本科生、硕士生、博士生的历史学专业英语教学。在这个过程中，我有以下三个突出的观感。第一，尽管不少学生能够准确翻译一个段落中每句话的意思，但无法用自己的话说出段落整体的意思，简单说就是：翻译得出局部，理解不了整体。第二，不少学生的精翻并不尽如人意。这一点在翻译长难句过程中表现得尤为突出，由于语法基础不牢靠，不少学生不能从句法、前后文逻辑关系角度对句子进行分析，这是造成误译的主要原因。第三，不少学生（甚至是博士生）还不懂得学术表达的基本规范，表述含混、有歧义，前言不搭后语，空话套话连篇都是学生习作中的常见病。

这些观感不由得促使我反思目前高校通行的历史学专业英语教学方法。首先，逐字逐句的翻译教学是否能够真正助力学生用英文进行学术研究与写作？换言之，即便学生能够准确翻译出文章中的每个句子，是否就说明他/她读懂了？其次，一直号称长于英语语法的中国学生，在长难句翻译面前却频频暴露语法基础的不足。熟记语法如果不能转化为精准分析句子的能力，那么，这中间究竟缺少了什么？最后，学生表达上的问题归根结底仍是阅读上的问题。这一方面是由于英文和中文思维及表达方式的差异，另一方面是由于长期以来我们的教育缺少逻辑思维方面的训练，不少学生仅仅将阅读作为获取知识的工具，很少具备从句法、行文逻辑的角度对所读文献进行赏析的意识和技能。甚至有不少学生模糊地认为“好文章”就是文采好，错误地陷入了对华丽辞藻的追求，忽略了学术文章的本质在于交流，即清晰、晓畅、精确才是“好文章”的第一要义。

受新冠肺炎疫情的影响，2020年春季学期的课程全部改为线上，这对专业英语这样一门极度依赖师生互动的课程提出了不小的挑战。为保证教学效果，我开始按照美国历史学研究生的课程训练模式，要求学生每周就阅读材料撰写论点摘要，学生的书面作业让我看到了与课堂口头问答截然不同的问题面相。本书的思路、架构不少都来源于那个学期的授课心得。因此，这本书的完成首先要感谢山东大学历史学系2019—2021年修读过“世界史英文文献选读(2)”、研究生“专业英语”、博士生“专业英语”课的同学们。学生的反馈永远是我思考、改进历史学专业英语教学方法的动力。本书第3章中的学生习作及评析便是课上我与学生互动的一些实例。

写一部历史学英文读写教材的想法，得到了山东大学历史文化学院、历史学系领导的大力支持。学校本科生院、研究生院的教学改革项目、课程项目，特别是历史文化学院均对本书的出版给予了资金上的支持。资助了本书的写作、出版的项目包括：“山东大学高质量教材出版专项”(2022年度)、山东大学“考古与历史学一流学科建设计划”、山东大学通识核心课程项目“历史学英文文献阅读与论文写作”(2021年度)、山东大学新文科研究与实践项目“以批判性阅读与写作训练为中心的历史学人才培养新模式研究”(2020XWKC005)、研究生国际化课程建设项目 Approach to History(2020年度)、本科教育教学改革项目“作为批判性阅读与写作能力培养平台的历史学通识教育课堂”(2019Y044)。在学术英文读写方面，还要特别感谢对我影响至深的启蒙老师美国伊利诺伊大学厄巴纳-香槟分校历史系的 Antoinette Burton 教授。2011年秋季是我赴美留学的第一个学期，我有幸修读了 Burton 教授的史学研究方法课。她的严格训练迫使我摒弃了自己求学以来养成的低效的读写习惯。在这一痛苦、挣扎的过程中，我实现了思维方式的蜕变。将逻辑分析置于史学研究文献阅读的中心位置，来自 Burton 教授的教诲也成为日后我自己教授史学文献阅读的方法核心。

最后，这本小书从构思到完成见证了我与我的爱人王树波教授相识、相爱的过程。感谢他在分享我对美食的热情的同时，分担了制作美食的辛劳，使我得以专注于这项研究计划之外的写作。